Situationsbezogene Kriminalprävention

Europäische Hochschulschriften

Publications Universitaires Européennes
European University Studies

Reihe II
Rechtswissenschaft

Série II Series II
Droit
Law

Bd./Vol. 3573

PETER LANG
Frankfurt am Main · Berlin · Bern · Bruxelles · New York · Oxford · Wien

Claudia Riedel

Situationsbezogene Kriminalprävention

Kriminalitätsreduzierung oder lediglich Deliktsverlagerung?

PETER LANG
Europäischer Verlag der Wissenschaften

Bibliografische Information Der Deutschen Bibliothek
Die Deutsche Bibliothek verzeichnet diese Publikation in der Deutschen Nationalbibliografie; detaillierte bibliografische Daten sind im Internet über <http://dnb.ddb.de> abrufbar.

D 77
ISSN 0531-7312
ISBN 3-631-50269-9

www.peterlang.de

Meinen Eltern

Vorwort

Meinem verehrten Doktorvater, Herrn Prof. Dr. Dr. Michael Bock, danke ich für die Möglichkeit zur Promotion und seine kritischen und hilfreichen Bemerkungen zum Fortgang der Arbeit.

Mein größter Dank gilt meinen Eltern, die mir mein Studium erst ermöglicht haben. Sie standen mir stets mit Geduld und tatkräftiger Hilfe zur Seite und unterstützten mich in jeder schwierigen Situation.

Bonn, im September 2002

Claudia Riedel

Inhaltsverzeichnis

Abkürzungsverzeichnis

a. A.	anderer Ansicht
Abb.	Abbildung
Abzgl.	abzüglich
allg.	allgemein
Anm.	Anmerkung
Bd.	Band
BKA	Bundeskriminalamt
BRD	Bundesrepublik Deutschland
bzw.	beziehungsweise
ders.	derselbe
dies.	dieselben
d.h.	das heißt
Diss.	Dissertation, Doktorarbeit
ed.	editor, Herausgeber
et al.	et alii, und andere
etc.	et cetera, und so weiter
f.	folgende Seite
ff.	folgende Seiten
Fn.	Fußnote
Hrsg.	Herausgeber
incl.	inclusive
i.S.v.	im Sinne von
m.w.N.	mit weiteren Nachweisen
PKS	Polizeiliche Kriminalstatistik
Rn.	Randnummer
S.	Satz, Seite(n)
s.o.	siehe oben
sog.	sogenannte
StGB	Strafgesetzbuch
StPO	Strafprozessordnung

s.u.	siehe unten
u.	und
u.a.	unter anderem
u.ä.	und ähnliches
UN	United Nations, Vereinte Nationen
USA	United States of America, Vereinigte Staaten von Amerika
vgl.	vergleiche
z.B.	zum Beispiel

Einführung

Mit dieser Arbeit soll ein Thema näher untersucht werden, dem bislang in der Bundesrepublik Deutschland noch keine umfassende, systematische Beachtung zuteil geworden ist.

Angesichts stetig anwachsender Kriminalitätsraten hat die Kriminalprävention heute international und national einen hohen Grad an Bedeutung und Aktualität gewonnen. Dies manifestiert sich in einer Reihe von Einzeldarstellungen im wissenschaftlichen Schrifttum, in einer wachsenden Zahl einschlägiger Projekte und Programmentwürfe sowie der Behandlung dieses Themenkreises auf vielen internationalen Kongressen.[1]

Anders als in der Bundesrepublik Deutschland wurden kriminalpräventive Entwürfe international - vor allem in Großbritannien und in den USA - schon früher durch Umsetzung in die Praxis erprobt mit der Folge, dass auch die wissenschaftliche Forschung sich intensiv mit den empirisch gewonnenen Erfahrungen, ihrer Auswertung und den daraus abzuleitenden Folgerungen befasste. Unsere Nachbarländer und die USA verfügen daher über Langzeiterfahrungen mit der Etablierung kriminalpräventiver Ansätze inklusive der Organisation, Finanzierung und Durchführung konkreter Projekte und Maßnahmen. Dass sie dem Stand der Entwicklung in Deutschland weit voraus sind, ergibt sich auch daraus, dass nationale Einrichtungen zur Kriminalprävention aufgebaut wurden, etwa in den USA das „National Crime Prevention Council" mit Sitz in Washington. Vor allem wurde der sekundären Kriminalprävention ein hoher Stellenwert eingeräumt.[2]

Inzwischen haben sich allerdings auch in Deutschland in einer Reihe von Städten kriminalpräventive Einrichtungen gebildet; daneben sind in einigen Bundesländern auf Landesebene unterschiedliche Präventionsorganisationen entstanden. Gleichwohl kommt hierzulande die kriminalpräventive Diskussion in Schrifttum und praktischer Umsetzung nur schwerfällig in Gang. Ursache ist zum einen der föderative Charakter polizeilich bestimmter Kriminalpolitik, zum anderen ist es das historisch bedingte politische Konfliktpotential, das in der Bundesrepublik mit Polizeipolitik generell verknüpft ist. Drittens kommt hinzu, dass das institutionalisierte Selbstverständnis polizeilicher Struktur und Funktion die Verbrechensverfolgung, d.h. die kriminalpolizeiliche Aufklärung der begangenen Tat und die Ermittlung des verantwortlichen Täters, als ihr Ziel und ihre Grundlage definiert. Präventionsarbeit und -funktion stellt dagegen aus polizeilicher Sicht ein Bündel von Maßnahmen und Aktivitäten dar, das sich wenig messen lässt. Sinn und Zweck und vor allem

[1] National findet jedes Jahr abwechselnd in verschiedenen Städten der „Deutsche Präventionstag" statt; die ersten drei Präventionstage sind in Lübeck, Münster und Bonn veranstaltet worden.

[2] Vgl. dazu Clarke/Hough, 1984, S. 17-19 m.w.N.; auch Schäfer/Bach/Büchler, 1984, S. 104 ff.; vgl. zum Begriff der sekundären Kriminalprävention S. 14, 15 der Dissertation.

der Erfolg dieser Arbeit ist kaum darstellbar oder medial vermittelbar - anders als bei dem optisch präsentierbaren und statistisch erfassbaren Straftäter. Vorbeugungsarbeit ist deshalb den Beamten des Polizeidienstes nur schwer zu vermitteln. Die bisher noch fehlende „Präventionsstatistik" erlaubt keine Beurteilung und ermöglicht keine vorzeitige Beförderung und damit Motivation der Polizeibeamten. Prävention hatte deswegen lange Zeit wenig Ansehen bei der Polizei und stellte eine ungeliebte Tätigkeit dar.[3] Daneben hat die deutsche Kriminalpolitik - im Gegensatz zu den meisten übrigen Ländern - mit großer Hartnäckigkeit und Ausdauer an einer von Resozialisierung und sozialstaatlichen Interventionsformen bestimmten Kriminalpolitik festgehalten. Damit wurden der Weg und die finanziellen und konzeptionellen Ressourcen für eine Neuorientierung der Kriminalpolitik nach präventiven Gesichtspunkten nur sehr langsam eröffnet. Noch in den achtziger Jahren wurde die systematische Präventionsforschung in der Bundesrepublik Deutschland als Stückwerk bezeichnet und auf die bereits weiter gediehene Forschung in den USA zur „crime and delinquency prevention" verwiesen.[4]

Trotz dieser verzögerten deutschen Entwicklung einer präventiven Kriminalpolitik hat sie in den letzten Jahren viel an Boden wettgemacht; eine Bestandsaufnahme der aktuellen Situation zeigt, dass die deutsche Kriminalpolitik sich mittlerweile rechtlich und institutionell in die Position gebracht hat, die Aktivitäten anderer westlicher Länder für sich umzusetzen.[5] So gehört die Verbrechensvorbeugung heute zum separaten und ausdrücklichen Aufgabenkatalog der Polizei. Auch das polizeiliche Instrumentarium präventiver Intervention ist verbessert und erweitert worden. Schließlich belegt der seit 1991 nach skandinavischem Vorbild in Schleswig - Holstein existierende „Rat für Kriminalitätsverhütung", der erste dieser Art in der Bundesrepublik, dass die bundesdeutsche Kriminalpolitik auch in institutioneller Hinsicht auf dem Wege ist, den in anderen Ländern seit langem realisierten Status auf dem Gebiet der Kriminalpolitik nachzuholen.[6]

Auch angesichts der Unwirtschaftlichkeit der Repression haben derzeit Präventionskonzepte in der Kriminalpolitik geradezu Konjunktur, zumal die Erwartung, künftige Rechtsbrüche durch Reaktion auf einen bereits begangenen Rechtsbruch verhindern zu können, gründlich enttäuscht wurde.[7] Es gibt nur wenige Beweise dafür, dass Therapie- und Behandlungsvollzug bei der Mehrzahl der Teilnehmer einen nennenswerten Effekt auf die Rückfälligkeit ausüben. So gelangen namhafte Vertreter der Kriminologie bei der Evaluation stationärer Behandlungsanstrengungen zum Fazit eines „nothing works".[8]

---

[3] Vgl. Schreiber, 1980, S. 381.
[4] Vgl. so z.B. Lösel, 1982, S. 56.
[5] Vgl. hierzu insbesondere Koetzsche, 1994, S. 26 – 35.
[6] Vgl. Sack, 1995, S. 435, 436.
[7] Vgl. Kunz, 1987, S. 18.
[8] Plakativ formuliert bei Martinson, 1974, S. 22 ff. In diesem Aufsatz berichtet Martinson über die negative Quintessenz einer Evaluationsstudie über 2686 in den USA zwischen 1945 und 1967 durchgeführte Projekte der Rehabilitation und Resozialisation von Strafgefangenen.

Aus alledem wurde deutlich, dass weder mit Repression, noch mit Behandlung und Therapie allein dem Phänomen und Problem Kriminalität grundsätzlich beizukommen ist. In dieser Einsicht wandten sich Landesregierungen und Verwaltungsbehörden zunehmend alternativen Strategien außerhalb der Strafjustiz zu, um die Wirksamkeit förderlicher Kontrollmethoden zu verbessern.[9]

Auch geht der Präventionsgedanke von der These aus, Maßnahmen zur Vermeidung und Verhinderung strafbarer Handlungen seien nicht nur wirksamer und schonender, sondern auch (wenigstens auf lange Sicht) kostensparender als eine repressive Reaktion auf Kriminalität.[10] Es soll also im Rahmen der Verbrechenskontrolle die Kriminalitätsvorbeugung Vorrang haben vor der reaktiven Bekämpfung von Straftaten. Aufgabe der Kriminalpräventionsforschung muss es sein, nach sorgfältiger Analyse der Bedingungen kriminellen Verhaltens praktikable Konzepte der Kriminalitätsverhütung zu entwickeln, umzusetzen und auf ihre Effizienz hin zu evaluieren.[11]

Dabei muss freilich zugleich vor überzogenen Erwartungen an die Kriminalprävention gewarnt werden. Es ist nicht zu erwarten, dass es eine einzig wahrhaftige und alle Bedingungen der Kriminalität mit einem Schlag neutralisierende Strategie der Prävention geben wird.

Diese Dissertation befasst sich mit der situationsbezogenen Kriminalprävention.

Hough et al. definiert diese Form der Kriminalprävention als, „the use of measures directed at highly specific forms of crime which involve the management, design or manipulation of the immediate environment in which crimes occur in a systematic and permanent way as possible."[12] Es sollen demnach Tatgelegenheiten für bestimmte Deliktsarten zum Nachteil potentieller Straftäter verändert werden, indem auf die unmittelbare Umgebung, in der diese Straftaten vorkommen, auf systematische und dauerhafte Art Einfluss genommen wird. Zusätzlich sollen die Risiken der Straftatbegehung erhöht und die Gewinne aus den Straftaten geschmälert werden.[13] Diese Maßnahmen konzentrieren sich also mehr auf die Straftaten als auf die Straffälligen, und ihr Anreiz liegt in der Fähigkeit, praktische und häufig einfache Lösungen für eine große Anzahl von Situationen zu vermitteln.

In der gegenwärtigen deutschen kriminalpolitischen Diskussion wird der situationsbezogenen bzw. technischen Prävention großes Gewicht beigemessen.[14]

---

[9] Vgl. Clarke, 1983, S. 226; Graham/Bennett, 1997, S. 2.
[10] Vgl. BKA, 1987, S. XV.
[11] Vgl. dazu Kube, 1987, S. 7.
[12] Hough et al., 1980, S. 1.
[13] Vgl. Clarke, 1992a, S. 4.
[14] Vgl. hierzu Hassemer, 1994, S. 336, 337; ders., 1995, S. 489.

Dieser Präventionsansatz der Veränderung der Tatgelegenheitsstruktur gilt als praktikabel; seine Erfolgsträchtigkeit wird grundsätzlich hoch eingeschätzt.[15]

Jedoch bestehen auch Bedenken gegen diese Präventionsstrategie, denn bisher blieb das Bewertungsproblem offen, inwieweit Ausweichverhalten des Täters - etwa im Sinne örtlicher oder qualitativer Deliktsverlagerung oder im Sinne erhöhter Opfergefährdung bei der Tatbegehung - die Folge solcher präventiver Strategien ist. Denn die Erschwerung von Tatgelegenheiten ist nicht ohne Ambivalenzen. Verstärkte Streifentätigkeit, technische Vorkehrungen und andere situative Präventionsmaßnahmen können zur Folge haben, dass sich die kriminellen Aktivitäten auf weniger kontrollierte Objekte verlagern, dass sich die Täter gefährlicherer Mittel zum Zwecke der Ausübung einer Straftat bedienen oder andere Formen der Verdrängung auftreten.

Den Schwerpunkt meiner Dissertation bildet die Skizzierung und Darstellung von empirischen Fallstudien mit dem Ziel, aus ihren Ergebnissen abzuleiten, ob die Veränderung von Tatgelegenheitsstrukturen zu einer wirklichen Verringerung einzelner Deliktsarten oder lediglich zu einer Verlagerung führt.

Im einzelnen ist meine Arbeit in folgende Abschnitte untergliedert:

Das erste Kapitel enthält eine allgemeine Darstellung von Begriff, Bedeutung und Dimensionen der Kriminalprävention.

Im zweiten Kapitel werden zunächst die Ursprünge der situativen Kriminalprävention beschrieben. Im Anschluss folgt die Darstellung amerikanischer Präventionsansätze. Im nächsten Schritt werden zunächst die „traditionellen" Kriminalitätstheorien zur Erklärung kriminellen Verhaltens dargestellt, um diese vom ökonomischen Ansatz zur Erklärung kriminellen Verhaltens abzugrenzen. Schließlich werden eingehend Inhalt, Bedeutung, Vorteile, aber auch Gefahren der situationsbezogenen Kriminalprävention beschrieben.

Das dritte Kapitel ist zunächst den kriminogen wirkenden Tatgelegenheiten als Angriffsstelle von situativen Präventionsmaßnahmen gewidmet. Hierbei wird der Begriff der Tatgelegenheitsstruktur erläutert und Möglichkeiten einer Veränderung der Tatgelegenheitsstruktur aufgezeigt. Danach erfolgt ein Überblick und eine Kategorisierung der Techniken der situationsbezogenen Kriminalprävention.

Das vierte Kapitel präsentiert eine begriffliche Präzisierung der Techniken der situationsbezogenen Kriminalprävention und führt hierzu zahlreiche Beispiele an.

---

[15] Vgl. Bennett/Wright, 1983, S. 20 ff.

Im abschließenden Teil der Arbeit erfolgt zuerst die Darstellung einer Vielzahl an Fallstudien. Daran schließt sich eine Sekundäranalyse des Datenmaterials an. Schwerpunkt ist hierbei die Frage, wie viele der durchgeführten situativen Präventionsmaßnahmen zu einer Kriminalitätsreduzierung oder lediglich zu einer Deliktsverlagerung geführt haben und welche Programme somit effektiv waren und weitere Erfolge versprechen.
Nach der Zusammenfassung und der Gesamtwürdigung der Studien werde ich in einem Anhang in zwei systematischen Übersichten einerseits Informationen über die 42 empirischen Publikationen liefern und andererseits einen Überblick über die Arten der festgestellten Deliktsverlagerungen in den jeweiligen Studien unter Angabe des Autors geben.

Die Dissertation setzt sich damit folgende Ziele:

(1) Sensibilisierung des Problembewusstseins für Kriminalprävention;

(2) Dokumentation des erreichten aktuellen Forschungsstandes;

(3) Darstellung und Erklärung der bisher bekannten Kriminalpräventionsmaßnahmen;

(4) Nachweis der Effizienz bestimmter situativer Präventionsmaßnahmen;

(5) Bilanzierung und Würdigung bisher umgesetzter kriminalpräventiver Maßnahmen;

(6) Entwicklung möglicher Strategien der Vermeidung von Deliktsverlagerung;

(7) Kritische Reflexion und Beurteilung der ökonomischen Kriminalitätstheorien und Ansätze.

Kapitel 1

Begriff, Bedeutung und Dimensionen der Kriminalprävention

A.
Kriminalitätsverhütung als Aufgabe der Kriminalpolitik

I.
Vorbeugung als kriminalpolitische Maßnahme

Kriminalitätsverhütung ist eine zentrale Aufgabe der Kriminalpolitik. Präventive Kriminalpolitik ist nicht auf Maßnahmen in den Bereichen der Justiz- und Innenressorts beschränkt, vorbeugende Verbrechensbekämpfung ist nicht allein Aufgabe der Strafverfolgungsbehörden. Unter präventiver Kriminalpolitik versteht man die Gesamtheit aller staatlichen Maßnahmen, die zum Schutz der Gesellschaft und des einzelnen Bürgers auf Verhütung und Bekämpfung von Kriminalität gerichtet sind.[16]

Es ist erforderlich zu beachten, dass es nicht ausreicht, sich Strömungen in der öffentlichen Meinung anzupassen und Prävention nur in Krisenzeiten erhöhter Kriminalitätsbelastung zu betreiben.[17] Eine fruchtbare Kriminalprävention setzt Konsequenz in der Durchführung voraus. Sie ist ihrer Natur nach langfristig angelegt und kann daher bei nur temporärer Umsetzung nicht zu den gewünschten Erfolgen in Gestalt einer Reduzierung von Straftaten führen.

Ebenfalls entscheidend ist, dass ein Präventionsprogramm ressortübergreifende Strategien umfasst.[18] Da kriminelles Verhalten von vielen gesellschaftlichen Bedingungen abhängt, müssen, wenn Veränderungen in Schule, Familie und Medien etc. realisiert werden sollen, alle Kräfte mobilisiert und kanalisiert werden, die auf diese Variablen Einfluss nehmen können. Dies kann nur durch eine verstärkte Einbindung der Sozial-, Kultus- und Innenminister gewährleistet werden. Die Kriminalprävention muss daher auch die Gesellschaftspolitik aktiv mitgestalten.

Kriminalpräventive Maßnahmen, die nicht nur auf den Strafjustizsektor beschränkt sind, sondern den gesamtgesellschaftlichen Bereich tangieren, können indes nur dann positive Ergebnisse erzielen, wenn sie von den Verantwortlichen auch ent-

---

[16] Vgl. Schwind/Steinhilper, 1982, S. 37; inzwischen übernommen z.B. von Burghard/Hamacher/Herold et al., 1986, S. 126 sowie von der Antigewaltkommission der Bundesregierung: Schwind/Baumann et al., 1990, S. 25.

[17] Eine Korrelation zwischen einer krisenhaften Situationseinschätzung und der Popularität kriminalpräventiver Überlegungen konstatiert Lösel, 1983, S. 138.

[18] Diesbezüglich besteht ein Konsens, vgl. insbesondere Hasenpusch, 1982, S. 37; Berckhauer, 1980, S. 559; Kube, 1987, S. 8; Kury, 1982b, S. 120. Zur Notwendigkeit der Zusammenarbeit auf internationaler und kommunaler Ebene sowie auf Bund–Länder–Ebene vgl. Schwind/Baumann et al., 1990, S. 173 ff.

sprechend publik gemacht werden. Erfolge können nur mit Hilfe der Öffentlichkeit, die zu einem erheblichen Teil Realisationsinstanz einer umfassend angelegten Prävention ist, erreicht werden. Deshalb muss sie über die Ziele präventiver Maßnahmen aufgeklärt und für deren Notwendigkeit sensibilisiert werden, damit sie auch selbst Präventivmaßnahmen gegen Verbrechen ergreifen kann.[19] Es ist daher zu diesem Zweck parallel zu einem Vorbeugungsprogramm ein umfassendes „Social Marketing"[20] zu betreiben, das der Öffentlichkeit auf kommunikativem Wege den Wert des Programms nahe bringt.

II.
Situation der Kriminalpolitik bzw. deren organisatorische Umsetzung in Deutschland und anderen europäischen Ländern sowie in den USA

In einigen Ländern, wie z.B. Dänemark, Schweden und Großbritannien, ist das Konzept der Kriminalprävention seit mindestens zwei Jahrzehnten ausdrücklicher Bestandteil der Kriminalpolitik; in anderen wie z.B. Deutschland, Österreich und der Schweiz, ist das Gebiet der Kriminalprävention als getrennter und eindeutig abgegrenzter Aspekt der Kriminalpolitik noch in den Anfängen.[21]

So bestehen vor allem in einigen Ländern Westeuropas nationale Einrichtungen zur Kriminalprävention.

Das älteste europäische Gremium für Kriminalprävention, der dänische kriminalpräventive Rat, wurde 1971 gegründet. Er ist ein vom Justizministerium einberufenes gesamtgesellschaftliches Organ, in dem 54 Organisationen (z.B. Ministerien, Behörden und Forschungseinrichtungen) vertreten sind. Den Vorsitz führt der Reichspolizeichef. Das Gremium tritt einmal jährlich zusammen.[22]

In Belgien entstanden seit 1985 auf Grund eines Landesgesetzes eine Nationale Kommission (Hoher Rat für Kriminalitätsvorbeugung), je eine Provinzialkommission in den neun Provinzen und über 40 örtliche Gremien der Kriminalitätsverhütung. Vorsitzende sind die Provinzgouverneure bzw. die Bürgermeister der Gemeinden; der Innenminister leitet die Nationale Kommission.

In Frankreich wurden durch Gesetz (Decret 83-459 vom 8. Juni 1983) ein "Nationaler Rat für Kriminalitätsverhütung" (Vorsitzender ist der Ministerpräsident), regi-

---

19 Vgl. hierzu insbesondere Hasenpusch, 1982, S. 38; Stoffers, 1980, S. 427; Hope, 1985, S. 6.

20 Zum Begriff des Social Marketing als Methode der Kriminalprävention vgl. insbesondere Weinberger, 1984, S. 148 – 152; ebenso Stoffers, 1980, S. 421 ff.; zu den Problemen bei der Durchführung präventiver Konzepte vgl. auch Lösel, 1982, S. 79; ders., 1983, S. 144.

21 Vgl. Graham/Bennett, 1997, S. 2. Eine ausführliche Darstellung über die verschiedenen internationalen Einrichtungen ist zu finden bei Northoff, 1997, Kapitel 1.3.2.

22 Vgl. Koetzsche, 1994, S. 37; Graham/Bennett, 1997, S. 2.

onale Räte auf der Ebene der Departments und örtliche Räte in den Gemeinden (jeweils unter Vorsitz der Präfekten bzw. Bürgermeister) eingeführt.[23]

Die Prävention in Großbritannien lag zunächst allein in den Händen der Polizei. Mit den interministeriellen Rundschreiben 8/84 und 44/90 setzten jedoch in England Bemühungen ein, partnerschaftliche Kooperationsmodelle unter den Behörden zu entwickeln sowie mit privaten Organisationen und Bürgern Maßnahmen der Kriminalitätsverhütung einzuleiten. Außerdem begann 1984 eine ständige interministerielle Konferenz zur Kriminalitätsverhütung mit ihrer Arbeit. Weiterhin entstand 1988 (mit Gründung und Anschubfinanzierung durch die Regierung) die private Organisation „Crime Concern", eine unabhängige Institution für Kriminalitätsverhütung.[24]

Eine interministerielle Arbeitsgruppe zur Lenkung behördlicher Verfahren zur Kriminalitätsverhütung besteht auch in den Niederlanden.

Seit der Veröffentlichung des Berichtes „Die Herausforderung des Verbrechens an eine freie Gesellschaft" (The Challenge of Crime to a free society) sind in den USA zahlreiche Kriminalpräventionsinitiativen gestartet worden.[25] Auf nationaler Ebene ist Mitte der 70er Jahre durch das U.S. Department of Justice der „National Crime Prevention Council" mit Sitz in Washington entstanden, der durch staatliche Gelder sowie durch Unterstützung seitens der Wirtschaft und durch private Mittel getragen wird.

Neben diesen nationalen Strukturen gibt es europaweit Organisationen, die sich der Förderung des Informationsaustausches zur Kriminalpräventionspolitik und -praxis widmen (wie z.B. der Europarat und das Europäische Forum für Städtische Sicherheit). Zudem wurde in jüngster Zeit das Internationale Zentrum für Kriminalprävention gegründet, das von seinem Sitz in Montreal, Kanada, dem transatlantischen Informationsaustausch dient.[26]

In der Bundesrepublik Deutschland fehlen auf der Bundesebene Kriminalpräventionsräte. So hat lediglich die Bundesregierung für den Bereich der Gewaltkriminalität durch Kabinettsbeschluss vom 18.12. 1987 eine „Unabhängige Regierungskommission zur Verhinderung und Bekämpfung von Gewalt (Gewaltkommission)" berufen, deren Auftrag die Entwicklung von praxisnahen Konzepten der Kriminalitätsverhütung war.[27]

---

23 Graham/Bennett, 1997, S. 3.
24 Vgl. Koetzsche, 1992, S. 123. Über die Entwicklung der Kriminalprävention in England vgl. insbesondere Heal, 1987, S. 9 ff.
25 Vgl. auch Feltes, 1995, S. 11.
26 Vgl. Graham/Bennett, 1997, S. 2.
27 Einen Überblick über Auftrag, Arbeitsweise und Ergebnisse der Kommission geben Schwind/Winter, 1990, S. 105 ff.

Nur auf Länderebene bestehen Präventionseinrichtungen. So wurde zum Beispiel in Schleswig-Holstein am 29. Oktober 1990 der erste deutsche Rat für Kriminalitätsverhütung auf Landesebene gegründet, die in 6 Arbeitsgruppen Kriminalitätsanalysen erstellen und präventive Maßnahmen für verschiedene Deliktsfelder entwickeln sollen.[28]

Weitgehend übereinstimmend werden als Aufgaben für Gremien zur Straftatenverhütung beschrieben:[29]

- Organisatorische Aufgaben zur Durchführung von Prävention: konzeptionelle, systematische, finanzielle, personelle und organisatorische Bemühungen;

- Informationssammlung allgemein: Sammeln, Bereithalten, Aktualisieren und Bereitstellung von Daten und Informationen zur Kriminalität und ihrer Entwicklung; Kriminalitätsprognosen; Daten zum Opferrisiko; Viktimisierungsstudien;

- Initiierung und Unterstützung von Forschungsprojekten;

- Schwachstellenanalyse von Präventionsmaßnahmen: Sammlung und Auswertung all dessen, was an Präventionsmaßnahmen betrieben wird und wer diese praktiziert; Beurteilung der Ergebnisse und Folgen der Maßnahmen;

- Erarbeitung von Lösungsvorschlägen: Planung von Präventionsprogrammen;

- Test von Konzepten und Programmen: Durchführung von Präventionsprogrammen; Bemühungen zur Klärung von Effektivitäts- und Effizienzfragen; Begleitforschung;

- Evaluierung von Präventionsaktivitäten;

- Koordination von Präventionsbemühungen polizeilicher und außerpolizeilicher Institutionen;

- Sicherstellung der Beteiligung der Öffentlichkeit: z.B. Informationen über Aktivitäten;

- Planung und Durchführung von Aus- und Fortbildungsprogrammen und -maßnahmen im Präventionsbereich, innerhalb und außerhalb der Polizei;

---

[28] Vgl. zu den Vorhaben und Projekten zur Kriminalitätsverhütung in Bund und Ländern insbesondere Koetzsche, 1994, S. 26 – 35; des weiteren Graham, 1987, S. 37 – 41.

[29] Auflistung nach Kube/Koch, 1992, S. 31, 32.

- Einflussnahme auf Sozialpolitik im Hinblick auf primäre Prävention;

- Zusammenarbeit mit ausländischen Einrichtungen: Überprüfung von Möglichkeiten, ausländische Modelle zu übernehmen.

B.
Grundfragen der Kriminalprävention

Was unter Kriminalprävention zu verstehen ist und wie diese zu systematisieren ist, wird zwar im großen und ganzen ähnlich diskutiert, aber im einzelnen nicht immer genau abgegrenzt und ist auch nicht selten streitig.[30]

Die beschriebenen Ansätze gehen einheitlich davon aus, dass Kriminalprävention nicht nur Aufgabe von Polizei und Justiz ist. Sie unterscheiden sich je nach Perspektive (z.B. aus der Sicht von Kommune, Polizei, Justiz), Konzept (z.B. Psychologie, Soziologie, Rechtswissenschaft) und Ziel (z.B. Täter, Opfer, Situation).

I.
Begriff der Kriminalprävention

Bisher gab es weder eine allgemeingültige Definition von Kriminalprävention noch Einigkeit darüber, welche Straftaten in Präventionsprogramme aufgenommen werden sollten.

Historisch gesehen lässt sich die Kriminalprävention der Neuzeit auf die Abwendung vom gottbestimmten Determinismus und die Hinwendung zur vernunftorientierten Aufklärung im 17. und 18. Jahrhundert zurückführen.[31] Das damalige Verständnis der Kriminalprävention basiert auf einem noch sehr rudimentären Forschungsstand. Es ist geprägt von biologischen Kriminalitätstheorien (z.B. von Lombrosos Theorie vom "geborenen Verbrecher"), die für Prävention nur wenig Raum lassen, bis hin zu sozialpsychologischen Ansätzen, die Sozialpolitik als die beste Kriminalpolitik ansehen (z.B. v. Liszt), ohne dass jeweils der Begriff Kriminalprävention näher definiert wird.[32] Nach dem herkömmlichen Sprachgebrauch wird unter der Prävention von Verbrechen vor allem die Abschreckung potentieller Straftäter durch Strafandrohung, Strafverfolgung und Bestrafung verstanden.[33]

---

[30] Vgl. zum Streit um Definitionen, Strukturierungen und Konzepte unter anderem Kaiser, 1996, S. 246 ff. oder Kerner, 1997, S. 21 ff.
[31] Vgl. Northoff, 1997, 1.2.1.1.1., Rn. 4.
[32] Vgl. Northoff, 1997, 1.2.1.1.1., Rn. 4.
[33] Vgl. Kube/Koch, 1992, S. 8; Bock, 2000, S. 141.

Von einer solchen negativen Generalprävention als Strafzweck ist die Integrationsprävention (auch positive Generalprävention genannt) zu unterscheiden, die der Erhaltung und Stärkung der Rechtstreue der Bevölkerung und ihres Vertrauens in die Bestands- und Durchsetzungskraft der Rechtsordnung dienen soll.[34]

Die Spezialprävention bezieht sich im Gegensatz zur Generalprävention nicht auf die gesamte Rechtsgemeinschaft, sondern auf den Straftäter. Spezialprävention bedeutet die Verhütung künftiger Straftaten durch unmittelbare Einwirkung auf den Täter mittels der Möglichkeiten der Strafe und Maßnahmen der Sicherung und Besserung. Negative Spezialprävention bezweckt die Abschreckung des Täters vor Rückfall, positive Spezialprävention dessen Resozialisierung.[35]

Ein gesamtgesellschaftlich-interdisziplinäres Verständnis der Kriminalprävention setzt sich erst seit etwa 20 Jahren zunehmend durch.[36] Seit dieser Zeit wird der Begriff der Kriminalprävention verstärkt verwendet, was auf eine Eindeutschung des im angloamerikanischen Raum bereits seit längerem etablierten Begriffs der „Crime Prevention" zurückzuführen sein dürfte.[37]

Das größte Problem stellt die Erfassung und Darstellung des weiten Aktivitätsbereiches dar, der vom Kriminalpräventionskonzept abgedeckt wird. Es gibt zur Zeit verschiedene Arbeitsbegriffe der Kriminalprävention, von denen die diversen Aktivitäten unterschiedlicher Behörden erfasst werden.

Die weiteste Definition der Kriminalprävention ist die, welche alle Aktivitäten umfasst, die zum Rückgang von Straftaten führen. Danach ist „Prävention eine Form sozialer Intervention,

- die auf die Verminderung des Auftretens eines Ereignisses abzielt, das als unerwünscht angesehen wird,

- indem der Eintritt dieses Ereignisses unmöglich, schwieriger, weniger attraktiv oder weniger wahrscheinlich gemacht wird und zwar

- durch Veränderungen in den physischen, rechtlichen oder sozioökonomischen Bedingungen der Umwelt, durch Veränderungen bestimmter Charakteristika eines Individuums oder einer Gruppe."[38]

---

34 Vgl. zum Begriff der „Integrationsprävention" Roxin, 1979, S. 306.
35 Vgl. zu den unterschiedlichen Aspekten der Spezialprävention Ebert, 1993, S. 214.
36 Vgl. Northoff, 1997, Kapitel 1.2.1.1.1., Rn. 4.
37 Vgl. Jehle, 1996, S. 13 f.
38 BKA, 1987, S. XIV; andere Definitionen von Kriminalprävention sind z.B. zu finden bei Kühlhorn/Svensson, 1982, S. 10; Ekblom, 1994, S. 209.

Aufgabe der Kriminalprävention ist es also, die individuellen und gesellschaftlichen Bedingungen delinquenten Verhaltens festzustellen sowie praktikable Methoden der Kriminalitätsverhütung zu entwickeln, zu realisieren und zu evaluieren.[39]

Nach dieser weiten Begriffsbestimmung kann nicht nur die mögliche Abschreckung oder der Präventiveffekt von Freiheitsstrafen und anderer Sanktionsmittel der Strafjustiz mit inbegriffen sein. Sie könnte weiterhin andere Faktoren mitumfassen, die sich auf Verbrechensraten niederschlagen, die jedoch nicht mit der Strafjustiz verbunden sind, wie z.B. eine Verbesserung der staatlichen Wirtschaft. Danach würde die Kriminalprävention auch die Wirtschaftspolitik mit abdecken. Kriminalprävention wird jedoch selten so weitgehend definiert.

Anstelle zu versuchen, eine akzeptable und einheitliche Definition zu schaffen, schlägt *Tuck* vor, Kriminalprävention als ein gedankliches Konzept anzusehen und nicht als eine definierbare Aktion.[40]

Diese Sichtweise ermöglicht es, die Aktivitäten, die von Kriminalpolitikern, Kriminologen und Praktikern generell als Kriminalprävention angesehen werden, zu systematisieren.

Präventions*programme* fassen alle beabsichtigten Maßnahmen zusammen, die sich in der Regel an eine bestimmte Zielgruppe von Personen richten, nach festgelegten Grundsätzen in einer vorgesehenen zeitlichen Reihenfolge durchgeführt werden und bewirken sollen, dass Delikten bestimmter Art vorgebeugt wird.[41]

---

[39] Vgl. Berckhauer, 1980, S. 559.
[40] Vgl. Tuck, 1987, S. 6, 7.
[41] Burghard/Hamacher/Herold et al., 1986, S. 184.

II.
Dimensionen der Kriminalprävention

Eine Systematisierung der Kriminalprävention kann sich unterschiedlichster Dimensionen bedienen.

Aus herkömmlicher polizeilicher Sicht ist die Prävention durch vorbeugende Maßnahmen wie Polizeipatrouillen und Verbote neben der Repression, also der Strafverfolgung von begangenen Delikten, der zweite Eckpfeiler der inneren Sicherheit.

Aus herkömmlicher juristischer Sicht werden – wie bereits oben erwähnt - Generalprävention und Spezialprävention unterschieden. Die Generalprävention soll durch Strafandrohung in den Gesetzen und Bestrafung des einzelnen die übrige Gemeinschaft von Straftaten abhalten und in ihrer Rechtstreue stärken. Die Spezialprävention soll dem Täter in einer angemessenen Maßnahme das Unrecht vor Augen führen und ihn durch resozialisierende Maßnahmen zu einer Änderung seines Verhaltens veranlassen.

Diese herkömmlichen Dimensionen sind aber stark auf das jeweilige Berufsfeld beschränkt und lassen die Arbeit an den Wurzeln der Kriminalität unbeachtet.

Dagegen berücksichtigt die nachfolgende Einteilung von Kriminalprävention auch neue Forschungsschwerpunkte (wie die Opferforschung) und unterscheidet auch nach Täter, Opfer und Situationen.

1. Die Klassifizierung nach Brantingham und Faust

Brantingham und *Faust* unternahmen einen der ersten Versuche, Präventionsmaßnahmen zu klassifizieren.[42]

In Anlehnung an eine in der Medizin gebräuchliche Einteilung[43] haben diese drei Präventionsebenen unterschieden: Je nachdem, wie konkret die Risiken krimineller Gefährdung sind, in primäre, sekundäre und tertiäre Prävention.

---

[42] Vgl. Brantingham/Faust, 1976, S. 288; von van Dijk/de Waard, 1991, S. 483 ff., öffentlich gemacht. Die Unterscheidung nach primärer, sekundärer und tertiärer Prävention ist die inzwischen wohl auch in Deutschland bekannteste und üblichste Unterscheidung, vgl. hierzu unter anderem Kube, 1996, S. 13; Jehle, 1996, S. 17; Kerner, 1997, S. 24 ff.; Brandstädter/von Eye, 1982, S. 25 ff.; die von Kaiser 1996, S. 251 erwähnte Unterscheidung von Prä-, Inter- und Postvention meint zwar in etwa das gleiche; diese Begriffe haben sich jedoch nicht durchgesetzt.

[43] Vgl. Hess/Brückner, 1979, S. 404.

a) Primäre Prävention

Die primäre Prävention wendet sich an die Allgemeinheit, ohne dabei einen bestimmten Personenkreis anzusprechen. Sie richtet sich auf generelle soziale Strukturen, auf die Beseitigung von Faktoren, die nach dem jeweiligen Wissensstand am Zustandekommen von sozialen Problemlagen Wesentliches beitragen.[44] Es geht hierbei zum einen um die Schaffung bzw. Verstärkung des Rechts- und Wertebewusstseins.[45] Des weiteren geht es um die Beseitigung „tieferliegenden" Ursachen der Kriminalität. Als Beispiele hierfür werden etwa folgende angeführt: Sozialisationsdefizite und sozialstrukturelle Mängellagen, wie Massenarbeitslosigkeit und Obdachlosigkeit.[46] Es soll folglich der Erwerb sozialadäquater Vehaltensmuster ermöglicht werden.[47]

Mittels Androhung und Verhängung strafrechtlicher Sanktionen werden - über die spezialpräventive Einwirkung auf den Straftäter hinausgehend - idealtypisch potentielle Täter von strafbaren Handlungen abgeschreckt (negative Generalprävention); vor allem soll jedoch (primär präventiv) das Rechtsbewusstsein der Bevölkerung stabilisiert werden (positive Generalprävention).

b) Sekundäre Prävention

Während es bei der primären Prävention also in erster Linie darum geht, die „Ursachen" der Kriminalität zu beeinflussen, beziehen sich die Strategien der sekundären Prävention auf einen ganz bestimmten Personenkreis, nämlich auf Personen, die bereits als potentielle oder aktuelle „Problemfälle" aufgetreten sind.

Die sekundäre Kriminalprävention will die gesellschaftliche Integration besonders kriminalitätsgefährdeter oder kriminalitätsanfälliger Gruppen fördern, z.B. von auffälligen oder arbeitslosen Jugendlichen, von jungen Ausländern, Drogenabhängigen, Obdachlosen, Nichtsesshaften, aber auch alten Menschen und Kindern in sozialen Notlagen.[48] Maßnahmen der sekundären Kriminalprävention zielen folglich darauf ab, durch geeignete Maßnahmen die Entwicklung dauerhafter Probleme bei diesen Personen zu verhindern. Im medizinischen Bereich würde man von sog. Risikogruppen sprechen.

Bei der sekundären Prävention wird angestrebt, gefährdete und delinquenzbereite Personen durch eine Veränderung der Tatgelegenheitsstruktur durch technische Präventionsmaßnahmen (dazu gehören auch Gestaltungsfragen der räumlichen

---

[44] Vgl. Albrecht, 1983, S. 7.
[45] Vgl. Jehle, 1996, S. 16.
[46] Vgl. Kube/Koch, 1992, S. 50.
[47] Vgl. Hasenpusch, 1982, S. 37 (in der dortigen Fn. 6).
[48] Vgl. Schwind/Steinhilper, 1982, S. 37.

Umwelt, wie z.B. Abstellsicherungssysteme für Fahrräder, Sicherung und Beleuchtung von Unterführungen) von der Straftatbegehung abzuhalten. Es soll versucht werden, die äußeren Bedingungen so zu verändern, dass der potentielle Täter die Tat unterlässt.[49] Des weiteren arbeitet die Polizei im Sinne sekundärer Prävention an verschiedenen Modellen der Opferimmunisierung, wie etwa mit dem Programm „Nachbarn schützen Nachbarn“ (angelehnt an das US - amerikanische „Neighborhood watch“ - Modell), Sicherheitstrainings für Senioren, Aufklärungskampagnen und Beratungsgesprächen.[50]

Situationsbezogene Präventionsmaßnahmen sind Teil der sekundären Prävention.

c) Tertiäre Prävention

Postdelikttische Kriminalprävention betrifft die tertiäre Dimension der Verbrechensverhütung.

Die tertiäre Prävention bezieht sich auf Personen, bei denen sich das Risiko bereits verwirklicht hat (in der Medizin beispielsweise würde es sich um akut Kranke und die Linderung bzw. Heilung von Krankheiten handeln); sie bezieht sich neben der (strafrechtlichen) Rückfallbekämpfung vor allem auf die Wiedereingliederung strafrechtlich sanktionierter und desintegrierter Menschen.[51]

d) Kritik

Dieses „traditionelle“ Klassifikationssystem wird jedoch aus verschiedenen Gründen angegriffen.[52] So wird zum einen vorgebracht, dass es in keiner Weise berücksichtigt, wer die Aktion durchführt (z. B. die Polizei oder die Stadt etc.) noch den Mechanismus beschreibt, durch den die Aktion effektiv wird (wie z.B. durch Erhöhung der Gefahr für den Täter).

Zum anderen lässt sich eine streng schematische Kategorisierung, wie sie durch die Begriffe suggeriert wird, nicht erreichen. Tatsächlich ergeben sich zwischen den einzelnen Ebenen der Prävention Überschneidungen. Beispielsweise lässt sich nicht immer exakt konstatieren, ob sich eine Person noch in einem „sicheren“ Vorstadium der Kriminalität befindet, oder ob bereits eine Problemverfestigung droht.[53] Auch kann sich eine Einordnung in die Kategorien als sehr schwierig erweisen. Denn in welche Kategorie fällt beispielsweise die Arbeit der Polizei? Ge-

---

49 Vgl. Schwind, 1993, S. 276.
50 Vgl. Schneider/Stock, 1995, S. 20.
51 Vgl. Trenczek/Pfeiffer, 1996, S. 15; Bock, 2000, S. 142.
52 Vgl. hierzu insbesondere van Voorhis, 1986, S. 16 ff.; Hess/Brückner, 1979, S. 404 ff.
53 Vgl. Lösel, 1982, S. 57 f.; ders., 1983, S. 140.

wisse Maßnahmen der Polizei könnten als Primärprävention betrachtet werden (wie z.B. das Durchführen von Sicherheitsüberprüfungen), während andere als Sekundärprävention (wie z.B. das Anbieten von Selbstverteidigungskursen) oder sogar Tertiärprävention angesehen werden müssten (Opferbetreuung).
Folglich lässt sich eine Maßnahme nicht immer eindeutig den verschiedenen Präventionsstufen zuordnen.

2. Neuere Klassifikationssysteme

Neben dieser klassischen und üblichen Systematisierung sind deshalb noch einige weitere Klassifikationsmodelle entwickelt worden.

a) Aufzählung verschiedener Systematisierungen

So geht ein anderes Klassifikationssystem z.B. von der punitiven Prävention (das ist die allgemeine Abschreckung durch Strafandrohung), der korrektiven Prävention (das ist die Beseitigung vermuteter sozialer oder psychologischer Ursachen des Verbrechens) und der mechanischen Prävention (das ist der Aufbau von Hindernissen auf dem Wege potentieller Täter) aus.[54]

Ein weiteres spricht von einer technischen Prävention (objektiven Prävention), von einer aufklärenden Prävention (der Beeinflussung potentieller Opfer), und der operativen Prävention (der Störung der Logistik auf der Täterseite).[55]

Im angelsächsischen Raum wird mittlerweile schon dominierend die kategoriale Unterscheidung präventiver Interventionen und Vorkehrungen nach „situativen" und „personalen bzw. sozialen" Gesichtspunkten vorgenommen. So werden die Begriffe „social" und „situational crime prevention" verwandt.[56]

b) Die Klassifizierung nach Tonry und Farrington

Tonry und *Farrington* unterscheiden drei verschiedene Präventionsformen: die situative oder auch technische Prävention (situational prevention), die Gemeinschafts- oder auch sozialstrukturelle Verhütung (community prevention) und die Entwicklungsvorbeugung (development prevention).[57]

---

[54] Vgl. Schwind/Berckhauer/Steinhilper, 1980, S. 460.
[55] Vgl. BKA, 1987, S. XIV.
[56] Vgl. hierzu Bottoms, 1990, S. 3 ff.; dieser Einschätzung widerspricht allerdings die Organisation und Systematik eines Übersichtsartikels zur „Crime Prevention" von Pease, 1997a, S. 965.
[57] Vgl. Tonry/Farrington, 1995, S. 2.

Dabei verstehen sie unter der sozialstrukturellen Prävention Maßnahmen, die die sozialen Bedingungen ändern, die in Großstadtgebieten die Kriminalitätsentstehung fördern. Es soll in Stadtbezirken, die soziale und kriminelle Brennpunkte darstellen, Sozialstrukturen geschaffen werden, in denen großstädtische Gemeinschaften wiederhergestellt und soziale Bindungen wieder geschlossen werden können.[58]

Ein Beispiel für diese Art der sozialstrukturellen Vorbeugung stellt die gemeinschaftsorientierte Polizeiarbeit („Community Policing") dar.[59]

Unter der zweiten Form der Prävention – der Entwicklungsvorbeugung – versteht man Maßnahmen, die die Entwicklung kriminellen Potentials im Individuum frühzeitig zu verhindern suchen. Dabei geht es hauptsächlich um Vorschulprogramme und Elternschulungen.[60]

Die dritte Form der Vorbeugung stellt die situative Prävention dar, welche der Kern meiner Dissertation sein soll. Diese zielt auf Verminderung der Deliktsrate durch Einflussnahme auf Tatgelegenheit und Tatrisiko.

Es lässt sich festhalten, dass die beschriebenen Ansätze sich gegenseitig überschneiden und ergänzen. Eine genaue Systematik erscheint aufgrund der verschiedenen Sichtweisen unmöglich.

Trotz dieser Abgrenzungsschwierigkeiten sollte aber an einer generellen Systematisierung – gleichgültig wie sie nun aussieht – festgehalten werden, denn eine Klassifizierung der Kriminalprävention kann positiv zu einer stärkeren Konzeptionierung kriminalpräventiver Maßnahmen beitragen.[61]

---

58 Vgl. Tonry/Farrington, 1995, S. 8, 9.

59 Grundlage der Gemeindepolizeiarbeit ist es, den Zugang und die sichtbare Präsenz der Polizei durch eine dauerhaftere Anwesenheit im Gemeinwesen zu verbessern sowie engere und einfühlsamere Beziehungen zu den Bürgern aufzubauen. Vgl. zu diesem Ansatz der Polizeiarbeit insbesondere die Ausführungen bei Graham/Bennett, 1997, S. 107 – 110.

60 Einen ausführlichen Überblick über die Entwicklungsvorbeugung gibt Tremblay/Craig, 1995, S. 151 ff.

61 Vgl. zu den Vorteilen, die eine Klassifizierung mit sich bringt, insbesondere Ekblom, 1994, S. 186 – 188.

III.
Zur generellen Bedeutung der Prävention

Nach dem Programm der Ständigen Konferenz der Innenminister/-senatoren von 1974 für die Innere Sicherheit in der Bundesrepublik Deutschland soll Prävention nicht nur dem Schutz des Einzelnen vor Verbrechen bewirken, sondern Prävention soll auch zum Schutz der Einrichtungen des Staates und seiner demokratischen Grundordnung dienen. Die Innere Sicherheit ist damit ohne Prävention undenkbar.[62] Prävention ist neben der Repression der zweite Eckpfeiler zur Aufrechterhaltung der Inneren Sicherheit.

Zudem führt der Anstieg der Zahl der registrierten Straftaten zu dem Wunsch nach verstärkten präventiven Anstrengungen.[63]
Die polizeilich registrierten Straftaten zeigen für die Bundesrepublik Deutschland einen deutlichen Anstieg der Fallzahlen: 1990 liegen sie fast zweieinhalbmal so hoch wie 1965. Ein ähnliches Bild ergibt sich aus den Häufigkeitszahlen, die auch Veränderungen der Bevölkerungszahl berücksichtigen.[64]

Ferner erfordert die begrenzte Wirksamkeit repressiver Maßnahmen die vermehrte Durchführung von Präventionsprojekten.[65] Die Prävention soll vor allem dann neue Ansätze bieten, wenn Repressionsmaßnahmen keinen Erfolg mehr versprechen.
Im Ansehen und Wertebewusstsein der Bevölkerung rangiert die Prävention von Verbrechen höher als die durch repressive Maßnahmen bewirkte Aufklärung der Straftat.[66]

Daneben sprechen für Prävention auch volkswirtschaftliche und soziale Aspekte. Durch Straftaten entstehen unterschiedliche Schäden, die es zu verhindern gilt, weil sie auch Zweifel an der demokratischen Lebensform wecken und verstärken können. So kann es zu folgenden Schadensformen kommen:

- physische und psychische Schäden durch die Straftat selbst (z. B. nach allen Gewaltdelikten, Einbruchdiebstählen);
- Materielle Schäden durch die Straftat selbst (u. a. bei Diebstahl, Betrug, Untreue oder Sachschäden durch Vandalismus);
- Begleitschäden (z. B. Einkommensverluste, Verfahrens- und Resozialisierungskosten);

---

[62] So Stümper, 1989, S. 155; ebenso Kube/Koch, 1992, S. 11.
[63] Vgl. Council of Europe, 1988, S. 5.
[64] Vgl. Kube/Koch, 1992, S. 11.
[65] Vgl. Council of Europe, 1988, S. 5; Kunz, 1987, S. 18.
[66] Vgl. Murck, 1989, S. 85 ff.

- Nicht-materielle Schäden (z. B. Unsicherheitsgefühle in der Bevölkerung, Vertrauensverlust gegenüber staatlichen Institutionen).[67]

Ein Indikator für bestehende Unsicherheitsgefühle in der Bevölkerung und einen Verlust von Vertrauen in die Strafverfolgungsbehörden zeigt unter anderem die "boomende" Entwicklung des privaten Wach- und Sicherheitsgewerbes.[68]

Die Polizei sieht grundsätzlich nach ihrem Selbstverständnis Prävention als die „vornehmste Aufgabe" an.[69] Das ansteigende Arbeitspensum durch zusätzlich erwachsene Aufgaben, etwa im Zusammenhang mit dem Anstieg organisierter Kriminalität, hat die Polizei allerdings an die Grenze ihrer Leistungsfähigkeit geführt.[70] Die Belastung durch repressive Bekämpfung von Straftaten und Ordnungswidrigkeiten verringert gleichzeitig die Möglichkeiten zur Prävention und macht diese Aufgabe zum „ungeliebten Stiefkind".[71] Vorteil von einigen situativen Präventionsmaßnahmen ist freilich, dass sie nicht die Arbeitsressourcen der Polizei zusätzlich beanspruchen, sondern dass sie von anderen Stellen erfüllt werden können. So wurden unter anderem erhebliche Präventionserfolge durch Sicherheitsverbesserungen an Kraftfahrzeugen durch die Automobilhersteller oder durch Nachbarschaftswachtprogramme verzeichnet. Die Reduktion mancher Straftaten führt dann zugleich zur Entlastung der Polizei.[72]

Der nahezu weltweite Anstieg der Kriminalität erhöht das Bedürfnis und die Nachfrage nach erfolgsversprechenden präventiven Konzepten über die Grenzen hinaus. Entsprechende Initiativen des Europarates und der Vereinten Nationen belegen den Bedarf nach Verbrechensprävention.[73]

Mittlerweile besteht die Erkenntnis, dass eine effektive Präventionspolitik nur durch eine aktive Mitarbeit der Gemeinschaft und durch die Koordinierung der Anstrengungen in allen Teilbereichen, öffentlichen wie privaten, erreicht werden kann.[74] "Konzertierte Aktionen" können nur durch Einrichtung spezieller Gremien und Arbeitsgruppen für Kriminalprävention ermöglicht werden; Forschungsprojekte zur Problemerkenntnis und späteren Evaluierung sind erforderlich.[75]
Von verstärkten Präventionsmaßnahmen allein ist allerdings auch keine vollständige Problemlösung zu erwarten. Präventionsmethoden können ebenso wenig zu einer harmonischen und weitgehend verbrechensfreien Gesellschaft führen wie

---

[67] Vgl. Kube/Koch, 1992, S. 12.
[68] So Ferreira, 1995, S. 159.
[69] Vgl. Schreiber, 1980, S. 379; Kube/Koch, 1992, S. 12.
[70] Vgl. hierzu z.B. Council of Europe, 1988, S. 5.
[71] Schreiber, 1980, S. 379.
[72] Vgl. Clarke/Hough, 1984, S. 18.
[73] Vgl. Kube/Koch, 1992, S. 13.
[74] Vgl. Kube/Koch, 1992, S. 13; Laycock/Austin, 1992, S. 154.
[75] Vgl. hierzu z.B. Council of Europe, 1988, S. 5 f.

Repressionsmaßnahmen.[76] Es gilt, ein ausgewogenes Verhältnis zu erreichen; bisher neigt sich die Waage noch zu eindeutig zur repressiven Seite hin. Neuerdings werden in der Kriminologie auch Gefahren und Nachteile einer zu intensiven Prävention thematisiert.[77] Die Kritik richtet sich insbesondere gegen die subtile Erweiterung sozialer Kontrolle und gegen Bevormundungstendenzen durch den Staat.

---

[76] Vgl. Couch, 1988, S. 151.
[77] Vgl. z.B. Albrecht, 1986, S. 55 ff.

Kapitel 2

Theoretische Ursprünge, Grundlagen und Konzepte der situationsbezogenen Kriminalprävention

A. Einleitung

Nachdem dargestellt ist, welche verschiedene Aspekte der Begriff der Kriminalprävention beinhaltet und welchen Platz die situationsbezogene Kriminalprävention einnimmt, soll im folgenden dargestellt werden, wo die Ursprünge des Konzepts einer situationsbezogenen Kriminalprävention liegen und welche Theorien und Ansätze dieses Konzept in seiner Entwicklung beeinflusst haben.

B. Theoretische Ursprünge – Die Rolle von situativen Faktoren bei Verbrechen

I. Einleitung

Das Konzept von einer situationsbezogenen Kriminalprävention wurde nicht in einem theoretischen Vakuum entwickelt.

Das britische Innenministerium errichtete in den 60er und 70er Jahren eine „Crime Prevention Unit", die sich seit dieser Zeit der Realisierung dieser Idee in der Praxis widmet. Hierdurch ist das Konzept entstanden und vor allem weiter entwickelt und vorangetrieben worden.[78]

Stütze für das Vorhaben der britischen eingesetzten „Sonderkommission für Kriminalprävention" waren kriminologische Forschungsergebnisse, die ergaben, dass situative Faktoren eine entscheidende Rolle bei der Kriminalitätsentstehung spielen. So ergab z.B. eine Studie von *Burt*, dass eine erhöhte Zahl von Vermögensdelikten im Winter auf die längere Dunkelheit zurückzuführen ist.[79] Geographische Studien zeigten, dass die Verbreitung von bestimmten Straftaten abhängig ist von der Präsenz bestimmter Ziele und Örtlichkeiten, wie z.B. Geschäftsräume, Parkplätze usw.[80]

Kerner weist 1973 darauf hin, dass der rasante Anstieg des Diebstahls von Kraftwagen sowie des ebenfalls ansteigenden Diebstahls an und aus Kraftfahrzeugen als Folge des alljährlich ebenfalls stark zunehmenden Kraftwagenbestandes und

---

[78] Vgl. Marongiu/Newman, 1997, S. 116; Gilling, 1996, S. 11; Tonry/Farrington, 1995, S. 7.
[79] Vgl. Burt, 1925.
[80] Vgl. z.B. Engstad, 1975.

damit als Ausdruck „vermehrter Gelegenheiten" zum Begehen derartiger Delikte anzusehen ist.[81]

II. Kriminalitätsverhütungskonzepte aus den USA als Wegbereiter der situationsbezogenen Kriminalprävention

1. Einleitung

Während also die Idee einer situationsbezogenen Kriminalprävention auf Großbritannien zurückgeht, wurden in den USA das Konzept eines „defensible space" von *Newman*, die „broken windows" -Theorie von *Kelling* und *Wilson* und das Konzept einer „crime prevention through environmental design" von *Jeffery* entwickelt, die ebenfalls großen Einfluss auf die situationsbezogene Kriminalprävention genommen und wesentlich zu deren Weiterentwicklung beigetragen haben.

2. Oscar Newmans Theorie vom „Defensible - Space"

a) Allgemeines

Als erfolgversprechender Präventionsansatz wurde vor allem in den USA in den letzten Jahrzehnten die Einwirkung auf die Umwelt des potentiellen Opfers angesehen.

Kriminalität in Beziehung zum Raum wird herkömmlich unter dem Begriff der Kriminalgeographie (oder Kriminalökologie) diskutiert. Hierbei geht es zum einen um die Zählung von kriminellen Handlungen und Täterwohnsitzen innerhalb bestimmter Gebiete und zum anderen um den Versuch, die gefundenen Häufungen an Kriminalität mit anderen Variablen, insbesondere sozioökonomischen Faktoren wie Armut, Arbeitslosigkeit, Wohndichte u.ä. in Verbindung zu bringen, um Kriminalität zu erklären.[82]

Dabei stand nicht zuletzt auch die bauliche Umwelt des Opfers im Blickpunkt des Interesses. Grundlagen und wesentliche Impulse dieser Betrachtungsweise gab die „Chicagoer Schule".

---

[81] Vgl. Kerner, 1973, S. 186. Brusten und Hoppe bestätigen durch ihre Studie die Gültigkeit dieser Aussage, vgl. Brusten/Hoppe, 1986, S. 50, 51; andere Ansicht Heiland, 1987, S. 280.

[82] Rolinski, 1980, S. 17; Kerner, 1993, S. 228.

b) Die Chicagoer Schule

Den wesentlichen Impuls erhielt dieser Kriminalitätsansatz von der Kriminalität im Raum durch die „Chicagoer Schule". Robert E. Park und Ernest W. Burgess waren in den 1920er Jahren die Direktoren des „Sociological Department at the University of Chicago" und vertraten eine „ökologische" Soziologie: Soziale Probleme sollten als Folgen von ökologischen Gesetzmäßigkeiten erklärt werden.[83]

Clifford R. Shaw und Henry D. McKay, die beiden bekanntesten Schüler von Park und Burgess, führten die grundlegenden kriminalgeographischen Arbeiten durch.84

Sie fanden zunächst eine bis heute im Grundsatz gültige Häufigkeitsverteilung der Kriminalität, nämlich eine extrem hohe Kriminalitätsdichte im inneren City - Bereich und eine kontinuierliche Verringerung in Richtung Außenbezirke.85

Dieser kriminalgeographische - ökologische Ansatz (area approach) von Shaw und McKay wurde zum Ausgangspunkt zahlreicher Untersuchungen, die in diesem Zusammenhang nicht dargestellt werden können.

Die kontinuierliche Weiterentwicklung des ursprünglich kriminalgeographischen Ansatzes hin zur Erforschung der physischen, insbesondere gebauten Umwelt als Bedingung für die Entstehung von Kriminalität wurde vor allem von nichtkriminologischer Seite vorangetrieben.

Die amerikanischen Großstädte waren in ihrer Eigenschaft als Lebensraum für Menschen zunehmend in Zweifel gezogen worden. Jane Jacobs beschreibt in ihrem Buch „The Death and Life of Great American Cities"[86] aus dem Jahre 1961 die Schwierigkeiten, die für ein Leben in einer Großstadt bestehen. Begleitet wurde die Anonymität großstädtischer Lebensräume vor allem von einem drastischen Anstieg der Kriminalität. So stellte die „President's Commission on Law Enforcement and Administration of Justice"[87] fest, dass die Kriminalitätsrate in den USA schneller steige als die Zuwachsrate der Bevölkerung. Kriminalität in den Großstädten wurde zum zentralen Problem.

---

83 Vgl. dazu Brantingham/Jeffery, 1981, S. 229 - 232. Die Bedeutung der Chicagoer Schule auch für die heutige Kriminologie hat Jon Snodgrass in seiner Arbeit herausgestellt: vgl. hierzu Snodgrass, 1976, S. 1 - 19.

84 Vgl. Brantingham/Brantingham, 1981, S. 13.

85 In der Bundesrepublik ist diese Häufung für Bochum von Schwind , Ahlborn und Weiß festgestellt worden: Schwind/Ahlborn/Weiß, 1978, S. 188, 189.

86 Vgl. Jacobs, 1965.

87 Vgl. Rolinski, 1980, S. 22.

Jacobs Arbeit und die in den Großstädten wachsenden Probleme lieferten die Basis für das Projekt des Architekten Oscar Newman, der 1972 die Verteilung von Straftaten in einer großen Anzahl von Mietshäusern der New York City Housing Authority untersuchte und zu dem Ergebnis kam, dass bestimmte Bauformen Kriminalität erleichtern und dass durch Veränderung der Wohngebäudeformen die Kriminalitätsraten entscheidend gesenkt werden können.[88]

Des weiteren entstand eine eingehende Zusammenarbeit von Architekten mit Sozialwissenschaftlern (insbesondere Psychologen).[89]

Hieraus entwickelte sich das theoretische Konzept auf diesem Gebiet: Die physische, gebaute Umwelt als Bedingung für menschliches Verhalten und damit auch für Kriminalität und das menschliche Verhalten auch als eine Reaktion auf die physische, gebaute Umwelt. Die theoretische Aufarbeitung übernahm C. Ray Jeffery mit seinem Ansatz: "Crime prevention through environmental design", den ich später noch eingehend erläutern werde.

c) Die Theorie des verteidigungsfähigen Raumes

Der amerikanische (New Yorker) Architektursoziologe Oscar Newman ging davon aus, dass soziale und bauliche Merkmale einen Einfluss darauf ausüben, ob ein Ort eher zum Tatort wird als ein anderer.

Basierend auf dieser Annahme hat Oscar Newman seine Theorie des verteidigungsfähigen Raumes („defensible - space") entwickelt.[90] Sie stellt ein Konzept einer kriminalitätsabwehrenden Architektur dar.

Newman veröffentlichte 1976 ein Buch mit dem Ziel, „Architekten, Stadtplanern, Baugesellschaften und Community Groups zu zeigen, wie sie sich dem Problem der Sicherheit in Wohngebieten schon im Anfangsstadium des Entwurfs und der Planung zuwenden können."[91]
Seine grundlegenden Gedanken dazu hatte *Newman* 1972 in seiner Arbeit über „Defensible Space", Crime Prevention through Urban Design" vorgelegt. Den Ausgangspunkt seiner Überlegungen bildeten Beobachtungen, die er in New York gemacht hatte. *Newman* hatte drei Entwicklungen festgestellt:[92]

- eine explosionsartige Übervölkerung der städtischen Bereiche durch Zuzug der Landbevölkerung;

---

[88] Vgl. Newman, 1973, S. 2, 3; Brantingham/Brantingham, 1981, S. 55.
[89] Vgl. Rolinski, 1980, S. 22; Kohfeld/Sprague, 1990, S. 113.
[90] Vgl. Schwind, 1993, S. 276.
[91] Vgl. Rolinski, 1980, S. 25.
[92] Vgl. Rolinski, 1980, S. 26.

- den Wandel im Wohnungsbau von kleineren Mehrfamilienhäusern zu Hochhauskomplexen mit extrem hoher Wohndichte;

- die Zunahme von Kriminalität und Vandalismus in Wohngebieten, insbesondere dort, wo für Familien mit niedrigen Einkommen Hochhäuser gebaut worden waren.

Daraus folgert *Newman*, „that certain design features of urban housing developments can affect the probability of various types of criminal acts."[93]

Bei einem Vergleich von Wohnanlagen mit hoher Kriminalitäts- und Vandalismusbelastung mit denen, die eine niedrige aufweisen, stellte *Newman* folgende Unterscheidungskriterien fest: Die Wohnanlagen mit hoher Kriminalitäts- und Vandalismusbelastung waren durch folgende bauliche Besonderheiten gekennzeichnet: viele Stockwerke, fehlende Überschaubarkeit der Gemeinschaftsbereiche im Innern des Gebäudes sowie der Zugangswege zum Haus wie auch fehlende Kommunikation unter den Bewohnern des Hauses, die grundsätzlich anonym nebeneinander lebten.

Die Wohnanlagen mit geringer Kriminalität waren kleiner, ihre Gemeinschaftsanlagen überschaubarer und die Kommunikation unter den Hausbewohnern rege. Diese konnten auch Mitbewohner von Fremden, die das Haus betraten, unterscheiden, was in den großen Wohnanlagen nicht der Fall war.[94]

Grundsätzlich ließ sich feststellen, dass die Kriminalitätsrate sank, je kleiner das soziale System war.

Vor diesem Hintergrund schlägt *Newman* vor, dass abwehrbereite Räume („defensible spaces") geschaffen werden müssten als physischer Ausdruck von Sozialsystemen, die sich selbst verteidigen.[95]

Newman nennt vier Elemente, die für den Aufbau eines „defensible space" entscheidend sind: „Territoriality, (natural) surveillance, image, and safe zones (milieu)."[96]

Würden nun diese vier Elemente für einen „defensible space" realisiert, so stellt *Newman* folgende Hypothese auf: „Wenn die objektive Architektur eines Wohnareals im Sinne der Kriterien des „defensible space" gestaltet ist, wird sich unter den Hausbewohnern (Familien) ein sozialkommunikatives System entwickeln, das

---

[93] Brantingham/Brantingham, 1981, S. 55.
[94] Vgl. Schwind, 1993, S. 278.
[95] Vgl. Frehsee, 1982, S. 269.
[96] Jeffery/Zahm, 1993, S. 332; Newman, 1972, S. 50; Poyner, 1983, S. 8.

dazu führt, sich auch für den „halbprivaten Bereich“, d.h. bis für den Platz vor der Haustür, verantwortlich zu fühlen.“[97]

In seiner Arbeit von 1972 definiert *Newman* den „verteidigungsfähigen Raum" als „a model for residential environments which inhibits crime by creating the physical expression of a social fabric that defends itself. All the different elements which combine to make a defensible space have a common goal - an environment in which latent territoriality and sense of community in the inhabitants can be transeated into responsibility for ensuring a safe, productive, and well - maintained living space. The potential criminal perceives such a space as controlled by its residents, leaving him an intruder easily recognized and dealt with.“[98]

Später formulierte *Newman* mehr in Richtung auf das Verhalten der Einwohner: „Mit dem Begriff „defensible space“ wird eine Wohnumwelt beschrieben, deren physische Merkmale - Gebäudeformen und Lage - die Einwohner befähigen, sich selbst vor Kriminalität zu schützen. Jedoch enthält eine Wohnanlage das Merkmal „defensible space“ nur, wenn die Einwohner diese ihnen angetragene Rolle übernehmen, eine Entscheidung, die durch die architektonische Gestaltung erleichtert wird. „Defensible space“ ist demnach ein sozio - physisches Phänomen.“[99]

Prinzipiell sollen also die Mieter das Gefühl haben, dass sie für das Wohnumfeld (mit) verantwortlich sind. So sollen die Mieter in Gestaltungsvorhaben aktiv eingeschaltet werden, die die Wohnung und das Wohnumfeld betreffen.

Newman hat auf der Grundlage dieser Erkenntnisse präzise Richtlinien ausgearbeitet, wie Massenwohnungsbau künftig angelegt sein soll. Zur praktischen Umsetzung seiner Theorie verlangt *Newman* unter anderem

- den Verzicht auf den Hochhausbau zugunsten niedriger Mehrfamilienhäuser;
- die Eingrenzung der Grundstücke durch Zäune, Hecken usw.;
- Überwachung unübersichtlicher Stellen (etwa der Tiefgaragen) durch (Fernseh-) Monitore bzw. Beleuchtung;
- Schaffung von Gemeinschaftseinrichtungen, die die „territoriale“ Haltung der Hausbewohner verstärken, etwa Spielplätze etc.;

---

[97] Rolinski, 1980, S. 32.
[98] Newman, 1973, Anm. 33, S. 3.
[99] Newman, 1975, S. 4 (Übersetzung bei Rolinski, 1980, S. 32).

- visuelle Überwachung von außen (durch die Straßenpassanten): z. B. gute Einsehbarkeit der Haupteingänge, die nur 30 Meter von der öffentlichen Straße entfernt liegen sollten.[100]

d) Kritik am Ansatz einer kriminalitätsabwehrenden Architektur

Der Defensible Space - Ansatz weist jedoch auch einige Schwachstellen auf, so dass er von mehreren Seiten auch kritisiert wurde.[101]
Beispielsweise wird vorgebracht, dass er die Gefahr in sich birgt, gegen Fremde sich abkapselnde Nachbarschaften zu fördern, was eine „Feindbildhaltung" nach außen und eine zu Unrecht gesteigerte Kriminalitätsangst beim Aufenthalt außerhalb des eigenen gesicherten Bezirks bewirken kann.[102]

Des weiteren wird kritisiert, dass der Ansatz von Newman nicht konsistent ist. So weist *Kaplan* darauf hin: „If indeed Mr. Newman had broadened his study, and gone into more depth, he would have found some glaring inconsistences in his flagrant generalities."[103] Denn „Defensible Space – Merkmale" können - je nach Deliktsform - auch tatbegünstigend wirken. Hecken und Zäune werden beim Einfamilienhaus beispielsweise den Diebstahl auf dem Grundstück abgestellter Sachen erschweren, jedoch unter Umständen den Einbruchdiebstahl zur Nachtzeit erleichtern.

Aus dem Lager der wissenschaftlichen Kriminologie kam der warnende Hinweis, nicht die Bauformen, sondern die soziale Struktur der Bewohner sei von entscheidender Bedeutung.[104]

Die Kritiker weisen den Gedanken zurück, den zukünftigen Städtebau in der Bundesrepublik unter dem Gesichtspunkt der sekundären Prävention auszurichten oder unter kriminologischen Aspekt nur einen bestimmten Baustil zulassen zu wollen. Denn es wäre sinnlos, den Städtebau als isolierte Kriminalitätsursache verstehen zu wollen.

---

[100] Vgl. Schwind, 1993, S. 278, 279; vgl. weiterhin zu den Strategien, die einen verteidigungsfähigen Raum schaffen: Rubenstein/Muray et al., 1980, S. 23 - 24.
[101] Vgl. Kube, 1980b, S. 228; Frehsee , 1982, S. 269; Jeffery/Zahm, 1993, S. 333; weitere Kritiker: Mawby, 1977a, S. 169 ff.; ders., 1977b, S. 32, 33; Kaplan, 1973, S. 8; Adams, 1973, S. 267, 268.
[102] Vgl. Kube, 1987, S. 52.
[103] Kaplan, 1973, S. 8.
[104] Vgl. Frehsee, 1982, S. 263.

e) Studie von Rolinski

Von diesen Resultaten ausgehend, hat es weitere Studien zur Überprüfung der Thesen Newmans gegeben.[105] So hat z.B. *Rolinski* untersucht, ob sich auch in München und Regensburg „ein Zusammenhang zwischen bestimmten Wohnhausformen und Kriminalität nachweisen lässt."[106]
Dazu wurden 715 Haushalte aus 12 Untersuchungsgebieten mit unterschiedlicher Bebauung (repräsentative Stichprobe) befragt.

Rolinski weist jedoch schon zu Beginn seiner Arbeit darauf hin, „dass außer der Baustruktur weitere Variablen im Entstehungsprozess krimineller Handlungen als maßgebliche Bedingungen wirken"107, insoweit wird vor allem auf die unterschiedliche soziale Schichtung der Hausbewohner verwiesen. Im Ergebnis hat Rolinski keinen signifikanten Zusammenhang zwischen Hochhaus - Bauform und Kriminalität in den untersuchten Großstädten festgestellt. Rolinski führt dieses Ergebnis auf folgende Ursachen zurück:

- erstens gäbe es bei uns den Tätertyp (bisher) noch nicht, der wie in den USA als Fremder in Häuser eindringt, um Notzucht und Raub „im Erscheinungsbild brutalen und rational rücksichtslosen Zugriffs auszuführen";[108]

- zweitens gäbe es in der Bundesrepublik aus verschiedenen Gründen „eine vergleichsweise homogene Verteilung der demographischen Daten, die in den USA fehlt und daher dort schichtspezifische Unterschiede in der Kriminalitätsbelastung deutlich hervortreten lässt";[109]

- drittens seien „die spezifischen Merkmale der untersten Schichten in München nicht so ausgeprägt wie die in New York."[110]

Die Resultate seiner Untersuchung bedeuten allerdings nicht, wie *Rolinski* hervorhebt, dass bei der „jetzigen Kriminalitätsstruktur noch kein Bedürfnis besteht, Wohngebiete als verteidigungsfähige Bereiche auszubauen."[111]

---

105 Vgl. zu weiteren Studien unter anderem Mawbys „Sheffield Study", der Newmans Thesen hinsichtlich Vandalismus an Telefonzellen überprüft hat, 1977b; oder die Überprüfung einzelner Komponenten des Defensible - Space - Konzeptes (wie z.B. die Effekte von Straßenbeleuchtung) Tien et al., 1979; Fleming/ Burrows, 1986, S. 14 ff., mit Betonung des möglichen Einflusses auf die Kriminalitätsangst; Painter, 1988.
106 Vgl. Rolinski, 1980, S. 47.
107 Vgl. Rolinski, 1980, S. 47.
108 Vgl. Rolinski, 1980, S. 200.
109 Vgl. Rolinski, 1980, S. 201.
110 Vgl. Rolinski, 1980, S. 202.
111 Vgl. Rolinski, 1980, S. 200.

Der Variablen „Baustruktur" kommt nach seiner Auffassung vielmehr nur „für die Bekämpfung von Kriminalität ein zu hoher Stellenwert zu."[112]

3. „Crime prevention through environmental design" (CPTED) (Verbrechensverhütung durch Umweltgestaltung)

Bei CPTED handelt es sich um ein weiteres städtebauliches Präventionskonzept aus den USA das von C. Ray Jeffery entwickelt wurde.[113]

Jeffery formulierte eine übergreifende Kriminalitätstheorie, die die physische, gebaute Umwelt (physical environment) als ein Element des Interaktionsprozesses zwischen dem potentiellem Täter und seiner Umwelt begreift, in der kriminelle Handlungen entstehen.

So sagt *Jeffery* über seine Theorie: „The purpose ... is to outline an alternative to punishment and treatment. Basically it is a prevention program. ... Crime prevention programs are based on (1) a shift from a punishment or treatment model to a prevention model, (2) an interdisciplinary theory of behaviour which is psychobiological in nature, and (3) an appreciation for the role of the physical environment in behaviour, including criminal behaviour."[114]

Das theoretische Gedankengebäude von CPTED ist, dass die Antwort eines individuellen Organismusses auf die physische Umwelt gehirn-gesteuert ist; die Gehirnfunktion ist ein Produkt von Genetik und Umwelt. Die Umwelt beeinflusst also das Verhalten eines Menschen nie direkt, sondern immer über das Gehirn. Und so muss jedes „model of crime prevention" das Gehirn des Täters, als auch die physische Umwelt mit umfassen.[115]

Bei dem Ansatz von *Jeffery* geht es hauptsächlich darum, kriminogene Reizbedingungen durch „environmental engineering" abzubauen.[116] Es sollen Situationen und Gegebenheiten vermieden werden, die zu einem kriminellen Verhalten einladen.[117] Hierzu gehört z.B. die Verwendung von schwerzerstörbaren Materialien in öffentlichen Verkehrsmitteln.

CPTED bemüht sich, die Bedingungen der konkreten Tatausübung durch technische Vorkehrungen zu erschweren.[118]

---

[112] Vgl. Rolinski, 1980, S. 203.
[113] Vgl. Jeffery, 1971; ders., 1977.
[114] Jeffery, 1977, S. 33.
[115] Vgl. Jeffery/Zahm, 1993, S. 329.
[116] Vgl. Jeffery, 1977, S. 39.
[117] Vgl. Hauber, 1982, S. 271.
[118] Vgl. Frehsee, 1982, S. 262; Anwendungsbeispiele insbesondere zu finden bei Crowe, 1996, S. 113 - 166.

In den USA sind diese sog. „CPTED – Präventionsprogramme" angelaufen, die für Wohngebiete anstreben, auf der Ebene von „Nachbarschaften" (Neighborhoods) durch kombinierte Veränderungen der physischen Umwelt und des Gebrauchs dieser Umwelt durch die Bewohner eine effektive Prävention zu erreichen. Diese vom Westinghouse National Issues Center in Arlington, Virginia, durchgeführten bzw. betreuten Projekte zielen auf eine Reduzierung der Kriminalität (insbesondere bei Gewalt- und Eigentumsdelikten sowie Vandalismus) und der Kriminalitätsangst ab.[119]

Die nach einer Situationsanalyse in Angriff genommenen Maßnahmen sind baulicher Art, beziehen sich aber auch auf Aufklärungsinformationen für die Bewohner (bis hin zu Erfolgsmeldungen über das laufende Programm), auf die Intensivierung der Kooperation verschiedener sozialer Kontrollinstanzen und schließlich auf den Abbau von Gelegenheitsstrukturen auch nicht nur baulicher Art (z.B. Beeinflussung der Bewohner, anstelle von Bargeld Traveller - Schecks zu verwenden, oder Verbesserung des öffentlichen Verkehrsnetzes).[120] Es geht um „a combination of effective design and use of the environment."[121]

Dieses Konzept funktioniert nicht nur in Wohnsiedlungen - in denen lediglich Oscar Newman seinen „Defensible - Space - Ansatz" erprobt hat -, sondern auch in Geschäftsräumen, öffentlichen Gebäuden, in Schulen etc.

Es wurden an ganz verschiedenen Orten CPTED - Projekte durchgeführt: in Broward County, Florida; Denver; San Jose; Chicago; Mineapolis; Portland, Oregon; Atlanta etc.[122] Dadurch wurde festgestellt, dass die Idee einer Verbrechensverhütung durch Umweltgestaltung auch an unterschiedlichen Orten mit anderen Voraussetzungen erfolgreich ist und damit auch für weitere Städte in Betracht kommt.

CPTED-Strategien umfassen drei verschiedene Formen von Präventionsmaßnahmen: „punitive, mechanical, and corrective."[123]

„Punitive prevention" meint, eine Umgebung derart umzugestalten, dass es leicht wird, potentielle Straftäter zu entdecken, festzunehmen und zu bestrafen.

„Mechanical prevention" - Maßnahmen beinhalten die Errichtung von physischen Hindernissen, die es für den potentiellen Straftäter erheblich schwieriger machen, ein Delikt zu begehen.

---

119 Vgl. Special Report, 1977, S. 15.
120 Vgl. Kube, 1980b, S. 230.
121 Vgl. Special Report, 1977, S. 16.
122 Vgl. Special Report, 1977, S. 15; Crowe, 1996, S. 113; vgl. insbesondere zu den Methoden und Ergebnissen eines solchen Projektes in Portland Lavrakas/Kushmuk, 1986, S. 210 – 223.
123 Special Report, 1977, S. 17.

„Corrective prevention" stellt das wichtigste und fundamentalste der drei Präventionsmaßnahmen dar, da es darum geht, kriminelle Antriebe und Beweggründe zu eliminieren.

Diese unterschiedlichen Präventionsmaßnahmen bei CPTED werden durch vier Wege erreicht: „access control, surveillance, activity support, and motivation reinforcement."[124]

Der Schlüssel für eine erfolgreiche Zugangskontrolle (access control) ist dabei die Errichtung von Barrieren, um unbefugtes Betreten zu verhindern.

Das primäre Ziel einer systematischen Überwachung (surveillance) mit Hilfe von elektronischen Vorrichtungen oder Polizeipatroullien ist die Observierung von Eindringlingen, um gegebenenfalls einschreiten zu können.
„Activity support" bedeutet, ein Wohn- oder Geschäftsviertel attraktiver zu gestalten, damit mehr Menschen dieses Gebiet aufsuchen oder dort tätig sind. Hierdurch wird eine unbewusste Überwachung gefördert, da mehr Menschen sich in diesem Gebiet aufhalten und damit das Entdeckungsrisiko für potentielle Straftäter wesentlich erhöht wird.

„Motivation reinforcement" hat zwei Ziele: zum einen sollen Hausbewohner ermutigt werden, eine positive Einstellung zu ihrer Wohn - oder Arbeitsumgebung zu entwickeln, und zum anderen sollen potentielle Straftäter abgeschreckt werden, in dem ihnen verdeutlicht wird, dass das Aufdeckungsrisiko erheblich zugenommen hat.[125]

4. Broken - Windows - Theorie

Seit längerem werden - wie bereits oben erwähnt - Einflüsse der Wohnumwelt als Ursache kriminellen Verhaltens erwogen.

Der Stanford - Psychologe Philip Zimbardo hat in seiner Studie 1969 den Anstoß für die Überlegung gegeben, dass Vorschädigungen von Gegenständen weitere Beschädigungen oder Diebstähle provozieren können bzw. in diese Richtung enthemmend wirken mögen.[126] Er hat die Korrelation von Verfall und Baufälligkeit und Kriminalität festgestellt.

Zimbardo hatte folgendes Experiment unternommen:[127] Er und ein Kollege erwarben einen Wagen, den sie in eine Straße der Bronx in New York abstellten; nach-

[124] Special Report, 1977, S. 17.
[125] Vgl. Special Report, 1977, S. 17.
[126] Vgl. auch Schneider, 1987, S. 628 f.; ferner Hauber, 1981, S. 37 ff.
[127] Vgl. Zimbardo, 1973, S. 86 - 89.

dem sie das amtliche Kennzeichen entfernt und den Kofferraum sowie die Motorhaube offengelassen hatten, um die erforderlichen „Auslöser-Signale" zu geben. Gleichzeitig wurde ein weiterer Wagen auf eine Straße im „ordentlichen" Palo Alto/ Kalifornien zurückgelassen. Auch dieser hatte kein amtliches Kennzeichen, und Motorhaube sowie Kofferraum standen offen.

Das Auto in der Bronx wurde bereits innerhalb der ersten 10 Minuten, nachdem es abgestellt wurde, von Vandalen heimgesucht. Die ersten waren eine Familie - Vater, Mutter und Sohn -, die den Kühler und die Batterie ausbauten. Innerhalb von vierundzwanzig Stunden wurde faktisch jedes brauchbare Teil des Wagens entwendet. Danach begann eine wahllose Zerstörung: die Fensterscheiben wurden eingeschlagen, Einzelteile abgerissen, die Polster aufgeschlitzt. Von Kindern wurde der Wagen als Spielplatz genutzt. Die meisten erwachsenen Vandalen waren gut gekleidet und scheinbar ordentliche Weiße.

Das Auto in Palo Alto wurde über eine Woche lang nicht angerührt. Daraufhin zertrümmerte Zimbardo einen Teil des Wagens mit einem Vorschlaghammer. Schon bald machten einige vorübergehende Passanten mit. Innerhalb von einigen Stunden lag der Wagen auf dem Dach und war völlig zerstört. Wieder traten als Vandalen in erster Linie respektable Weiße auf.[128]

Dieser Versuch zeigt, dass es grundsätzlich aufgrund der Struktur des Gemeinschaftslebens in der Bronx - die Anonymität, die Häufigkeit, in der Autos verlassen und Dinge gestohlen oder zerstört werden sowie der bisherigen Erfahrungen von Gleichgültigkeit - viel schneller zu Vandalismus kommt als in einem „ordentlichen" Stadtgebiet, da die Menschen nicht davon überzeugt sind, dass Eigentum gehütet und geschätzt werden muss. Allerdings zeigt das Experiment auch, dass Vandalismus überall auftreten kann, also auch in sauberen und ordentlichen Stadtteilen, sofern „die Schwellen der Mitbewohner („communal barriers") - die gegenseitige Achtung und Verpflichtung zum Anstand („Civility") - durch Ereignisse heruntergesetzt werden, die zu signalisieren scheinen, dass niemand sich darum schert."[129]

Akzeptiert man die These, dass Unordnung und Kriminalität einer Gemeinde unentwirrbar miteinander verknüpft sind, liegt es auf der Hand, dass man die oben beschriebenen Zeichen von Unordnung mit verwaltungsrechtlichen - z.B. Bußgeldern für Hauseigentümer -, aber auch mit polizeilich - repressiven und strafrechtlichen Mitteln bekämpft.

Es liegt nun die Frage nahe, inwieweit solche Befunde zur Entstehung von Vandalismus generelle Aussagen über die Entstehung von Kriminalität zu tragen vermögen. Unabhängig davon, lässt sich aber auf jeden Fall festhalten, dass sich in den

---

[128] Vgl. Graham/Bennett, 1995, S. 66; dies., 1997, S. 75.
[129] Vgl. Wilson/Kelling, 1996, S. 125.

USA neuerdings eine sehr weitgehende Generalisierung dieses Ansatzes auf dem Feld der Kriminalpolitik entwickelt hat, indem man ihn auf die öffentliche Ordnung insgesamt überträgt.

George L. Kelling und Q. Wilson entwickelten aus der Studie *Zimbardos* die „Broken - Windows - Theorie“.[130] Auch nach diesen Autoren gibt es starke Hinweise darauf, dass Zeichen von „Unordnung“ in einer Wohngegend - wie etwa die der Theorie den Namen gebenden zerbrochenen Fensterscheiben, verlassene Häuser, verbreitete Graffiti an den Wänden, Abfall auf den Straßen - den subtil und informell ablaufenden Prozess unterminieren, der normalerweise die soziale Kontrolle in intakten Gemeinschaften aufrechterhält.[131]

Wenn eine zerbrochene Scheibe nicht schnell repariert wird, sind in dem betroffenen Haus alsbald alle Scheiben zerbrochen. Wenn in einer Straße oder einem Stadtviertel nichts gegen Verfall und Unordnung, Vandalismus, Graffiti, aggressives Betteln, herumliegenden Müll, öffentliches Urinieren, dröhnende Musik, Prostitution, Junkies usw. unternommen wird, ist dies ein signifikantes Zeichen dafür, dass sich niemand für diese Örtlichkeiten verantwortlich fühlt. Ein solches Stadtviertel sei damit offenkundig für den Bürger außer Kontrolle staatlichen bzw. kommunalen Einflusses geraten. Dies führt in einen Zustand von Kriminalitätsfurcht und mangelndem Sicherheitsgefühl. In der Folge würde sich ein Kreislauf („Teufelskreis“) anschließen, der durch den Wegzug bisher sozial integrierter Bevölkerungsanteile und den Zuzug von Minderheiten aller Art, Drogenabhängigen, Aussteigern und anderer sozial schwächerer Personen gekennzeichnet wäre, während sich besonders der ältere Teil der Bevölkerung in seinen Wohnungen und Häusern einschließen würde.

Ein nicht wieder instand gesetztes Fenster soll also ein Signal dafür darstellen, dass an diesem Ort keiner daran Anstoß nimmt. So können beliebig viele Fenster zerstört werden, ohne dass damit gerechnet werden muss, für den Schaden aufzukommen (was sich psychologisch als Lernen am schlechten Vorbild und rechtlich als fehlende negative Generalprävention erklären lässt). [132]

Der Grundgedanke der „Broken-Windows-Theorie“ ist einleuchtend: Dort, wo Unordnung besteht, vermehrt sie sich leichter als dort, wo Ordnung herrscht. Unbehüteter Besitz wird schnell zum Freiwild für Leute, die Spaß suchen oder etwas plündern wollen. Und das auch für Menschen, die normalerweise nicht einmal davon zu träumen wagen, dass sie jemals derartige Dinge tun und die sich selbst wahrscheinlich als gesetzestreu bezeichnen würden.

---

[130] Vgl. Wilson/Kelling, 1982, S. 29 ff.; Kelling/Coles, 1996, S. 16 - 22.
[131] Vgl. Wilson/Kelling, 1982, S. 31.
[132] Vgl. Dreher/Feltes, 1998, S. 21, 22.

In unserem eigenen Alltagsleben können wir dieses Phänomen tagtäglich beobachten. Das Schlange - Stehen (z. B. vor einem Verkaufsschalter) wird solange von allen Beteiligten eingehalten, als keiner auf die Idee kommt, sich vorzudrängeln. Geschieht dies, und dann auch noch mit Erfolg, dann „brechen die Dämme", und alles stürzt nach vorne. Regeln werden solange eingehalten, solange die sichtbare Mehrheit der Bürger dies tut bzw. Regelverstöße nicht offensichtlich werden.

Die Thesen dieser Theorie bedeuten folglich vorrangig, dass Städte und Gemeinden bestrebt sein müssen schon vor dem „tipping point" (dem Punkt, bei dem die Unordnung in Verbrechen umschlägt), die allgemeine Ordnung zu bewahren, also für regelmäßigen Abtransport von Abfall und Müll, für die Sauberkeit der Straßen und für eine allgemein lebenswerte Umwelt zu sorgen.[133] Die wichtigste Aussage von „Broken Windows" müsste eigentlich sein, den rapiden sozialen und gesellschaftlichen Zerfall der innerstädtischen Bereiche zu stoppen.[134]

Wesley G. Skogan hat das ursprüngliche Konzept der „Broken Windows" Hypothese um einige Facetten erweitert bzw. präzisiert.[135] So kann er in seiner Studie[136] nachweisen, dass ein eindeutiger Zusammenhang zwischen dem Grad an „Unordnung" und der Rate der Viktimisierungen durch Raubtaten in den insoweit speziell untersuchten 40 „Nachbarschaften" bestand. Auch der zunächst naheliegende Einwand, dass es sich bei diesem messbaren Zusammenhang um eine bloße Scheinkorrelation handeln könne und die eigentlichen Ursachen beider Phänomene in Benachteiligungsmerkmalen der dort ansässigen Bevölkerung liegen würden, nämlich in Armut, in rassenspezifischer Chancenungleichheit und in große Fluktuation unter den Bewohnern, konnte entkräftet werden.[137]

Skogan unterscheidet zwischen physischer und sozialer Unordnung, wobei diese beiden Faktoren eng miteinander verbunden sind. Zeichen physischer Unordnung sind beispielsweise verlassene und verwahrloste Häuser, zerstörte öffentliche Einrichtungen wie Straßenlampen und Telefonzellen. Zeichen sozialer Unordnung dagegen ist exzessives Trinken von Alkohol in der Öffentlichkeit sowie Prostitution

---

[133] Auf diesen Überlegungen baut auch das vielfach diskutierte New Yorker „No - Tolerance – Konzept" auf. So wird der für das Jahr 1996 feststellbare deutliche Rückgang der Kriminalität in New York vom Bürgermeister und Polizei zum größten Teil unter anderem darauf zurückgeführt, dass durch fortlaufende polizeiliche Kontrollen und Ahndung auch kleinster Verstöße pausenlos Druck auf die einschlägigen Personenkreise ausgeübt wurde; vgl. zum New Yorker Modell Dreher/Feltes, 1998, S. 1 ff.

[134] Vgl. Dreher/Feltes, 1998, S. 13; so auch Greenberg et al., 1985, S. 17.

[135] Vgl. Bottoms/Wiles, 1997, S. 345.

[136] Die Studie betraf eine Auswertung von den in den Jahren 1977 bis 1983 in den USA durchgeführten Befragungen von Bürgern aus 40 großstädtischen „neighborhoods" über die Einschätzung der Wohnumgebung als sozial und/oder städtebaulich problembeladen („troubled by disorder problems") und den damit verbundenen Erscheinungen; vgl. hierzu Skogan, 1988; ders., 1990, S. 51 ff.

[137] Vgl. Skogan, 1990, S. 73 ff.

und Drogenhandel auf der Straße. Diese Zeichen von „Unordnung" unterminieren die Stabilität des Wohnungsmarktes, indem sie Zufriedenheit und Identifikation der Bewohner mit ihrem Wohnumfeld beeinträchtigen und sie veranlassen, wegzuziehen.[138]

So gelangte *Skogan* zu dem Schluss. „Broken windows do need to be repaired quickly."[139]

5. Crime at Places – der geographisch-situative Kriminalitätsansatz

Ein in den USA sich stark entwickelnder Bereich betrifft die geographisch - situative Kriminalitätsanalyse und – prognose, die sich mit dem Kriminalitätsgeschehen im konkret räumlich-örtlichen Zusammenhang befasst. Dabei sind insbesondere die „hot spots"-Forschung und die Analysetechnik des „crime mapping" Grundlage dieses Kriminalitätsansatzes.[140]

Der Einsatz von „crime mapping" und polizeilichen Interventionen an Verbrechensbrennpunkten basiert im wesentlichen auf den Forschungserkenntnissen der letzten Jahre in den USA. Vor allem drei Forschungsrichtungen waren ausschlaggebend.

Zum einen spielten die Studien über die Effektivität von Polizeipräsenz i.S.v. Fußstreifen eine entscheidende Rolle.

Bis Anfang der 70er Jahre wurde weitgehend davon ausgegangen, dass Polizeistreifen für die Abschreckung und spätere Festnahme potentieller Täter förderlich sind.[141]

Nach Durchführung mehrerer Forschungs- und Evaluierungsstudien wurde die Wirksamkeit der Polizeipräsenz auf Abschreckung und Aufdeckung von Straftaten durch ihre Resultate jedoch in Frage gestellt.
Die bekannteste Studie diesbezüglich ist das Kansas-City-Experiment mit erhöhtem Streifenwageneinsatz, wobei die Auswirkungen der Änderung der Anzahl der Funkstreifen auf die Kriminalitätsrate untersucht wurden.[142]
Hierbei wurden zunächst in fünf „reaktiven" Revieren die regelmäßigen Streifenwagenpatrouillen zur Prävention eingestellt und Beamte angewiesen, nur auf Notrufe zu reagieren.

---

[138] Vgl. dazu Bottoms/Wiles, 1997, S. 347.
[139] Vgl. Skogan, 1990, S. 75.
[140] Es geht insbesondere um die Frage "Are places criminogenic"?, vgl. hierzu insbesondere Sherman/Gartin/Buerger, 1989, S. 46.
[141] Vgl. Graham/Bennett, 1997, S. 63.
[142] Vgl. hierzu Kelling et al., 1974.

In fünf weiteren Kontrollrevieren wurden die regelmäßigen Streifenwagenpatrouillen auf üblichem Niveau von einem Wagen pro Revier beibehalten.

Letztlich wurde in weiteren fünf, aber diesmal „proaktiven“ Revieren, die regelmäßigen Patrouillen zur Kriminalprävention durch Bereitstellung zusätzlicher Streifenwagen auf das Zwei- bis Dreifache des normalen Niveaus verstärkt.

Die Reviere wurden durch willkürliche Zuordnung zu den Versuchsgruppen eingeteilt. Die Ergebnisse der Viktimisierungsuntersuchungen vor und nach dem Test zeigten, dass die experimentellen, also präventiven Streifenpatrouillen keinen signifikanten Einfluss auf das Vorkommen der untersuchten Deliktsarten hatte. Auch kam es zu keiner Änderung der polizeilichen Melderaten, der Einstellung der Bürger zur Polizei, der öffentlichen Zufriedenheit der Einwohner, der Viktimisierungsfurcht oder der Reaktionszeit der Polizei.[143]

Die Ergebnisse des Kansas-City-Experiments hatten trotz aller methodischer und statistischer Kritik sowie konträrer Ergebnisse anderweitiger Untersuchungen[144]erheblichen Einfluss auf die Ansichten über die Wirksamkeit von Polizeistreifen. Es wurde nun von einer geringfügigen Möglichkeit zur Verbrechensprävention seitens der Polizei ausgegangen.

Seit der Evaluation des Kansas-City-Experiments wurden dann jedoch weitere Studien durchgeführt, die ebenfalls die Auswirkung von Polizeipräsenz auf Straftaten gemessen haben. Hier erwies sich das „Minneapolis Hot Spots Experiment“ als entscheidender Wendepunkt. Dieses wurde entwickelt, um den abschreckenden Effekt von uniformierten Polizeistreifen in ausgesuchten Hot Spots (Verbrechensbrennpunkten) zu testen.[145]
Zunächst mussten die Verbrechensbrennpunkte in Minneapolis gefunden werden. Die Autoren *Sherman* und *Weisburd* benutzten hierfür computerisierte Stadtpläne, um Adressen festzulegen, bei denen mindestens drei Anrufe pro Jahr wegen Raub oder ähnlicher Verbrechen an die Polizei erfolgt waren.[146] Dabei wurden 5538 Adressen ermittelt. Diese Adressen wurden nun in Gruppen aufgeteilt und später in Verbrechensbrennpunkte eingegrenzt. Aus den 5538 Adressen ergaben sich 420 Hot Spots. Um die Zahl der Verbrechensbrennpunkte zu minimieren, wurden einige Plätze und Gebiete, wie z.B. Einkaufszentren, Parks oder Garagen ausgeschlossen, da man annahm, dass vermehrte Polizeipräsenz dort keinen großen Effekt hat. Obendrein entschieden sich die Autoren für Hot Spots, die nicht zu nah beieinander lagen. Am Ende wurden 110 Verbrechensbrennpunkte für das Experiment ausgewählt, die wiederum in zwei Bereiche aufgeteilt wurden: 55

---

143 Vgl. Graham/Bennett, 1997, S. 64.
144 Vgl. hierzu Schnelle/Kirchner et al., 1977, S. 33 ff.; Chaiken, 1978, S. 109 ff.
145 Zu der Beschreibung des Experiments vgl. insbesondere Weisburd/Maher/Sherman, 1993, S. 50 ff.; Weisburd/Green, 1995a, S. 351 – 353.
146 Vgl. Weisburd/Maher/Sherman, 1993, S. 51.

Brennpunkte gehörten zu einer Kontrollgruppe, an denen die Polizei ihren normalen Streifendienst fortsetzte; den anderen 55 Brennpunkten wurde eine besondere Aufmerksamkeit mit zusätzlichen Polizeistreifen geschenkt. Das bedeutete, dass an diesen Verbrechensbrennpunkten zwei bis dreimal mehr Polizeistreifen tätig waren, speziell zwischen 23 Uhr und 3 Uhr morgens, da hier die höchste Verbrechenszeit verzeichnet wurde. Im Ergebnis konnten in dem besonders überwachten Bereich niedrigere Kriminalitätsraten und weniger Notrufe verzeichnet werden. Weiterhin kam es zu einem nennenswerten Rückgang der Ruhestörungen an den Brennpunkten während der Polizeipräsenz verglichen mit Zeiten, in denen die Polizei nicht anwesend war. *Sherman* und *Weisburd* folgerten daraus, dass eine Erhöhung der Polizeipräsenz an Brennpunkten eine generell abschreckende Wirkung zeige.[147]

Diese positiven Ergebnisse änderten die Ansicht über die Wirksamkeit von Polizeipräsenz.

Einfluss auf die Entwicklung des Ansatzes „crime at places" nahm auch die Broken Windows Theorie sowie die Defensible Space Theorie.[148]

Auch die Hypothesen zur Verteilung von Kriminalität nach der Theorie der Routinehandlungen und der „crime pattern" - Theorie[149] waren maßgeblich für den „crime at places" – Ansatz.[150] Hiernach bestimmt die Verteilung von Tätern, Zielen und Wächtern das Kriminalitätsmuster (crime pattern). Das bedeutet, dass Veränderungen im physikalischen oder sozialen Umfeld unter anderem die Auswahl des Tatobjektes durch den Täter beeinflussen. Auch die Charakteristika einer Örtlichkeit entscheiden über die Wahrscheinlichkeit einer Straftatbegehung.[151]

Aus all diesen Theorien und Erkenntnissen resultierte der Ansatz „crime at places", und es begann die vermehrte Evaluation von räumlichen Zusammenhängen im Hinblick auf das Kriminalitätsgeschehen. Auch dieser Ansatz spielt eine wichtige und entscheidende Rolle für die situative Verbrechensprävention, da durch diese Forschungsmethode die Grundlage zur erfolgreichen Anwendung der situativen Präventionsmaßnahmen geschaffen wird.

---

[147] Vgl. Weisburd/Green, 1995a, S. 352, 353.
[148] Vgl. Eck/Weisburd, 1995, S. 3.
[149] Vgl. hierzu Brantingham/Brantingham, 1993, S. 259 ff.
[150] Vgl. Eck/Weisburd, 1995, S. 6, 7.
[151] Vgl. Eck/Weisburd, 1995, S. 5 ff.

a) Hot Spots – Forschung

So gibt es mittlerweile in den USA vermehrt Anstrengungen und Projekte, die auf eine Reduzierung von Straftaten an bestimmten Verbrechensbrennpunkten gerichtet sind. Mit der wissenschaftlichen Erforschung von Brennpunkten findet dabei zugleich eine Überprüfung der angewendeten polizeilichen Strategien statt.

Neben der oben erwähnten Studie aus Minneapolis gibt es mittlerweile eine Reihe weiterer erfolgreicher Untersuchungen.[152] So wurde im „Kansas City Gun – Experiment" untersucht, ob eine verstärkte polizeiliche Durchsetzung der bestehenden Waffengesetze die unter Schusswaffenverwendung begangenen Delikte reduzieren würde. Auch hier wurden mittels Computeranalyse Verbrechensbrennpunkte in Kansas lokalisiert und entsprechend proaktiv tätige Polizeistreifen eingesetzt. Im Ergebnis stellte sich heraus, dass sich nicht nur die Anzahl der Sicherstellungen von Schusswaffen in dem Anwendungsgebiet erhöht hatte, sondern auch die mit Schusswaffen begangenen Delikte nahmen erheblich ab.[153]

Die Ergebnisse der bisherigen "Hot Spot" – Forschung zeigen, dass die Durchführung konzentrierter polizeilicher Maßnahmen an zuvor bestimmten Verbrechensbrennpunkten ein vielversprechendes Konzept darstellt.[154]

b) Crime Mapping

Neben der Hot Spots – Forschung entstand in den USA der Bereich der computergestützten Kriminalitätsanalyse. „Crime mapping" stellt dabei ein Analyseergebnis dar, nämlich das auf einer Karte visualisierte Kriminalitätsgeschehen. Auf der Grundlage eines Geographic Information System (GIS) erfolgt das „Crime mapping". Dabei handelt es sich um ein Datenspeicher- und Verwaltungssystem, das speziell auf raumbezogene Daten ausgerichtet ist.[155]

Bei dieser Kriminalitätsanalyse können unterschiedlichste Daten, wie polizeiliche Daten (hier insbesondere Festnahmeorte und -zeiten, Täterwohnorte, Tatorte usw.), externe Daten (z.B. Lokalisierung verlassener, freistehender Gebäude, Haltestellen für Züge oder Busse, örtliche Einrichtungen usw.) sowie demoskopische und demographische Daten Berücksichtigung finden.

Vorteil dieser computergestützten Analyse ist, dass in kürzester Zeit unter Berücksichtigung unterschiedlichster Variablen ein Analyseergebnis erzielt werden kann.

---

[152] Vgl. Sherman, 1995, S. 47.
[153] Vgl. zu den Ergebnissen Sherman/Rogan, 1995, S. 684 ff.
[154] Was Plätze zu Verbrechensbrennpunkten macht siehe bei Spelman, 1995, S. 118 – 121.
[155] Vgl. Block, 1997, S. 27 ff.

So können Verbrechensbrennpunkte für jeden beliebigen Ort festgelegt und darauf basierend Polizeistrategien entwickelt werden.

Somit stellt „crime mapping“ eine erfolgsversprechende Technologie als Arbeitsinstrument für die Polizei dar.

6. Problemorientierte Polizeiarbeit

Problemorientierte Polizeiarbeit („problem-oriented policing“) stellt eine weitere, aber spätere Beeinflussung auf die Entwicklung der situationsbezogenen Kriminalprävention dar.[156]

Mit der problemorientierten Polizeiarbeit soll eine operativ wirksame und effektive Polizei geschaffen werden. Es sollen nicht nur die üblichen Verbesserungen in der Organisation und des Managements der Polizei vorgenommen werden, sondern es soll eine Analyse der täglichen Probleme erfolgen und Lösungen ausgearbeitet werden, die für diese Probleme maßgeschneidert sind.

Dabei wird die regelmäßige Durchführung eines systematischen Problemlösungsansatzes für eine gesamte Polizeidienststelle vorgenommen, an der alle Polizeibeamten mitwirken. Diese Methode verlangt die umfassende Erforschung von Hintergrundwissen über die verschiedenen Deliktskategorien. Dazu zählen Beschreibungen, die Angaben aus verschiedenen Quellen beinhalten, wie z. B. über Ort und Zeit spezifischer Vorfälle und das Verhalten sowie die Motivation der damit verbundenen Personen.[157]

Durch die problemorientierte Polizeiarbeit wird die Planung und Umsetzung der alltäglichen Polizeiarbeit auf die Probleme des Gemeinwesens konzentriert. Dabei erstreckt sich die Polizeiarbeit auch auf Vorfälle, die noch knapp an einem Gesetzesbruch vorbeigehen. Kernbestandteil der problembezogenen Polizeiarbeit ist der von *Eck* und *Spelman* beschriebene Problemlösungsprozess.[158] Dieser Prozess wird von einem vierstufigen Verfahren gekennzeichnet:

a) Datenerhebung (scanning)

b) Analyse (analysis)

c) Reaktion (response) und

---

[156] Vgl. Clarke, 1997, S. 8, 9 ; Hughes, 1996, S. 223; Pease, 1997, S. 968.
[157] Vgl. Goldstein, 1979, S. 236; Goldstein, 1987, S. 6 ff.
[158] Vgl. Eck/Spelman, 1987, S. 37.

d) Bewertung (assessment).[159]

Dieser Problemlösungsprozess spiegelt das gleiche Forschungsdesign wieder, das auch bei der situationsbezogenen Kriminalprävention zugrundegelegt wird.

Es bestehen allerdings auch erhebliche und wichtige Unterschiede zwischen diesen beiden Konzepten. Bei der problemorientierten Polizeiarbeit handelt es sich hauptsächlich um einen „Polizeimanagement-Ansatz“, die nicht primär auf die Reduzierung von Straftaten ausgerichtet ist. Dagegen stellt die situationsbezogene Kriminalprävention einen Ansatz zur Kriminalitätskontrolle dar, der nicht nur von der Polizei wahrgenommen werden kann, sondern von allen Personen, die das Problem angehen und bekämpfen können.[160]

Die situationsbezogene Kriminalprävention stellt dabei nicht nur einen breiteren Ansatz als die problemorientierte Polizeiarbeit dar, sondern ist eine Kombination aus allen oben beschriebenen Konzepten.

C.
Die ökonomische Betrachtung zur Erklärung kriminellen Verhaltens

I.
Einleitung

Auch die ökonomische Betrachtungsweise zur Erklärung kriminellen Verhaltens hat wesentlich die situationsbezogene Kriminalprävention beeinflusst und mitbestimmt.

In der Kriminologie wird seit jeher mit den unterschiedlichsten Theorien versucht, Kriminalität und abweichendes Verhalten zu erklären.

Die Kriminologie befasst sich dabei neben den Ursachen von Verbrechen mit der Verbrechenskontrolle und der Haltung der Gesellschaft gegenüber dem Verbrechen.[161]

---

159 Eine detaillierte Darstellung dieser Stufen findet sich bei Goldstein, 1990, S. 103; ebenso bei Block, 1997, S. 39; Sutton, 1996, S. 59 ff.

160 Vgl. Clarke, 1995a, S. 97; Clarke, 1997, S. 9.

161 Vgl. z.B. die Definition von Kaiser (1989, S. 1): „Kriminologie ist die geordnete Gesamtheit des Erfahrungswissens über das Verbrechen, den Rechtsbrecher, die negative soziale Auffälligkeit und über die Kontrolle dieses Verhaltens.“

In der ökonomischen Kriminologie werden vorrangig die ersten beiden Aspekte thematisiert: die Ursachen für kriminelles Verhalten und die Verbrechenskontrolle.

Um die ökonomische Position besser verstehen und einordnen zu können, sollen zunächst die wichtigsten „traditionellen“ Kriminalitätstheorien und ihre Grundannahmen kurz dargestellt werden.

Im Anschluss sollen die ökonomischen Erklärungen von Kriminalität und neuere Konzeptionen der ökonomischen Kriminalitätstheorie besprochen werden, die in ihrer Gesamtheit zur Entwicklung der Präventionsstrategie der situationsbezogenen Kriminalprävention beigetragen haben.

II.
Die Grundannahmen „traditioneller“ Kriminalitätstheorien

1. Einleitung

Kriminologische Ursachenforschung geht meist von individueller Disposition des Täters für abweichendes oder kriminelles Verhalten aus.

Die „traditionellen“ Kriminalitätstheorien legen hauptsächlich „die Betonung auf gesellschaftliche und sozialisationsbedingte Faktoren bei der Erklärung von Kriminalität“[162] und sehen Verbrechen vorrangig als soziales, nicht als individuelles Phänomen. Diese Aussage ist von *Otto*, auf den ich insofern verweise, unter besonderer Berücksichtigung der soziologischen und psychologischen Kriminalitätstheorien formuliert;[163] die nachfolgenden Ausführungen erheben dagegen keinen Anspruch auf Vollständigkeit und dienen nur dazu, die traditionellen Theorien in Kontrast zu der ökonomischen Kriminalitätsidee zu setzen.

---

162 Otto, 1982, S. 5.
163 Vgl. Otto, 1982, insbesondere S. 21 - 27, 39 - 47, 168 - 170.

2. Die biologischen Kriminalitätstheorien

Biologische Kriminalitätstheorien stellen genetische Ursachen für das Entstehen von Kriminalität in den Vordergrund. Von Bedeutung ist die von dem italienischen Arzt Cesare Lombroso begründete Theorie vom „geborenen Verbrecher", wonach der körperlichen Konstitution eines Menschen bei der Entstehung von Kriminalität entscheidende Bedeutung zukommt.[164]

3. Die psychologischen Kriminalitätstheorien

Als psychologische Kriminalitätstheorie bezeichnet man im wesentlichen die psychoanalytischen Ansätze, die Halt - und Bindungstheorien sowie die Lerntheorien. Zwei Grundgedanken sind für die psychoanalytische Kriminologie kennzeichnend:

Die Wurzeln späteren abweichenden Verhaltens sind in der Frühkindheit des Täters zu finden, in welcher unbewusste, vom Täter nicht wahrgenommene seelische Geschehen für das Entstehen von Kriminalität weit wichtiger sind als bewusste seelische Vorgänge.[165]

Die lerntheoretischen Ansätze gehen davon aus, dass kriminelles Verhalten ebenso erlernt wird wie normgerechtes Verhalten.[166]

Ebenso wie die Lerntheorien sind die Kontrolltheorien individualistische Theorien, die den Zusammenhang zwischen individuellen Erfahrungen und Lernprozessen und der Verhaltenssteuerung betrachten.[167] Sie basieren auf der Annahme, dass kriminelles Verhalten ein natürliches und ubiquitäres Element des menschlichen Verhaltensmusters ist.[168]

Kriminelles Verhalten kann jedoch unterdrückt werden, wenn der Mensch funktionierenden Kontrollmechanismen unterworfen ist.[169] Diese können formeller oder informeller Art sowie innerer oder sozialer Natur sein.[170]

Als bedeutendste kontrolltheoretische Erklärungsansätze werden die von Walter C. Reckless entwickelte Halttheorie, vor allem aber die Theorie der sozialen Bin-

---

164 Vgl. zu den biologischen Kriminalitätstheorien insbesondere Schwind, 1993, S. 18 ff.; Bock, 2000, S. 53 – 58.
165 Vgl. Lösel, 1993, S. 255.
166 Vgl. Holmann/Quinn, 1992, S. 242. Zum Inhalt der Lerntheorien vgl. insbesondere die Arbeit von Niesing, 1996, S. 15 – 56.
167 Vgl. Lamnek, 1993, S. 95.
168 Vgl. Holman/Quinn, 1992, S. 240; Curran/Renzetti, 1994, S. 189.
169 Vgl. Shoemaker, 1990, S. 173.
170 Vgl. Schneider, 1987, S. 529.

dung von Travis Hirschi und das daraus hervorgegangene Konzept der Selbstkontrolle nach Travis Hirschi und Michael R. Gottfredson angesehen.

Reckless bezeichnet seine Theorie als Halttheorie.[171] Hierbei bestimmen neben internen Kontrollen auch äußere Kontrollen den Halt einer Person.[172] Nach *Reckless* ist eine positive Selbsteinschätzung für ein sozial konformes Verhalten des Menschen erforderlich, weil ein positives Selbstbild zu einem inneren Halt führt. Fehlt es am inneren Halt, ist der Weg in die Straffälligkeit fast vorprogrammiert.[173]

Neben diesem inneren Halt erwähnt *Reckless* auch den äußeren, der durch Familie, Freunde usw. vermittelt werden kann.

Die von Travis Hirschi entwickelte Theorie der sozialen Bindung[174] wird als eine Theorie der sozialen Kontrolle eingeordnet.[175]

Hirschi legt mit seinem Ansatz das Augenmerk auf die Verbindung zwischen Individuum und Gesellschaft. Die zentrale Aussage der Theorie ist, dass der Einzelne kriminell wird, wenn seine Bindungen zur Gesellschaft gestört sind. Nichtdelinquente weisen dagegen eine stabile Bindung zu ihrer Umwelt auf.[176]

Dabei sind die den inneren Halt bestimmende Einflussfaktoren nach *Hirschi* die emotionale Bindung an andere Menschen (attachment to meaningful people) und die Akzeptanz des herrschenden Wertesystems (belief in social rules).

Hirschi nimmt aber an, dass ein erfolgreicher Sozialisationsvorgang keine ausreichende Gewähr für ein sozial angepasstes Verhalten des Individuums bietet. Aus diesem Grunde kommt der äußeren Kontrolle eine erhebliche Bedeutung zu. Solche äußeren Kontrollen stellen die Einbindung in konventionelle Aktivitäten (involvement in conventional activities) und die konventionellen Zielen verpflichtende Lebensplanung (commitment to conventional goals) dar.[177]

Gottfredson und *Hirschi* haben mit ihrer Theorie der Selbstkontrolle[178] die Theorie der sozialen Bindung weiterentwickelt. In deren Quintessenz wirken bei der menschlichen Verhaltenssteuerung auch äußere und innere Kontrollmechanismen zusammen. *Gottfredson* und *Hirschi* legen ihrer Theorie aber ein Menschenbild zugrunde, nach dessen Inhalt jedes Individuum rational und unter Anwendung ei-

---

171 Vgl. Reckless, 1961, S. 1.
172 Vgl. Reckless, 1961, S. 3, 8.
173 Vgl. Schwind, 1993, S. 94.
174 Vgl. Hirschi, 1969.
175 Vgl. Shoemaker, 1990, S. 182.
176 Vgl. Liska/Reed, 1985, S. 556 ff.
177 Vgl. Wiatrowski/Griswold/Roberts, 1981, S. 525 f.; Felson, 1986, S. 121.
178 Vgl. Gottfredson/Hirschi, 1990.

ner Kosten – Nutzen – Kalkulation handelt. Kriminalität liefert eine unmittelbare, mit geringem Aufwand verbundene Bedürfnisbefriedigung. Demgegenüber stellen Sanktionen hohe Langzeitkosten dar. Nach der Kernaussage der Theorie der Selbstkontrolle ist Kriminalität eine Folge mangelnder Selbstkontrolle. Das Funktionieren der Selbstkontrolle drückt sich in der Fähigkeit aus, auf eine unmittelbare, mit einem geringen Aufwand verbundene Befriedigung verzichten zu können.[179]

Ein potentieller Täter wird also von einer sich ihm bietenden – illegalen – Gelegenheit motiviert, doch das von ihm eingeschätzte Risiko kann diese Motivation wieder rückgängig machen. Die Möglichkeit der Wahl (choice) bestimmt hier die Motivation, nicht umgekehrt, so dass Objekte der Wahl zu tatauslösenden Faktoren werden oder, anders gesprochen, sogar selbst Tatursache sind.[180]

Offensichtlich spielen bereits bei der Theorie der Selbstkontrolle rationale Kosten – Nutzen – Erwägungen eine entscheidende Rolle[181], die auch das situative Kriminalitätskonzept wesentlich mitbestimmen.

4. Die soziologischen Kriminalitätstheorien

Für die Vertreter der soziologisch orientierten Kriminalitätstheorien steht der Druck, den bestimmte gesellschaftliche Verhältnisse auf den Prozess der Kriminalisierung ausüben, im Vordergrund der kriminologischen Erklärungsversuche.

Aus der Vielzahl von Ansätzen haben vor allem die Kulturkonfliktstheorie von *Sellin*, die Subkulturtheorien, die Anomietheorie *Mertons*, die Theorie der differentiellen Gelegenheit von *Cloward* und *Ohlin* sowie die Etikettierungsansätze (labeling approach) die größte Bedeutung erlangt.[182]

---

[179] Vgl. Gottfredson/Hirschi, 1990, S. 119.
[180] Vgl. Gottfredson/Hirschi, 1990, S. 83.
[181] Vgl. hierzu auch Gottfredson/Hirschi, 1990, S. 95. Die Autoren kommen aufgrund dieser Überlegungen zu dem Ergebnis, dass die Kriminalitätsrate unter „White – Collar" – Arbeitnehmern relativ gering sein müsste; vgl. dazu die Ausführungen bei Gottfredson/Hirschi, 1990, S. 191 – 195.
[182] Vgl. zu diesen Theorien Schwind, 1993, S. 107 - 126; Bock, 2000, S. 64 – 86; zum Labeling - Ansatz insbesondere die Darstellung bei Sack, 1972, S. 3 ff.

III.
Der ökonomische Ansatz zur Erklärung kriminellen Verhaltens

1. Ökonomische Erklärungen von Kriminalität und die Forderung nach erhöhter Abschreckung

Ende der 60er Jahre kam es zu einer erneuten Diskussion über den Abschreckungsgedanken. Die Anfänge dieser Diskussion und den Beginn der ökonomischen Beschäftigung mit kriminologischen Themen stellte hierbei Gary S. Beckers 1968 im Journal of Political Economy erschienener Artikel „Crime and Punishment" dar.[183]

Becker, ein prominenter Vertreter der sog. Chicagoer Schule, entwarf ein ökonomisch begründetes Abschreckungsmodell zur Frage, wie eine optimale Kriminalpolitik auszusehen hat, z.B. wie viel Aufwand (Einsatz von Polizei und Polizeimethoden, Strafen etc.) nötig ist, um die Kosten für die Begehung eines Verbrechens für den potentiellen, rational kalkulierenden Täter derart hoch zu treiben, dass es unterbleibt.[184]

Er nennt dabei mehrere zentrale Faktoren, die das Individuum in seiner Wahl beeinflussen können, sich an kriminellen Handlungen zu beteiligen oder nicht. Es ist die Abwägung des Profits aus der Straftat gegenüber der Wahrscheinlichkeit der Tatentdeckung und der zu erwartenden Strafe, die den potentiellen Täter von der geplanten Tat zurückschrecken ließe.[185]

Gerade in der angloamerikanischen Rechtswissenschaft hat die ökonomische Analyse rechtlicher Problemkreise (economic approach to law) ständig an Bedeutung gewonnen.[186]

Auf der Basis des theoretischen wie methodologischen Ansatzes der Arbeit von *Becker* entwickelte sich eine äußerst intensive Befassung der Ökonomen mit verschiedensten sozialwissenschaftlichen Fragestellungen, die nichts mit ihrem eigentlichen Forschungsgebiet, der Wirtschaftswissenschaft, zu tun hatten. So be-

---

[183] Vgl. Becker, 1968, S. 169 - 217.
[184] Vgl. Becker, 1982, S. 40.
[185] Vgl. Becker, 1982, S. 48.
[186] Behrens (1986) weist auf die Vielzahl der Publikationen zu diesem Themenkreis während der letzten zwei Jahrzehnte hin. So dienen die Zeitschriften Journal of Law and Economics (seit 1958) und das Journal of Legal Studies (seit 1972), beide publiziert von der University of Chicago, sowie die in Großbritannien seit 1981 erscheinende International Review of Law and Economics als Diskussionsforen für die ökonomische Theorie des Rechts.

fassten sie sich mit der Abschreckungstheorie[187], die ein an kurzfristigen Kosten - Nutzen - Erwägungen orientiertes Individuum voraussetzt, sowie mit den bis dato zum ureigensten Aufgabenbereich der Kriminologen gehörenden Fragen der Erklärung kriminellen Verhaltens mit der angemessenen gesellschaftlichen Reaktion hierauf.

Dass die Abschreckungstheorie neues Interesse gewann, scheint nicht verwunderlich, da mit Hilfe der Sanktionsforschung herausgefunden wurde, dass die Spezialprävention ziemlich erfolglos war. Begriffe wie „nothing works" und „Austauschbarkeit der Sanktionen" wurden geschaffen.[188]

2. Prämissen der ökonomischen Kriminalitätstheorie

Die ökonomische Kriminalitätstheorie kann man als Gegenbewegung zu den traditionellen Kriminalitätstheorien auffassen. Sie wendet sich der Bedeutung situativer Gegebenheiten zu.

Die ökonomische Position umriss *Becker* wie folgt:[189] Eine sinnvolle Theorie kriminellen Verhaltens könne auf solche Erklärungen wie die Annahme des Kriminellen als einen „gestörten" Menschen oder sogar als genetisch abnormal geformten Menschen verzichten. *Becker* geht nicht davon aus, dass das Gros der Straftäter geistig abweichendes Verhalten aufweist, sondern genau wie andere Marktsubjekte zwischen den Kosten und dem Nutzen von illegalen und legalen Handlungen abwägt.

Es gilt somit für die ökonomische Theorie kriminellen Verhaltens das gleiche wie für die Annahmen der Theorie der Selbstkontrolle von *Gottfredson* und *Hirschi*: Es handelt sich in Wahrheit nicht um „Erklärungen" im Sinne von Ursachenforschung, sondern man beschränkt sich letztlich auf die Aussage, dass Kriminalität keiner Erklärung bedarf, da diese genauso wie alles andere - konforme - Verhalten lediglich dem natürlichen Eigeninteresse dient.
Deshalb beschäftigen sich auch die Ökonomen in erster Linie mit dem Fragenbereich der Reaktion auf kriminelles Verhalten. Damit tauchen im Vergleich zur traditionellen Kriminologie völlig gewandelte Fragestellungen auf, wie z.B.: „Wie profi-

---

[187] Der Abschreckungsgedanke ist ursprünglich vor allem in dem 1764 veröffentlichtem Werk „Dei delitti e delle pene" („Über Verbrechen und Strafen") von Cesare Beccaria zu finden. Nach Beccaria besteht der Zweck der Strafe zum einen in der Abschreckung des Täters und zum anderen dient die Strafe der Abschreckung potentieller Täter. Vgl. hierzu Beccaria, 1905 (1766), S. 102 f.

[188] Vgl. aber die Kritik an der Überbewertung der Ergebnisse der Sanktionsforschung bei Bock, 1990, S. 505 f.

[189] Vgl. Becker, 1968, S. 170.

tabel ist Raub?"[190], oder „Die finanziellen Anreize zur Eigentumskriminalität". Es geht also letztlich um die Frage „Does crime pay"?[191]

Von den Ökonomen werden Kosten und Nutzen krimineller Handlungen, insbesondere der Eigentumsdelikte, zu erfassen versucht.

Die ökonomischen Theorien kriminellen Verhaltens nehmen an, dass Personen versuchen, Entscheidungen zu treffen oder Handlungen – von denen auch einige illegal sein können – durchzuführen, die voraussichtlich für sie den größten Nutzen oder Wohlstand darstellen.[192]

Kriminalität entsteht also nach Ansicht der Vertreter der ökonomischen Kriminalitätstheorie schlicht deshalb, weil der von einem Individuum erwartete Vorteil, der sich aus der Begehung einer Straftat ergibt, größer ist als der Nutzen, der sich aus einer legalen Tätigkeit ergibt. Das Individuum steht also vor einer Entscheidung hinsichtlich der Verwendung seiner Zeit und anderer ihm zur Verfügung stehender Ressourcen für eine legale oder kriminelle Tätigkeit und wird diejenige Handlungsalternative wählen, die es für die vorteilhafteste hält. Eine Person wird nicht deswegen kriminell, weil sich seine Motivation von der anderer Individuen unterscheidet, sondern allein deshalb, weil sich aus deren Sicht die mit einer kriminellen Handlung verbundenen Kosten und Erträge von den entsprechenden Kosten und Erträgen einer „rechtstreuen" Person unterscheiden.

Becker sieht dabei mehrere zentrale Faktoren, die das Individuum in seiner Wahl beeinflussen können, sich an kriminellen Handlungen zu beteiligen oder nicht. Er nennt hierbei die Wahrscheinlichkeit der Entdeckung (probability of apprehension), die Härte der Strafe (fine) und die jeweilige Einstellung des Individuums zum Risiko.[193]

Zwei Merkmale kennzeichnen demnach die ökonomischen Ansätze zur Erklärung krimineller Verhaltensweisen: Zum einen wird das Individuum in den Mittelpunkt der Betrachtung gerückt. Das bedeutet: „Das Individuum wird als handelnde Einheit betrachtet... Die ökonomische Kriminalitätstheorie geht somit davon aus, dass es die Individuen sind, die eine Wahl zwischen legalen und illegalen Tätigkeiten treffen. Es gibt keine unter - oder übergeordnete Einheiten, die in diesem Sinne handeln".[194]

---

190 Vgl. Gunning, 1973; Krohm, 1973. Vgl. ferner McPheters 1976, S. 137 ff.; Avio/Clark 1976; Block/Lind 1975, S. 241 ff.; Shinnar/Shinnar 1975, S. 581 ff.; Ehrlich 1973, S. 521 ff.

191 dazu Nettler, 1974, S. 189 ff.; ferner Lees/Chiplin, 1975, S. 30 ff; Otto, 1982, S. 83.

192 Vgl. Eide, 1994, S. 47.

193 Vgl. Becker, 1982, S. 48; nach Bock sind die Entscheidungsvariablen der erwartete Reingewinn der Tat abzgl. Investitionskosten, die subjektiven Erfolgsaussichten, insbesondere das Entdeckungsrisiko sowie für diesen Fall die erwartete Strafhöhe bzw.-härte, Bock, 2000, S. 87.

194 Wittig, 1993, S. 53.

Zweitens wird die Verübung einer Straftat als Ausdruck einer vom Täter unter Kosten - Nutzen - Gesichtspunkten getroffenen Entscheidung zwischen verschiedenen legalen und illegalen Handlungsalternativen betrachtet. Kriminalität ist demnach Folge einer rationalen Entscheidung des Straftäters[195] und wird unter dem Schlagwort „economics of crime" beschrieben und erklärt.[196]

Unter Zugrundelegung dieser Prämissen liegt es nahe, als gesellschaftliche Strategie der Bekämpfung von Kriminalität Einfluss auf den kriminellen Entscheidungsprozeß zu nehmen, indem man versucht, den Gewinn illegaler Aktivitäten zu schmälern oder deren Aufwendungen in die Höhe zu treiben. Da zu den Kosten einer kriminellen Handlung insbesondere (neben dem für den Täter erforderlichen Material - und Zeitaufwand) das Bestrafungsrisiko gehört, haben die Ökonomen vor allem die Auffassung vertreten, man könne Kriminalität durch Erhöhung des Verfolgungsrisikos und der Schwere der Strafandrohung wirksam entgegentreten.

Danach muss es Aufgabe und Zielsetzung der Kriminalpolitik sein, die Kosten - Nutzen - Relation einer Straftat aus der Sicht des potentiellen Täters in der Weise zu verschieben, dass die zu erwartenden Kosten den etwaigen Nutzen der Straftat übersteigen. Dies kann in der Weise geschehen, dass man den Aufwand für die Durchführung einer Straftat anhebt, den Nutzen schmälert oder beides gleichzeitig durchzuführen versucht. Das Strafrecht stellt aus dieser Sicht die Kostenseite der Straftat dar - eine Verschärfung des Strafrechts bedeutet deshalb in ökonomischer Terminologie eine Erhöhung der Preise bzw. die Verteuerung der Kriminalität. Dies ist die Abschreckungsvariante der Kriminalpolitik.

Die Kostenseite der Kriminalität lässt sich weiterhin auch beeinflussen durch eine Umgestaltung des Zugangs und der Verfügbarkeit der Ziele und Objekte, die Gegenstand von Straftaten sein können, durch einen besseren Schutz der Rechtsgüter. Dadurch werden die sogenannten Opportunitäts- und Transaktionskosten, die der potentielle Straftäter aufwenden muss, um an sein Ziel zu gelangen, in einer Weise erhöht, die entweder über seinen Möglichkeiten liegen oder die den zu erwartenden Nutzen aus der Straftat übersteigen.

3. Konsequenzen für die kriminologischen Strategien zur Verbrechensverhütung

a) Allgemeines

Wesentliche Merkmale des ökonomischen Typus eines Straftäters sollen nach der Ansicht der ökonomischen Kriminalitätstheorie folglich Situationsgebundenheit

---

[195] Vgl. zu diesen Aspekten ökonomischer Kriminalitätstheorien die Ausführungen von Wittig, 1993, S. 57 f.

[196] Vgl. Becker, 1982, S. 39 - 96; McKenzie/Tullock, 1984, S. 179 - 200.

seiner Handlungsmotivation und Streben nach Bedürfnisbefriedigung sein. Diesem ökonomischen Typus entsprechen dann auch weitgehend die im kriminologischen Bereich nunmehr vertretenen Strategien der Verbrechensverhütung.

Clarke, als Befürworter des ökonomischen Modells, fasst diese als „situational crime prevention“ zusammen.

Catton und *Dunlap* sehen in der Hinwendung zu einer „environmental sociology“ bereits ein „neues Paradigma“.[197] Dieses „neue Umweltparadigma“ hebe insbesondere die Bedeutung der physikalischen Umwelt hervor und nicht nur durch kulturelle Wertmuster vermittelte Umwelteinflüsse.

Dabei bemerkt auch *Clarke*, dass bisherige Interpretationen kriminellen Verhaltens unrichtig sind, wenn sie davon ausgehen, dass der größte Teil der Kriminalität nicht von „normal sozialisierten“ Menschen begangen wird, sondern lediglich das Werk einer kleinen Gruppe kriminell disponierter Individuen ist.[198]

Auch der japanische Kriminologe Hiroshi Tsutomi ist der Auffassung, dass „people commit crimes not because they are pathological or wicked, but because they are normal.“[199]
Des weiteren wird eingewendet, dass die traditionelle Betrachtungsweise – im Gegensatz zur rationalen - keine brauchbaren kriminalpolitischen Strategien zur Reduzierung krimineller Verhaltensweisen liefern würde.[200] Auf der Basis der ökonomischen Betrachtungsweise ergäben sich demgegenüber zwei Strategien: Erstens die Reduzierung physischer Möglichkeiten der Normverletzung durch Umweltgestaltung (environmental design) und zweitens die Steigerung der Effektivität von Abschreckung durch Erhöhung des Verfolgungsrisikos.[201]

b) Verschiebung von der Täter- zur Tatprävention

In dieser, die Bedeutung situativer Gegebenheiten betonenden Strategie der Kriminalitätskontrolle, wird eine weitere Verschiebung der Perspektive deutlich, welche mit der Hinwendung zum ökonomischen Paradigma einhergeht: Nämlich die vom Täter zur Tat. Die mit dem Abschreckungskonzept einhergehende Betonung der „situational crime prevention“ und deren Nähe zur „environmental sociology“ zeigt die vom Täter abrückende Betonung der Tatperspektive nicht nur für den Bereich der gesetzlichen und richterlichen Strafbemessung, sondern auch für den Bereich der Strafverfolgung. Es heißt jetzt nicht mehr: *wer*, sondern *was* lässt ei-

---

[197] Vgl. Catton/Dunlap, 1979, S. 465 ff.
[198] Vgl. Clarke, 1980, S. 137.
[199] Tsutomi, 1991, S. 14.
[200] Vgl. Wilson, 1975, S. 55, 207; Clarke, 1995a, S. 96.
[201] Vgl. Clarke, 1980, S. 139 f.

nen Bankrott oder Diebstahl, eine Körperverletzung oder Sachbeschädigung entstehen. Die Tat selbst steht im Vordergrund. Die Situationsprävention setzt dabei auf eine Situationsanalyse, bevor eine Tat begangen wird. Die situative Verbrechensprävention hat also ihren Dreh- und Angelpunkt in der eigentlichen Verbrechenssituation.[202]

IV.
Neuere Konzeptionen der ökonomischen Kriminalitätstheorie

1. Theorie der Rationalen Wahl (Rational - Choice - Theory) von Cornish und Clarke

Das rationale Auswahlmodell von *Cornish* und *Clarke* geht ebenfalls von der Annahme aus, dass Straftäter durch ihr kriminelles Verhalten ihren Vorteil suchen. Der Entscheidungsprozess der Straftäter, ob sie eine Straftat begehen oder nicht, lässt dabei Rationalität erkennen und wird beeinflusst durch Beschränkungen von Zeit, Fähigkeit und Verfügbarkeit von entscheidenden Informationen.[203]

Clarke argumentiert, dass ein rationales Auswahlmodell in der Lage ist zu erklären, warum sich Individuen in manchen Situationen als Kriminelle verhalten und in anderen nicht.

Das rationale Auswahlmodell betrachtet „die Fülle der Faktoren, die die Entscheidung des Straftäters, einschließlich seiner Einschätzungen der Risiken, Belohnungen und Sittlichkeit der in Frage stehenden Handlung, beeinflussen."[204]

Im Grunde der rationalen Auswahl findet man eine Analyse von Gedanken und kognitiven Mitteln, durch welche Individuen Informationen der Umwelt verarbeiten. Die rationale Auswahltheorie fokussiert die individuelle Wahrnehmung des Straftäters des möglichen Tatumfeldes und seine letztendliche Entscheidung. *Clarke* diskutiert die beschränkte Rationalität dabei als einen Aspekt des Entscheidungsprozesses. *Clarke* hat auf diesem Weg die Unangemessenheit eines absoluten Umweltmodells erkannt, wie es in der modernen soziologischen Umweltschutzbewegung zu finden ist. Er bewegt sich auf ein Umwelt - Organismus (Verstand) - Modell zu, in welchem der Organismus Informationen von der Umwelt erhält und verarbeitet. Das Verhalten, das aus solchen kognitiven Handlungen resultiert, leitet sich von einer Auswahl eines Individuums ab, auf die Umwelt zu reagieren oder

---

[202] Vgl. Newman, 1997, S. 9; Niggli, 1997, S. 39; Wortley, 1997, S. 66 ff. Zur Definition der "Situation" vgl. Esser, 1996, S. 11 ff.; Wittig, 1993, S. 152 ff.

[203] Cornish/Clarke, 1987, S. 933; Cornish, 1993, S. 364. Es existieren weitere Varianten der "Rational-Choice-Theory", vgl. hierzu insbesondere Opp, 1997, S. 47 ff.

[204] Clarke, 1983, S. 232.

nicht und basiert auf Abwägung von Gewinn gegen Verlust (oder Vergnügen gegen Schmerz), aus der Umwelt heraus.
Situationsverbrechensprävention, die auf Empirismus und Wissenschaft basiert, enthält also ein rationales Auswahlmodell, welches auf den klassischen Ideen der menschlichen Natur basiert.

Zusammenfassend lässt sich sagen, dass die Theorie der rationalen Wahlentscheidung versucht, Zusammenhänge zwischen dem Akteur und dessen Umwelt aufzudecken bzw. Veränderungen im Verhalten des Akteurs aufgrund veränderter Umweltsituationen zu ergründen und zu erklären.

Dabei betrachtet der „Rational Choice Ansatz" menschliches Handeln aus zwei Sichtweisen. Zum einen wird versucht, mit Hilfe einer ex ante Betrachtung vorherzusagen, wie ein Individuum in einer bestimmten Situation handeln „sollte", um das angestrebte Ziel zu erreichen.[205] Die Rational Choice Theorie kann auch erklärend angewandt werden, indem man ex post betrachtet, warum ein Individuum so gehandelt hat wie es geschehen ist und ob es dabei rational vorgegangen ist oder nicht.

Die Vertreter des rationalen Auswahlmodells postulieren, dass eine Handlung rational ist, wenn diese aus vielen Handlungsmöglichkeiten für den Akteur, unter Berücksichtigung aller zugänglichen Informationen, das beste Mittel zur Erreichung eines gegeben Zieles bedeutet.[206]

Eine der wichtigsten Aufgaben des Rational - Choice - Ansatzes ist auch, zu zeigen, dass eine Deliktsverlagerung nicht ein solches Phänomen ist, wie es die Kritiker behaupten.[207] Ob eine Deliktsverlagerung stattfindet oder nicht, hängt allein vom Resultat des Entscheidungsprozesses des potentiellen Täters ab.[208]

Dieser Ansatz wird seitdem ständig modifiziert und erweitert. Darüber hinaus entwickelten sich parallel hierzu eine Reihe weiterer theoretischer Überlegungen, die hauptsächlich auf die soziale Situation zielen. Hierbei haben insbesondere drei Konzepte besondere Bedeutung erlangt, nämlich das der Alltagsaktivitäten (routine activities), der Gelegenheitsstruktur (opportunity structure) und des Lebensstils (lifestyle).[209]

---

205 So auch Elster, 1990, S. 3.
206 Vgl. auch bei Merton, 1976, S. 147.
207 Vgl. Jeffery/Zahm, 1993, S. 337.
208 Vgl. Cornish/Clarke, 1986, S. 5.
209 Weitere theoretische Konzepte, die die situative Verbrechensprävention mitgeprägt haben, sind: „strategic thinking" (Cusson, 1986), the „geography of crime" (Harries, 1990; Evans/Herbert, 1989) und „hot spot" analysis (Sherman et al., 1989, S. 27 ff.; Sherman, 1995, S. 35 ff.). All diese Ansätze konzentrieren sich auf die Situationsanalyse, die Motive und Methoden der Täter und auf das Verhalten der Opfer. Vgl. zu den verschiedenen Aspekten, die diese Konzepte gemeinsam haben insbesondere bei Brantingham/Brantingham, 1993, S. 261 – 264.

2. *Theorie der Routinehandlungen (Routine activity theory) von Cohen und Felson*

Felson und seine *Kollegen*[210] haben ein Modell des kriminellen Verhaltens entwickelt, das sie als Theorie der Routinehandlungen bezeichnet haben.

Im Laufe der letzten zwei bis drei Jahrzehnte wurden, wie bereits oben dargelegt, in Europa und den USA vermehrt Kriminalpräventionsprojekte durchgeführt. Trotz all dieser Maßnahmen ist jedoch ein bedeutender Anstieg der Kriminalität zu verzeichnen. Gelehrte, Forscher und Praktiker versuchen nun auf unterschiedlichste Weise, diesen Anstieg zu erklären.

So ist eine Erklärung für den Kriminalitätsanstieg, dass westliche Gesellschaften seit den 50er Jahren einen erheblichen gesellschaftlichen, kulturellen und wirtschaftlichen Wandel erfahren haben. Nicht nur der Verfall der förmlichen Sozialisationsstrukturen, wie z.B. Familie und Kirche und der damit einhergehende Werteverlust sowie die Ausbreitung der Konsumgesellschaft und gesteigerte Erwartungen an den materiellen Wohlstand bilden Beispiele für diesen Wandel.[211] Zudem hat die schnelle Industrialisierung auch eine zunehmende Urbanisierung mit sich gebracht. Der geographische Abstand zwischen Wohnung und Arbeit sowie die Mobilität der Menschen allgemein hat zugenommen. Eine direkte Folge ist, dass die Voraussetzungen für die informelle soziale Kontrolle drastisch zurückgegangen ist.[212]

Diese Entwicklungen und Veränderungen in allen Bereichen des Lebens führten nach *Cohen* und *Felson* zu wesentlichen Veränderungen der regelmäßigen Aktivitäten des täglichen Lebens.

Die Theorie der Routinehandlungen wurde entwickelt, um zu demonstrieren, wie Alltagsaktivitäten die Wahrscheinlichkeit einer Viktimisierung verändern.

Dabei definieren *Cohen* und *Felson* „Routineaktivitäten“ als „any recurrent and prevalent activities ... which provide for basic population and individual needs ... routine activities would include formalized work, as well as the provision of standard food, shelter, sexual outlet, leisure, social interaction, learning and childrearing.“[213] Routineaktivitäten sind also solche Handlungen, die Menschen im Verlaufe eines Tages leisten in Form von Arbeit, Freizeit, geschäftlichen Besorgungen usw. Die meisten Individuen haben dabei einen festen Tagesplan, wann sie zur Arbeit gehen, zum Einkaufen, Sport etc. Gerade auch der Umstand, dass heutzutage

---

[210] Vgl. Cohen/Felson 1979; Cohen/Felson/Land 1980; Felson 1983; Felson 1987; Felson 1992.
[211] Vgl. Graham, 1993, S. 126 ff. ; Gabor, 1990, S. 54.
[212] Vgl. Felson, 1995, S. 54.
[213] Cohen/Cantor, 1980, S. 144.

viele Frauen einen Beruf ausüben, stellt ein Beispiel für den oben beschriebenen gesellschaftlichen Wandel dar.

All diese Veränderungen, auch bezüglich der regelmäßigen Aktivitäten des täglichen Lebens, brachten eine Vielfalt neuer und besserer oder attraktiver erscheinender Chancen für die Begehung von Straftaten sowie einen Rückgang der quantitativen und qualitativen Möglichkeiten zur Ausübung informeller sozialer Kontrolle.[214] Ein Beispiel für eine solche „neue" Gelegenheit stellt die veränderte Struktur im Einzelhandel dar. Diebstahl in Kaufhäusern und Geschäften, der heute ein großes Problem bedeutet, war in der Verbrechensstatistik vor der Einführung des Selbstbedienungssystems eine seltene Erscheinung. Auch die neuen Zahlungsmittel, wie Kreditkarten, haben eine Vielzahl neuer Gelegenheiten zum Betrug mit sich gebracht.[215]

Cohen und *Felson* halten vor allem drei Bedingungen - ähnlich wie *Quetelet*[216] - für entscheidend, damit es zu der Begehung einer Straftat kommt. Dies ist zum einen ein motivierter Täter, mit den Fähigkeiten, seine Motive umzusetzen; ein geeignetes Opfer oder Angriffsobjekt (Person, Sache) und letztlich die Abwesenheit einer sich aus Alltagsaktivitäten ergebenden, also informellen Kontrolle oder Bewachung, die auch vom Objekt selbst ausgehen kann.[217]

Das Konzept der Alltagsaktivitäten hat zum sozialökologischen Hintergrund den inneren Aufbau des Gemeinwesens. Die ursprüngliche soziale Kontrolle, die darauf basierte, dass man einander aufgrund des täglichen Umgangs kannte, ist zurückgegangen, die Anonymität hat zugenommen. Es gilt nun auf die Variablen wie Stadtplanung, Bebauung, Gewerbeansiedlung, Verkehrsmittel und -wege, Wohngegend und Wohnstil, Zusammensetzung und Entwicklung der Bevölkerung, Beschäftigungsart und -grad, Ausbildungs- und Freizeitangebote usw. Einfluss zu nehmen. Aus all dem bilden sich mehr oder weniger stabile Existenzmuster mit entsprechenden sozialen Rollenübernahmen, Zwängen und Gewohnheiten (z.B. Wohnen und Arbeiten), ebenso situative Handlungsmuster (z.B. Freizeitgestaltung). Es sind solche Strukturvariablen, die die Interaktionen und Kontakte der Bewohner untereinander bestimmen, und eben auch deren Alltagsroutine mit ihren spezifischen Gefahren und Risiken[218], auch krimineller Art („... the nature and vo-

---

214 Vgl. Cohen/Felson, 1979, S. 590.
215 Vgl. BKA, 1998, S. 29.
216 Quetelet hatte in einem die Frauenkriminalität betreffendem Zusammenhang geschrieben: „... bedarf es, um ein Verbrechen zu begehen, der folgenden drei wesentlichen Bedingungen: des Willens, der von der Moral abhängt, der Gelegenheit und der die Ausführung erleichternder Umstände"; vgl. Quetelet, 1921, S. 297.
217 Vgl. Pease, 1997a, S. 966; Cohen/Felson, 1979, S. 590; Felson, 1986, S. 121; Clarke/Felson, 1993, S. 2; Felson/Clarke, 1995, S. 182; Hough, 1987, S. 358.
218 Vgl. Miethe/Stafford/Long, 1987, S. 193.

lume of criminal activity will reflect the structure of he normal routine activities in which people are engaged").[219]

Dies zeigt sich in der Beobachtung, dass Veränderungen im Gemeinwesen bei gleichbleibender Bevölkerungszusammensetzung zu Veränderungen in der Kriminalitätsentwicklung ebenso führen können wie umgekehrt eine andere Bevölkerungszusammensetzung ohne Einfluss auf das Kriminalitätsniveau sein kann, wenn die sozialökologischen Parameter konstant bleiben. Allgemein gesprochen besitzt das Gemeinwesen, oder ein Teil hiervon, einen bestimmten Charakter (ein Klima, eine Atmosphäre), der sich den Bewohnern mitteilt. Dieser wäre gleichsam die erklärende Variable für die darin ablaufenden sozialen, einschließlich kriminellen Aktivitäten. In den Mittelpunkt rücken damit Raum und Zeit als erklärende Variablen.

3. Möglichkeitstheorie (Opportunity theory) von Cook

Cook hat die Möglichkeitstheorie entwickelt und definiert diese als „die Interaktion des Opfers und Täters in Beziehung auf die Ziele".[220] Attraktive Ziele mit hoher Gewinnerwartung und geringen Risiken werden durch den potentiellen Straftäter anvisiert. Eine Lieferung und Nachfrage von Straftaten regeln die Verbrechensrate übereinstimmend mit der klassischen (herkömmlichen) Theorie des Marktes.

Dabei werden soziale Aktivitäten krimineller Art durch generelle und spezifische Gelegenheiten angezogen. Fasst man die beiden zentralen Bedingungen für Kriminalität, attraktive Objekte und fehlende oder geringe Kontrollen, zusammen, so werden sie, abstrahiert, zu Gelegenheitsstrukturen. Gemeint sind damit von Objekten (Personen, Sachen) ausgehende Anreize oder Stimuli. Sie haben zunächst einmal mit „Masse" und „Verfügbarkeit" zu tun: wo viele Waren, Autos und Villen existieren, werden auch viele Diebstähle und Einbrüche begangen.[221] „Gelegenheit macht Diebe" gilt immer noch. Aber nicht nur Objekte selbst, sondern auch individuelle Lebensstile können, wenn sie „aus dem Rahmen fallen", aufgrund ihrer damit verbundenen Verletzlichkeit zu attraktiven Gelegenheiten werden, gerade für Gewalttaten (z.B. Schwulenmilieus). Insbesondere der Kontrolle kommt eine erhebliche Bedeutung zu; sie drückt sich strukturell und atmosphärisch durch die allgemeine soziale Ordnung des Raumes aus. „Soziale Unordnung" etwa erleichtert kriminelle Aktivitäten, weshalb schon überlegt wurde, ob nicht bestimmte Plätze (hot spots) kriminelle Karrieren haben können[222], z.B. große Bahnhöfe oder Warenhäuser. Umgekehrt weisen Ortsbereiche mit Oberschichtbewohnern durchweg weniger Straftatbegehungen auf als Gegenden, in denen vornehmlich Ange-

---

219 Messner/Blau, 1987, S. 1035.
220 Vgl. Jeffery/Zahm, 1993, S. 335.
221 Vgl. Gould, 1969, S. 50 f.
222 Vgl. Sherman/Gartin/Buerger, 1989, S. 49.

hörige der Unterschicht wohnen[223] - ein abermaliger Hinweis darauf, dass der Aspekt der Attraktivität eines Objekts um den seiner Kontrollierung ergänzt werden muss, um Gelegenheit definieren zu können. Konkret ausgeübte Kontrolle kann hinsichtlich Zielobjekt oder -person ausgerichtet sein und sollte den Zeitfaktor berücksichtigen, da Kontrolle je nach Tageszeit unterschiedlich gehandhabt werden sollte und muß.[224]

Die Möglichkeitstheorie von *Cook* umfasst *Clarke`s* rationales Auswahlmodell sowie das Routinehandlungsmodell von *Cohen* und *Felson*, so dass im Ergebnis das rationale Auswahlmodell, das Routinehandlungsmodell und die Möglichkeitstheorie eine Einheit bilden.

Es bleibt aber die traditionelle Frage: Ist es wirklich die sozialökologisch bedingte Typik eines Stadt- oder Ortsteils, die kriminelle Aktivitäten anzieht, oder suchen die Täter sich bestimmte Stadt - oder Ortsteile aus. Oders anders gesprochen: ist die Gefährdung durch Kriminalität groß, weil die Gegend heruntergekommen ist (generator), oder ist sie heruntergekommen, weil Kriminalität sie dazu gemacht hat (receptor)?[225] Die Frage kann so nicht beantwortet werden, geht es doch abermals nicht um lineare Kausalitäten, sondern um Wechselbedingungen, um Interaktionsfelder, kurz um soziale Handlungszusammenhänge, wodurch sich die Akteure auf existierende Situationen ebenso einlassen wie sie diese produzieren helfen.

4. Lebensstil Theorie (Lifestyle theory) von Hindelang

Hindelang hat eine Kriminalitätstheorie entwickelt, die er als „Lebensstil Theorie" bezeichnet.

Eine der Lehrsätze der „Lebensstil Theorie" ist, dass die Risiken einer Viktimisierung von der „Preisgabe" des Opfers für den motivierten Straftäter abhängen.[226] Diese Preisgabe variiert nicht nur mit den soziodemographischen Charakteristiken des Opfers (Alter, Rasse, Wohnort etc.), sondern auch mit dem Lebensstil des Opfers.

---

[223] Vgl. Smith, 1986, S. 92 ff.
[224] Der Zeitfaktor ist insgesamt empirisch weniger erschlossen; von saisonalen Verteilungen abgesehen ist für sozialökologische Studien der Tagesablauf wesentlich, unterschieden wird z.B. nach Rhythmus (Perioden der Arbeitszeit), Zeitmass (Ereignisse pro Zeiteinheit) und Zeiteinteilung, verstanden etwa als Abstimmung der eigenen Aktivitäten mit denen anderer (Felson/Cohen, 1980, S. 391).
[225] Vgl. Sherman/Gartin/Buerger, 1989, S. 33, 46; Murray, 1995, S. 349.
[226] Vgl. Clarke, 1995a, S. 101.

Aus dem sozial und lebensstilbedingten Aktivitätsmuster der Bevölkerung ergeben sich Gelegenheiten für Straftaten.[227] Wissenschaftlicher Ausgangs- und Anknüpfungspunkt ist hierbei die Viktimologie.[228] Ursprüngliches Interesse der Viktimologie bestand in den persönlichen Schwächen oder Defiziten individueller Opfer. Später entstand auch ein Interesse an interpersonellen Beziehungen und den individuellen Lebensstilen der Opfer.[229] Diese sind häufig nichts anderes als soziale Rollenübernahmen und entsprechende soziale Schichtungen, so dass wiederum Alltagsaktivitäten und Gelegenheitsstrukturen, bezogen auf den Wohn-, Arbeits- und Freizeitbereich, in den Mittelpunkt rücken.
Die Folgerung daraus ist, dass die Risiken gegebenenfalls durch die Modifizierung der Handlungsmodelle reduziert werden.

Die Verflochtenheit aller Ansätze wird deutlich. Tatsächlich sind die Konzepte oft nur in Nuancen voneinander unterscheidbar, und so werden entweder die Theorie des Lebensstils und der Routinehandlungen als synonym[230] bzw. als Bestandteile des Gelegenheitsmodells begriffen[231], oder alle zusammen unter eine einheitliche Theorie der Opferwerdung subsumiert.[232]

Alle Konzepte teilen die gemeinsame Annahme, dass kriminelles Verhalten auf einer rationalen Abwägung von Gewinn - und Verlusterwartung (Kosten-Nutzen-Kalkulation) beruht.

Zudem haben alle Theorien einen gemeinsamen Schnittpunkt: das Bedürfnis, Kriminalität im Hinblick auf bestimmte Situationen, in denen die Straftaten stattfinden, zu erklären.[233]

Die Lebensstil - und Routinehandlungstheorien sowie die Theorie der Gelegenheitsstrukturen haben die Möglichkeit eröffnet, ein beachtenswertes Forschungsthema in der Kriminologie zu werden und haben es erreicht, dass die situationsbezogene Kriminalprävention ernsthaftes wissenschaftliches Interesse anzieht.

---

227 Vgl. hierzu auch die Studie von Baron, der den Zusammenhang von Lebensstilen der Opfer und deren Viktimisierung überprüft hat, Baron, 1997, S. 53 ff.
228 Vgl. Kirchhoff/Sessar, 1979.
229 Vgl. Hindelang/Gottredson/Garofalo, 1978; Clarke, 1984, S. 78.
230 Vgl. Hough, 1987, S. 358.
231 Vgl. Sampson/Woolredge, 1987, S. 371, 372.
232 Vgl. Miethe/Meier, 1990, S. 244; vgl. zu einer Gegenüberstellung des Rational Choice Ansatzes und des Routinehandlungsmodells Clarke/Felson, 1993, S. 8, 9.
233 Vgl. Felson/Clarke, 1995, S. 181.

D.
Situationsbezogene Kriminalprävention

I.
Begriff und Inhalt der situativen Präventionsstrategie

Die situationsbezogene Theorie stützt sich auf die Annahme, dass Menschen sich für das Begehen von Straftaten bewusst entscheiden, und dass die Tatentscheidung durch situationsbezogene Faktoren beeinflusst wird.[234]

Die Dispositionstheorien und die situationsbezogene Theorie schließen sich dabei nicht unbedingt gegenseitig aus, sondern können so verstanden werden, dass sie auf verschiedene Entwicklungsstadien des kriminellen Verhaltens zutreffen. Die situationsbezogene Kriminalprävention kann außerdem der Verhütung der individuellen Straffälligkeit gegenübergestellt werden, die sich mehr auf den Täter als die Tat konzentriert.

Die situationsbezogene Theorie geht von einem ganz bestimmten Menschenbild aus, das diesem Präventionskonzept zugrunde gelegt wird. Der Mensch erscheint nicht gleichförmig und ausrichtbar und damit als eine stabile Größe, sondern als widerspruchsvoll, dynamisch und unberechenbar.

Der Mensch ist darin selbstinteressiert, hedonistisch - rational und geprägt vom ständigen Wechselspiel von Reiz und Reaktion.[235]

Besonders deutlich wird diese Ansicht von dem Soziologen J.S. Coleman vertreten, einem der profiliertesten Befürworter des ökonomischen Ansatzes, welcher das zugrundeliegende Menschenbild wie folgt umschreibt: „Unsocialized, entirely self - interested, not constrained by norms of a system, but only rationally calculating to further his own self interests."[236]

Wenn man dieses Menschenbild vertritt und dem Präventionskonzept zugrunde legt, muss das situative Moment in den Mittelpunkt gerückt werden. Die aktuelle Tatgelegenheit erlangt dabei eine zentrale Bedeutung für das Delinquentwerden und zwar insoweit, wie sie vom potentiellen Täter wahrgenommen und interpretiert wird. Die beständigere Struktur der Tatgelegenheiten stellt das Lernfeld für den prinzipiell offenen, nicht determinierten Menschen dar. So wird etwa das subjektiv eingeschätzte Misserfolgsrisiko als Element der Tatgelegenheitsstruktur - einerseits aufgrund einer aktuellen Bewertung der konkreten Situation, andererseits

---

234 Vgl. Bennett, 1986, S. 44; Clarke, 1997, S. 2, 3.
235 Vgl. Alcorn, 1977, S. 55 ff.
236 Coleman, 1964, S. 166.

längerfristig über mehr oder weniger von außen vermittelte Informationen (z.B. durch Medien oder Dritte) - in einem Entscheidungsprozess relevant werden.[237]

Dieses Präventionskonzept einer systematischen Veränderung der Tatgelegenheitsstruktur zum Nachteil des potentiellen Straftäters ist bisher weitgehend vernachlässigt worden. Dabei stellt dieser situative Ansatz eine erfolgsversprechende Strategie dar. Wegen der Schwierigkeiten, auf die Tatbereitschaft von potentiellen Straftätern unmittelbar einwirken zu können, verspricht ein sozusagen objektives Vorgehen mehr Erfolg.[238] Es ist einfach leichter, Situationen zu verändern, als Menschen unmittelbar in ihrem Verhalten zu beeinflussen.

Diese Präventionsstrategie läuft daraus hinaus, Tatgelegenheiten systematisch abzubauen. Sie hat im angloamerikanischen Ausland unter der Bezeichnung des „situational approach" aktuell einen hohen Stellenwert erreicht.
Situative Präventionsstrategien bezwecken, die äußeren Möglichkeiten strafbaren Verhaltens einzuschränken. Präventive Ziele sind, die Zugänglichkeit von Tatmitteln und Tatobjekten zu verringern oder zu erschweren oder das Misserfolgsrisiko zu erhöhen.[239] Auch die Abschöpfung illegal erlangter Gewinne muss verstärkt Straftaten unattraktiv machen.

Clarke stellt die Grundaspekte dieses Präventionskonzeptes folgendermaßen dar: „Situational crime prevention seeks to reduce opportunities for specific categories of crime by increasing the associated risks and difficulties and reduction the rewards. It is composed of three main elements: an articulated theoretical framework, a standard methodology for tackling specific crime problems and a set of opportunity reducing techniques."[240]

Eine detaillierte Klassifizierung situativer Präventionsmaßnahmen folgt später. Die Entschärfung einer unfallträchtigen Kurve, die Einführung des Lenkradschlosses zur Erschwerung von Kraftfahrzeugdiebstählen, Aufkleber- und Registrieraktionen gegen Fahrraddiebstähle, die Sperrung von Örtlichkeiten, an denen Drogen umgeschlagen werden, eine Städteplanung mit „defensible spaces" für den Einzelnen, die Verwendung von schwer zerstörbaren Materialien in öffentlichen Verkehrsmitteln und nachbarschaftliche Überwachungsprogramme mögen zunächst als Beispiele für die Vielfalt situativer Maßnahmen dienen.

---

[237] Vgl. Kube, 1987, S. 12.
[238] Vgl. BKA, 1987, S. XX.
[239] Vgl. Clarke, 1997, S. 4.
[240] Clarke, 1995a, S. 91. Der Begriff "Opportunity reduction" wird gewöhnlich gebraucht, um prägnant die situative Verbrechensprävention zu beschreiben. Gleichzeitig dient dieser Begriff der Abgrenzung zu anderen Präventionsformen, wie z.B. die soziale oder kommunale Kriminalprävention, die auf anderen Faktoren ihren Schwerpunkt haben, vgl. hierzu Wortley, 1997, S. 65 ff.

Situative Präventionsmaßnahmen sind dabei nicht für alle Deliktstypen erfolgreich und vielversprechend. Dieses Präventionskonzept ist hauptsächlich auf Eigentumsdelikte - wie etwa Wohnungseinbrüche, Ladendiebstähle usw. - anwendbar. Aber auch für Vandalismus und manche Gewaltverbrechen gibt es entsprechende Maßnahmen.[241]

Einen Überblick über die verschiedenen Präventionsmodelle und Ansätze liefert nochmals kurz die nachfolgende Abbildung:

Tabelle 1:

Kriminalpräventionsmodelle und ihre generellen Grundannahmen[242]

Crime Prevention Model	Researchers	Basis	General Assumptions
CPTED	Jeffery	Experimental psychology, learning theory, biology, urban planning	Response of the individual organism to the physical environment is a product of the brain; Prevention, not deterrence
Defensible Space	Newman	Architecture, urban planning, physical design	Territoriality, surveillance, image and safe zones; Physical design reinforces resident policing and social control
Situational Crime Prevention	Clarke, Mayhew	Environmental opportunities, physical features	Combination of CPTED an Defensible Space
Opportunity Model, Routine Activity Theory	Cohen; Felson; Becker; Cook	Classical criminology, economics	Criminal behaviour maximizes gain over cost; Deterrence model
Rational Choice Model	Clarke, Cornish	Classical criminology, economics	Mentalistic model analyses thought processes of offender, who makes a choice to commit crime based on gain/loss; Deterrence model
Social Control Theory	Hirschi, Gottfredson	Classical crimonology	No individual differences in motivation, Lack of social restraints; Deterrence model

---

241 Vgl Russo, 1997, S. 181.

242 Entnommen aus Jeffery/Zahm, 1993, S. 341.

II.
Vorteile der situationsbezogenen Präventionsstrategie

Gegenüber problemgruppenorientierten Strategien bietet diese Präventionsform eine Reihe von Vorteilen.[243] Erschwerungen der äußeren Bedingungen einer Tatausführung stellen eine objektive, für jedermann wahrnehmbare und mitunter unüberwindliche Sicherheitszone um das geschützte Objekt dar.

Situative Maßnahmen wählen nicht den risikoreichen Umweg einer Beeinflussung des Bewusstseins und der Handlungsmotivationen von Menschen. Es stellt sich eben immer als wesentlich schwieriger dar, Menschen unmittelbar in ihrem Verhalten zu beeinflussen, als Tatgelegenheiten zu verändern. Sie sind damit weniger zeitintensiv und kostengünstig.[244] Zudem sind derartige Maßnahmen leichter durchzusetzen, weil sie in der Einfachheit ihres Rezepts allen Menschen als vielversprechend einleuchten und weil sie, einmal durchgeführt, allgemeinverbindlich sind.[245]

Ein weiterer Grund für die Durchführung situativer Maßnahmen sind die rasch erkennbaren und normalerweise messbaren Resultate. Selbst wenn der Bereich der Aktivitäten begrenzt ist, schaffen die hervorgerufenen Kriminalitätsreduzierungen Enthusiasmus bei Entscheidungsträgern und der Bevölkerung, und tragen damit dazu bei, gute Voraussetzungen für zukünftige Projekte und langfristige Programme zu schaffen, deren sichtbare Ergebnisse in fernerer Zukunft liegen.[246]

---

[243] Vgl. Kunz, 1987, S. 37; BKA, 1987, S. XX; National Crime Prevention Institute, 1986, S. XI; Clarke, 1997, S. 4, 5; Weisburd, 1997, S. 7 ff.

[244] Vgl. Felson/Clarke, 1997a, S. 7. Clarke und Hough weisen jedoch darauf hin, dass manche situative Präventionsmaßnahmen nicht kosteneffizienter sind, vgl. hierzu Clarke/Hough, 1984, S. 18.

[245] Andererseits weist Gabor auch darauf hin, dass die Bereitschaft zur Durchführung dieser Maßnahmen nicht immer besteht, da gerade für Geschäfte das Interesse an einem hohen Sicherheitsstandard und das Streben nach Gewinn oftmals kollidieren, da ein gut gesichertes Geschäftslokal weniger kundenfreundlich ist; vgl. Gabor, 1990, S. 62.

[246] Vgl. BKA, 1998, S. 64.

III.
Gefahr dieser Präventionsstrategie

1. Phänomen einer Deliktsverlagerung

Jedoch gibt es auch unstreitig negative Aspekte bei der Durchführung von situativen Präventionsmaßnahmen. Die wahrgenommene Veränderung von Tatgelegenheiten führt nicht ohne weiteres zur Deliktsvermeidung, sondern trägt Gefahr einer Deliktsverlagerung.

Die partielle Verdrängung krimineller Phänomene kann dazu führen, dass die Delikte anderenorts und in anderer Erscheinungsform - möglicherweise um so schlimmer - wieder auftreten.

Deliktsverlagerung wird definiert, als „a change in offender behaviour, along illegitimate lines, which is designed to circumvent either specific preventive measures or more general conditions unfavourable to the offender's usual mode of operating."[247]

Gemäss der oben dargestellten Theorien besteht die These, dass die Motivation zur Straftat erlischt, soweit die Situation „ihren Reiz verliert". Tritt jedoch eine Deliktverlagerung ein, würde sich die Kriminalität stets durchsetzen, unabhängig davon, welche Hindernisse auch immer aufgebaut werden. Die Kriminalität käme dann doch eher aufgrund von nicht situativen Bedingungen zustande, wie es die "überkommene Sichtweise" behauptet.

Eine präventivtheoretisch bedeutsame Frage betrifft auch die Herkunft der Motivation eines Täters, wenn dieser an seinem Tatplan allen Schwierigkeiten zum Trotz festhält: bis zu welchem Punkt versprechen Gelegenheitsstrukturen einen größeren Analysegewinn bzw. ab wann steht der Täter mit von ihm repräsentierten - psychischen oder sozialen - Hintergrundfaktoren wieder im Vordergrund? Kann man beide Bereiche, den ätiologischen und den präventiven, überhaupt analytisch trennen?

Die Frage einer Deliktsverlagerung ist deshalb von zentraler Bedeutung bei der Auswertung über die Effektivität von situativen Präventionsstrategien.

---

[247] Gabor, 1990, S. 66.

2. Formen einer Deliktsverlagerung

Wenn ein Ziel einer kriminellen Aktivität blockiert wird, so wird der potentielle Straftäter versuchen, etwas anderes zu tun. Ihm bleibt zum einen die Alternative, sich Geld auf regulärem Wege - also durch Arbeit - zu verdienen und damit sich innerhalb des Gesetzes zu bewegen. Wenn er diese Möglichkeit wahrnimmt, so nennt man das Ergebnis typischerweise „crime abatement“(= Beseitigung) or „desistance“(= Abstand nehmen).[248]

Eine weitere Alternative für den potentiellen Straftäter besteht aber auch darin, sich weiterhin gegen das Gesetz zu entscheiden. Diese Wahlmöglichkeit wird dann als „crime displacement“ bezeichnet. *Barr* und *Pease* nennen als Beispiele hierfür folgendes : „..., an individual's shift in intention from burglary to check fraud is defined as crime displacement. Shifting from burglary to moving the lawn is an example of crime abatement.“[249]

Der Gedanke an ein Verlagerungsphänomen wurde ursprünglich in einem Artikel von *Reppetto* erwähnt, in dem dieser fünf mögliche Verlagerungsweisen beschrieb:

1) Eine zeitliche Verlagerung (= „temporal“: die Straftaten werden zu einer anderen Zeit begangen); Bsp.: Der Drogenhändler verkauft seine Drogen nicht mehr am Tag, sondern in der Nacht.

2) Eine taktische Verlagerung (= „method“: die Straftaten werden durch andere Methoden durchgeführt); Bsp.: Ein Strassenräuber benutzt statt einer Schusswaffe ein Messer.

3) Zielobjektsverlagerung (= „target“: die Straftaten richten sich gegen ein anderes Ziel als das ursprünglich anvisierte); Bsp.: Der Bankräuber macht keinen Überfall auf einer Bank, sondern auf der Post.

4) Örtliche Verlagerung (= „spatial“: die Straftaten werden an einem ganz anderen Ort begangen); Bsp.: Der Drogenhändler verkauft seine Drogen nicht mehr in der Nachbarschaft, sondern in der nächsten Stadt.

---

[248] Vgl. Barr/Pease, 1990, S. 279.
[249] Barr/Pease, 1990, S. 279.

5) Funktionelle Verlagerung (= „crime type“: Täter wechselt zu einer anderen Deliktsart); Bsp.: Wechsel von Raub zu Scheckbetrug.[250] *Barr* und *Pease* haben später eine sechste Kategorie hinzugefügt, nämlich eine

6) Täterverlagerung („substitution or perpetrator displacement“[251]),

wobei verhütete Straftaten des einen Täters von anderen Straftätern begangen werden. Die Möglichkeit zur Straftatbegehung drängt sich derart auf, dass verschiedene potentielle Straftäter immer verfügbar sind, um die Straftat zu begehen. Das deutlichste Beispiel für diese Art von Deliktsverlagerung stellt der internationale Drogenhandel dar. Bemerkenswert hohe Profite führen zu einer unerschöpflichen „Versorgung“ an „willigen“ Kurieren. Das Verbrechen wird verlagert vom Straftäter zum nächsten und wird dabei wiederholt begangen.

3. Kritik am situativen Präventionskonzept

Der potentielle Täter wird folglich zunächst andere Handlungsmöglichkeiten in Betracht ziehen, die mit der Erfüllung der von ihm verfolgten Ziele verbunden sind. Durchaus erfolgreich erscheinende situative Präventionsmaßnahmen können also dazu führen, dass es nicht zu der angestrebten Unterdrückung von Straftaten kommt, sondern zu deren zeitlicher, örtlicher oder inhaltlicher Verlagerung. Es findet ein Umleitungs - oder Eskalierungseffekt statt. Durch die situativ wirksame Abschreckung kann Kriminalität auf weniger geschützte Gebiete und Objekte gelenkt werden. Zudem kann es zu einer eskalierenden Deliktstypenverschiebung kommen, derzufolge etwa Einbruchsversuche in Raubüberfälle und Raubversuche in Geiselnahmen ausarten.

Kritiker[252] - insbesondere auch *Albrecht* - bringen folgendes gegen dieses Konzept vor: „Technologische Prävention, aber auch die präventiv intendierte Zerschlagung von Gruppenstrukturen sind ihrem Wesen nach nicht Verhinderung, sondern nur Umleitung beziehungsweise Verschiebung der Phänomene. Wird durch besondere Sicherungsmaßnahmen oder auch durch eine Veränderung von Lebensgewohnheiten bestimmter Bevölkerungsteile das Risiko für kriminelle Aktivitäten erhöht oder wird deren Erfolg gänzlich in Frage gestellt, werden sich diese Aktivitäten zwangsläufig anderen Zielen zuwenden. Sind also bestimmte Objekte und Wohngebiete in technologisch hermetisch abgesicherte Trutzburgen verwandelt, wird sich kriminelle Aktivität anderen, weniger gesicherten, aber auch weniger loh-

---

[250] Vgl. Reppetto, 1976, S. 168, 169; vgl. auch bei Eck, 1993, S. 527, 528, Barnes, 1995, S. 96; Pease, 1997a, S. 977; Grabosky, 1996, S. 31, 32; Bouloukes/Farell, 1997, S. 225; Graham/Bennett, 1997, S. 78; Weisburd, 1997, S. 3.

[251] Vgl. Barr/Pease, 1990, S. 279; vgl. hierzu auch Barnes, 1995, S. 108; Eck, 1993, S. 527, 528.

[252] Hauptkritiker gegen das situative Präventionskonzept ist Trasler; vgl. hierzu insbesondere Trasler, 1986, S. 18, 19.

nenden Zielen zuwenden. Kriminalität ist damit erst einmal geographisch, aber auch quantitativ verschoben worden, denn Minimierung des Erfolgs erfordert Maximierung des Einsatzes. Die Viktimisierungswahrscheinlichkeit bestimmter Bevölkerungsgruppen wäre zwar gesenkt, aber um den Preis der Verlagerung auf andere Gruppen oder Bevölkerungsschichten."[253]

Eine weitere Entwicklung wird befürchtet und erwartet: Wenn alle gesellschaftlichen Gruppen den gleichen Aufwand an technologischer Sicherung betreiben (eine Vorstellung, die rein theoretischer Natur ist, denn nicht allen gesellschaftlichen Gruppen stehen derartige Möglichkeiten zu), dass es zu einer umfassenden qualitativen Veränderung von Delinquenz kommen wird.[254] Der Grad der Gefährlichkeit delinquenter Aktivitäten würde ansteigen und somit würde es zu einer Verschlimmerung (Brutalisierung) der Kriminalität kommen. Als Beispiel wird hierfür unter anderem das „Carjacking" in den USA angeführt, das nach Einführung der Wegfahrsperre entstanden ist. Hierbei werden wertvolle Autos ihrem Fahrer unter Androhung von Gewalt weggenommen.[255] Des weiteren wird vorgebracht, dass die situativen Präventionsmaßnahmen nur für wohlhabende Leute entwickelt wurden, die sich diese Sicherheitsmaßnahmen leisten können. So könnten sich Banken und große Supermarktketten effektiv vor Überfällen schützen mit dem Resultat, dass sich die Verbrechen auf kleinere Geschäfte verlagern.[256]

Auch könnte die situative Kriminalprävention eine Festungsmentalität, ein Isolationsgefühl und eine Verstärkung der Verbrechensfurcht hervorrufen.
Es lässt sich konstatieren, dass eine objektive Veränderung der Tatgelegenheitsstruktur zu Lasten des potentiellen Täters nicht zwangsläufig zum Absehen von der Deliktsbegehung führt.

Prävention darf grundsätzlich nicht so weit gehen, dass der private Lebensraum zur Festung umgewandelt wird und das Leben selbst von der Viktimisierungsfurcht allein beherrscht werden. Gleiches gilt auch für die Gegenseite: es darf der staatlichen Prävention keinesfalls ein solcher Stellenwert eingeräumt werden, dass das elementare Recht auf Privatsphäre demgegenüber nachrangig wird.[257] Es muss immer eine Abwägung zwischen den Vorteilen, die sich durch die Durchführung der Maßnahmen ergeben, und den zu erwartenden „sozialen" Kosten stattfinden.

Bei dem situativen Präventionskonzept geht es vielmehr darum, generelle Schwachstellen des Selbstschutzes zu erkennen und gegebenenfalls zu beseiti-

---

[253] Albrecht, 1982, S. 251.
[254] Albrecht, 1982, S. 251.
[255] Vgl. Schneider, 1998, S. 34.
[256] Siehe z.B. bei O'Malley, 1994. Argumente, die diese Ansicht entkräften vgl. bei Sève, 1997, S. 193, 194; ebenso Felson/Clarke, 1997b, S. 202 - 204.
[257] Der Verlust der Privatheit und der individuellen Freiheit ist auch der Einwand gegen den großen Lauschangriff.

gen, z.B. die Vermeidung von Banküberfällen durch zeitschlossgesicherte Geldbestände.

Die Feststellung des Phänomens einer Deliktsverlagerung hat in der Literatur zu einem extremen Pessimismus gegenüber situativen Präventionsmaßnahmen geführt. So sprechen *Barr* und *Pease* sogar schon davon, dass „the presumption of total displacement ... will usually triumph over the wish to prevent a particular crime in a particular place."[258]

Das Phänomen einer Deliktsverlagerung wird von den Kritikern als die Grenze der Effektivität von Kriminalprävention angesehen.[259]

Die Befürworter der situationsbezogenen Kriminalprävention haben dagegen verschiedentlich versucht, die Schwächen der Kritik an der situativen Verbrechensprävention hervorzuheben, wobei sie insbesondere darauf abheben, dass eine Deliktsverlagerung weder zwangsläufig ist noch unbedingt nachteilig sein muss.[260] Das erste Argument stützt sich auf die neuere empirische Forschung, die zeigt, dass nicht alle verhüteten Straftaten verlagert werden. In einer Evaluation von 33 Studien konnte *Eck* feststellen, dass für 18 Untersuchungen keine Deliktsverlagerung nachgewiesen werden konnte, während sich bei den übrigen entweder „eine gewisse" (12 Studien) oder eine „umfangreiche" (3 Studien) Verlagerung ergab.[261] Bei keiner der Studien konnte eine hundertprozentigen Verlagerung registriert werden.[262]
Das zweite Argument hebt auf die Art der verlagerten Straftat ab. *Barr* und *Pease* argumentieren, dass sich eine Deliktsverlagerung auch ebenso vorteilhaft wie nachteilig auswirken kann. Es kann zu einer "positiven Verlagerung" kommen, wenn die verlagerte Straftat auf gewisse Weise weniger schwer wiegt als die verhütete.[263] Als Beispiel führen sie die Möglichkeit an, dass eine Schusswaffenkontrolle zu einer umfangreicheren Verwendung von Messern bei gewalttätigen Angriffen führen könnte. So gäbe es insbesondere Hinweise darauf, dass die Wahrscheinlichkeit des tödlichen Ausgangs eines Angriffs abhängig ist von der Gefährlichkeit der benutzten Waffe, weshalb eine Verlagerung vom Gebrauch von Schusswaffen auf Messer ein gesellschaftlich wünschenswertes Ergebnis sein könnte.[264]

---

258 Barr/Pease, 1990, S. 280.
259 Vgl. Barr/Pease, 1990, S. 280.
260 Vgl. Miethe, 1991, S. 422; Weisburd, 1997, S. 4; Graham/Bennett, 1997, S. 78.
261 Vgl. Eck, 1993, S. 529.
262 Vgl. zum Überblick über die von Eck ausgewählten Studien und deren Ergebnisse Eck, 1993, S. 530 – 534.
263 Vgl. Barr/Pease, 1990, S. 284 - 289.
264 Vgl. Graham/Bennett, 1997, S. 97.

IV. Zielübergreifende Gewinne ("diffusion of benefits")

1. Allgemeines

Die Inanspruchnahme der Kriminologen zu der Frage einer Deliktsverlagerung nach situativen Präventionsmaßnahmen ließ diese ein weiteres Phänomen feststellen, welches ebenfalls aus den Präventionsmaßnahmen resultierte: eine unerwartete Reduktion von Straftaten, gegen die sich die Präventionsmaßnahmen nicht gerichtet hatten. Es wurde eine über das konkrete Objekt hinausgehende Prävention beobachtet, also eine breitere als die beabsichtigte Wirkung erzielt, weil sich der abschreckende Effekt einer Maßnahme auf ungesicherte Objekte ausdehnte.[265]

Diese sekundären „Gewinne" durch situative Präventionsmaßnahmen sind nicht außergewöhnlich oder sogar völlig unerwartet. So können unter anderem auch situative Präventionsmaßnahmen insgesamt die Kriminalitätsfurcht senken; oder es kann zu einer generellen Reduzierung von Straftaten in einem Gebiet kommen, auch wenn nicht alle Bereiche dieses Gebietes von den Maßnahmen erfasst sind. Dies zeigt eine Studie von *Matthews*, der die Auswirkungen überprüft hat, wenn gegen ein ganzes Rotlichtviertel vorgegangen wird.[266] Die Studie ergab, dass neben der Prostitution eine Reihe von anderen Deliktsarten verschwanden , wie z.B. Raub und Autodiebstähle. Bei diesen Reduzierungen handelt es sich um Seiteneffekte von situativen Präventionsmaßnahmen; dabei stehen die Reduzierungen in einer kausalen Kette zueinander.

2. Begriff der "diffusion of benefits"

Da viele Forschungsprojekte auf zahlreiche Beispiele solcher Nutznießungen gestoßen sind, haben sich hierfür eine Reihe von Terminologien gebildet, um dieses Phänomen zu beschreiben. So spricht *Scherdin* von dem „halo effect"[267], *Clarke* von den „spill over benefits"[268], *Sherman* von dem „bonus effect"[269] und *Miethe* von den „free-rider-effects".[270] Trotz dieser verschiedenen Terminologie wird ein und dasselbe Phänomen beschrieben.

Clarke und *Weisburd* waren der Auffassung, dass durch die allgemeine Anerkennung dieses Phänomens es erforderlich geworden ist, eine Standardterminologie

---

265 Vgl. Clarke, 1992a, S. 25 f; ders., 1997, S. 31 ff.
266 Vgl. Matthews, 1992, S. 89.
267 Scherdin, 1986, S. 232; ders., 1992, S. 133.
268 Clarke/Weisburd, 1994, S. 168.
269 Sherman, 1990, S. 1.
270 Miethe, 1991, S. 422.

zu finden, und sie schlugen den Begriff „diffusion of benefits“ vor.[271] Hierbei definieren sie „diffusion“ folgendermaßen: „the spread of the beneficial influence of an intervention beyond the places which are directly targeted, the individuals who are the subject of control, the crimes which are the focus of intervention or the time periods in which an intervention is brought.“[272]
Im folgenden wird von dieser Begriffsdefinition ausgegangen.

Man kann dieses Phänomen auch als „the complete reverse of displacement“ bezeichnen.[273]

Dieses Phänomen nach durchgeführten Präventionsmaßnahmen erklärt z.B., warum Kriminalitätsraten sich in einem größeren Gebiet reduzieren, obwohl die Teilnahmerate an den Präventionsmaßnahmen innerhalb dieses Gebietes beträchtlich variiert.[274]

3. Formen von zielübergreifenden Gewinne

Eine über das konkrete geschützte Objekt hinausgehende Prävention („diffusion of benefits“) kann - ebenso wie eine Deliktsverlagerung - verschiedene Formen haben:[275]

Die positiven Wirkungen eines Präventionskonzepts können sich örtlich auf andere Gebiete erstrecken, die nicht unter Sicherheitsmaßnahmen fallen. Diese Form der zielübergreifenden Gewinne tritt vor allem dann ein, wenn das Präventionsprogramm öffentlich bekannt gemacht wurde, jedoch über die örtlichen Grenzen der Maßnahme nicht berichtet wurde.

Des weiteren kann die Prävention auch zeitlichen Gewinn erzielen, vor allem dann, wenn eine Maßnahme befristet ist. Es gibt auch funktionelle Präventionsgewinne, nämlich dann, wenn andere Arten von Straftaten reduziert werden, gegen die sich die Präventionsmaßnahme nicht gerichtet hatte.[276]

Ferner ist ebenso vorteilhaft, wenn sich durch Präventionsmaßnahmen bestimmte Delikte – insbesondere Drogenkriminalität und Prostitution – auf bestimmte Gebiete konzentrieren und nicht über eine ganze Stadt verteilt stattfinden. Dadurch sind sie überschaubar und kontrollierbarer.[277]

---

[271] Vgl. Clarke, 1997, S. 32.
[272] Clarke/Weisburd, 1994, S. 169; Weisburd, 1997, S. 5.
[273] Clarke, 1994, S. 165.
[274] Vgl. Schneider, 1986, S. 78.
[275] Vgl. Clarke/Weisburd, 1994, S. 168; Barnes, 1995, S. 105.
[276] Vgl. hierzu als Beispiel insbesondere die Studie von Matthews, 1992, S. 97.
[277] Vgl. Pease, 1997, S. 978, 979.

Zwei verschiedene Prozesse liegen dem Zustandekommen dieses Phänomens zugrunde. Zum einen resultiert es auf der Unsicherheit der potentiellen Täter über den Umfang des erhöhten Entdeckungs - und Bestrafungsrisikos bei der Deliktsbegehung und zum anderen auf der Empfindung der Täter, dass der „Lohn" der Straftatbegehung nicht den Anstrengungen entspricht, die hierfür unternommen werden müssen (darunter fällt der Zeitaufwand sowie der Materialaufwand).

Diese Prozesse werden als „deterrence" (= Abschreckung) und „discouragement" (= Mutlosigkeit, Abhaltung) bezeichnet.[278]

Neuere Forschungsprojekte liefern zahlreiche Beispiele für beide Arten der „Nutznießungen". Dabei ist es aber grundsätzlich äußerst schwierig bzw. fast unmöglich, erfolgte Kriminalitätsreduzierungen auf bestimmte situative Präventionsmaßnahmen zurückzuführen.

Während also eine Deliktsverlagerung dazu führt, dass die zu verhindernden Straftaten in einer anderen Form, in einer anderen Art oder an einem anderen Ort wieder auftreten, führt „diffusion of benefits" zu einer Kriminalitätsreduzierung genau dieser anderen Delikte. In beiden Fällen findet eine Bewegung statt. Kriminalpräventionsmaßnahmen haben folglich neben der primären Auswirkung auf das ausgerichtete Ziel zwei weitere verschiedene Auswirkungen auf Straftaten. Entweder wird das zu verhindernde Delikt auf ein anderes Ziel gelenkt, oder es reduzieren sich auch andere Straftaten.

Die nachfolgende Abbildung gibt eine Zusammenfassung der Wirkungsweisen und – richtungen von Präventionsmaßnahmen.

---

[278] Vgl. Clarke, 1994, S. 165; ders., 1997, S. 32.

Abbildung 1:
Primäre und sekundäre Auswirkungen von Kriminalpräventionsstrategien[279]

Bestimmte Präventionsmaßnahme

⇓

gerichtet auf ein primäres Ziel

⇓

führt zu folgenden
Intendierten **Auswirkungen**:

- entweder zu einer Kriminalitätsreduzierung (Erfolg);
- oder zu keiner Reduzierung/möglicherweise sogar zu einem Verbrechensanstieg (Mißerfolg).

Die primäre Auswirkung einer Kriminalitätsreduzierung kann jedoch zu folgenden
nicht - intendierten **Auswirkungen** führen:

- „negative" Deliktsverlagerung: andere, nicht gesicherte Verbrechensziele, werden zu Zielobjekten (Mißerfolg);
- „positive" Deliktsverlagerung: Straftatenrate steigt zwar weiter an, jedoch in leichterer Form (Teilerfolg);
- Zielübergreifende Gewinne: es findet eine Kriminalitätsreduzierung außerhalb des gesicherten primären Zielobjektes statt (Erfolg).

---

279 Vgl. Clarke, 1994, S. 170.

5. Schlussfolgerung

Die Feststellung des Phänomens von zielübergreifenden Gewinnen hat dazu geführt, dass situative Präventionsmaßnahmen in der Literatur wieder als vorteilhaft und gewinnbringend angesehen wurden.

Die Entdeckung von zielübergreifenden Gewinnen hat dabei eine Balance in die Debatte über die Sorge einer möglichen Deliktsverlagerung gebracht.[280] Die früheren Studien, die sich alleine das Problem einer Deliktsverlagerung untersucht und diese hervorgehoben haben, haben die negativen Auswirkungen der Präventionsprogramme überschätzt. Wenn auch situative Präventionsmaßnahmen unbeabsichtigte Nachteile - nämlich das Phänomen einer Deliktsverlagerung - mit sich bringen, so führen sie jedoch ebenfalls zu unerwarteten Vorteilen.

Die Anerkennung des Phänomens „diffusion of benefits" liefert zusätzliche Gründe, um diese Techniken fortzuführen und voranzutreiben.

[280] Vgl. Weisburd, 1997, S. 5.

Kapitel 3

Überblick und Kategorisierung der Techniken der situationsbezogenen Kriminalprävention

A. Kriminogen wirkende Tatgelegenheiten als Angriffsstelle von situativen Präventionsmaßnahmen

I. Einleitung

Wie bereits oben dargestellt, soll auf der Ebene der Sekundärprävention ein drohender Rechtsbruch frühzeitig erkannt und durch geeignete Maßnahmen verhindert werden.[281] Um einen drohenden Rechtsbruch als solchen zu erkennen und präventiv intervenieren zu können, ist die Entwicklung eines Frühwarn – oder Screeningverfahrens[282] erforderlich. Bei der Früherkennung im Rahmen der sekundären Prävention kann an die Person des potentiellen Täters, an Opfergesichtspunkte oder an situative Aspekte angeknüpft werden.[283] Die situationsbezogene Kriminalprävention legt ihr Augenmerk in erster Linie auf situative Aspekte. Im folgenden soll zunächst auf den Begriff der Tatgelegenheitsstruktur eingegangen werden und anschließend Möglichkeiten einer Veränderung dieser Strukturform aufgezeigt werden. Ziel dieses Abschnittes ist letztlich eine Systematisierung der situativen Präventionsmaßnahmen.

---

[281] Zur Definition der sekundären Kriminalprävention siehe bereits oben S. 14, 15.
[282] Vgl. hierzu Steingrüber, 1977, S. 374.
[283] Vgl. Schneider, 1992, S. 263.

II.
Begriff der Tatgelegenheitsstruktur

Durch das Wissen, wo und wann Verbrechen begangen werden, und die Kenntnis der Umstände für Verbrechen kann vor allem ein Großteil der sogenannten Alltagskriminalität kontrolliert werden.

Bestimmte Wohngebiete werden von Einbrechern häufiger heimgesucht als andere, bestimmte Geschäfte sind einem höheren Risiko für Raub oder Ladendiebstahl ausgesetzt als andere, in bestimmten Parkhäusern sind Diebstähle von und aus Fahrzeugen häufiger als in anderen oder an bestimmten Plätzen treten Sachbeschädigungen vermehrt auf.[284]

Was kriminogen wirkende Tatgelegenheiten allerdings im einzelnen sind, stellt sich bei näherer Betrachtung als problematisch dar.

Zunächst kann man als Tatgelegenheitsstruktur solche Umweltelemente bezeichnen, die in der konkreten Tatsituation als Tatanreiz bzw. als Tathemmnis für den Tatentschluss des mehr oder weniger rational handelnden Straftäters relevant sind.[285]

Aus der Vielzahl der Strukturelemente kommen dabei vor allem in Frage: Das Vorhandensein von Zielobjekten kriminellen Handelns, die Zugänglichkeit von Zielobjekten und Tatmitteln, das Misserfolgsrisiko für den Täter sowie der Tatertrag.[286]

Bei empirischen Untersuchungen zu der Frage der kriminogenen Wirkung von Gelegenheiten hat sich herausgestellt, dass Indikatoren für die Variable „Tatgelegenheit" und deren Ausprägung nur schwierig zu entwickeln sind, da hierbei vielfach das Problem unzureichend vorhandener bzw. nur schwierig zu erhebender Daten auftritt.[287] Beispielsweise erbrachte eine Studie von *Friedrichs*, dass die Korrelation zwischen Diebstählen von bzw. aus Kraftfahrzeugen und der Anzahl der Kraftfahrzeuge je 1000 Einwohner erstaunlich niedrig ist. Zu vermuten bleibt, dass für das Ausmaß der Diebstähle nicht die Anzahl der Kraftfahrzeuge in einer Stadt erheblich ist, sondern wohl eher die Zahl und die Verweildauer der auf öffentlich zugänglichen Stellplätzen geparkten Fahrzeuge.[288]

---

[284] Vgl. BKA, 1998, S. 22.
[285] Vgl. Schwind, 1988, S. 46.
[286] Vgl. z.B. Poerting, 1989, S. 92.
[287] Vgl. Ellermann, 1983, S. 386 ff.; Friedrichs, 1985, S. 50 ff.
[288] Vgl. Kube, 1987, S. 22; andere Studie, die das Gegenteil belegt siehe bei Brusten/Hoppe, 1986, S. 50, 51.

Es wäre auch sicherlich zu einfach, die Gelegenheit für Raubüberfälle auf Geldinstitute im wesentlichen in der räumlichen Dichte der Bankfilialen zu sehen sowie darüber hinaus einen monokausalen Zusammenhang mit dem Vorhandensein sicherungstechnischer Ausstattung anzunehmen.[289]

Es kommt also vielmehr auf das konkrete Tatgelegenheitsprofil an.

Des weiteren muss auch nach verschiedenen Tätertypen unterschieden werden. So differenzieren *Servay* und *Rehm* in einer vom BKA initiierten Untersuchung bei Bankräubern zwischen Amateuren und Profis.[290]

Als Amateure werden von den Autoren die Täter bezeichnet, die nach Eigen- und Fremdeinschätzung unzureichend planten und über kein Reaktionsschema für den Tatablauf und unvorhergesehene Ereignisse verfügten. Amateure orientierten sich bei der Auswahl der überfallenen Bank insbesondere an den gegebenen Fluchtmöglichkeiten (etwa Anschluss an Schnellstraßen), der ruhigen Lage und der überschaubaren Größe der Bank. Der Inneneinrichtung und damit auch spezifischen Sicherheitstechniken maßen sie keine Bedeutung bei.[291]

Dagegen war für Profis die Versteckmöglichkeit in der Nähe der Geldinstituts ein entscheidendes Kriterium der Objektauswahl. Im Einzelfall wurden auch die Entfernungen zum nächsten Polizeirevier sowie spezifische Sicherheitseinrichtungen berücksichtigt.[292]

Hier zeigt sich, dass offensichtlich die Tatgelegenheit als kriminalitätsfördernder Faktor keine objektive Größe ist, sondern von der Wahrnehmung und Einschätzung durch den potentiellen Täter abhängt.

Naheliegend ist somit, weitere Erkenntnisse über dieses Phänomen im Wege der Täterbefragung zu gewinnen. Es gilt anschließend, die gewonnenen Erkenntnisse und Informationen über tätertypische Sichtweisen im Wege gezielter Öffentlichkeitsarbeit öffentlich bekannt zu machen.[293]

Allerdings wird die subjektive Umbewertung oder auch die (wahrgenommene) Veränderung der Tatgelegenheiten nicht ohne weiteres – wie bereits oben dargestellt - zur Deliktsvermeidung führen. Denn es wäre eine naive Vereinfachung, würde man die Alternative Tatbegehung – Tatvermeidung als reale Lebenssituation darstellen. Der potentielle Täter wird vielmehr zunächst andere Handlungsmög-

---

[289] Vgl. Büchler/Leineweber, 1986, S. 47.
[290] Vgl. Servay/Rehm, 1986, S. 176 ff.
[291] Schwind, 1988, S. 47.
[292] Vgl. Servay/Rehm, 1986, S. 177.
[293] Vgl. Kube/Koch, 1992, S. 58.

lichkeiten in Betracht ziehen, die mit der Erfüllung der von ihm verfolgten Ziele verbunden sind.

Generell lässt sich feststellen, dass Personen bei einer Problemlösung in der Regel nicht völlig konträre Alternativen testen, sondern eher die zunächst favorisierte Variante abwandeln oder sich an früheren Aktionen orientieren.[294] Zuweilen wird ein potentieller Täter auch nur die Situationseinschätzung umdefinieren, d.h. etwa, das Misserfolgsrisiko geringer einschätzen oder überhaupt von einer „rationalen Problemlösung" – z.B. der Planung der Tatphase – absehen.[295]

[294] Vgl. Kube/Koch, 1992, S. 58.
[295] Vgl. auch Johnson/Paine, 1986, S. 172.

III.
Möglichkeiten einer Veränderung der Tatgelegenheitsstruktur

Sozio - ökonomischer und technologischer Wandel beeinflussen die Tatgelegenheiten und ihre Struktur.[296] So haben bekanntlich die Computertechnik und ihre Anwendungsfelder zu beachtlichen Veränderungen der Tatgelegenheitsstruktur beigetragen. Neue Berufszweige und angewandte Technologien erzeugen neue Formen kriminellen Verhaltens. Tatgelegenheiten als objektive Bedingung und subjektiv wahrgenommene Chance für kriminelles Handeln können

a) hinsichtlich der einzelnen Strukturelemente (Vorhandensein von Zielobjekten, Zugänglichkeit von Zielobjekten oder Tatmitteln, Täterrisiko sowie Tatertrag)

b) bezogen auf verschiedene Zielgruppen (nämlich Täter, Opfer und Dritte)

c) mit unterschiedlichen Mitteln (Eingriff, Offerte zum Austausch von Leistung und Gegenleistung oder durch einseitig gewährte positive Anreize)

ganz oder teilweise eliminiert werden.[297]

Diese generellen Feststellungen bedürfen der Erläuterung im einzelnen.

Während die Umgestaltung der Umweltstimuli bei der Veränderung der Tatgelegenheitsstruktur vorrangig das Element „Ziele deliktischen Handelns" betrifft, sind die drei anderen Elemente („erforderliche kriminelle Energie", „Täterrisiko" und „Tatertrag") vor allem durch Beeinflussung von Überzeugungen Dritter (als Kategorie kognitiver Informationen) zu effektivieren.[298]

Es ist wichtig zu erkennen, dass Präventionsmaßnahmen sich an mehrere Adressaten (etwa potentielle oder tatsächliche Täter / Opfer sowie Dritte) richten können.

So dürfte beispielsweise die Verringerung geeigneter Zielobjekte am ehesten über einen opferorientierten Ansatz möglich sein. Denn eine über die konkreten Gefahren des Missbrauchs von Gelegenheiten durch Dritte sowie von eigenen schädlichen Vermögensverfügungen in bestimmten Situationen vollständig aufgeklärte Person wird idealtypisch ein ungeeignetes Opfer darstellen. Deshalb kommt gerade der Aufklärung und Beratung potentieller Opfer eine erhebliche Bedeutung zu.

---

[296] Vgl. Heiland, 1987, S. 297; sowie Kube/Bach et al., 1990, S. 301 ff. mit Vorschlägen zu proaktiver Technikprävention bei entsprechenden technischen Neuentwicklungen, die (wie der Farbkopierer für Fälschungen) von Tätern ausgenutzt werden können.
[297] Kube/Koch, 1992, S. 59.
[298] Vgl. Kube, 1987, S. 216.

Die nachfolgende Abbildung zeigt die verschiedenen Möglichkeiten einer Beeinflussung der Tatgelegenheitsstruktur und gibt jeweils ein Beispiel an.

Tabelle 2:

Beeinflussung der Tatgelegenheitsstruktur[299]

Elemente der Tatgelegenheitsstruktur				
Mittel der Veränderung	**Vorhandensein von Zielobjekten kriminellen Handelns**	**Schwelle für kriminelle Energie/Zugänglichkeit von Zielobjekten**	**Täterrisiko/ Misserfolgsrisiko**	**Tatertrag**
Strafandrohung Eingriffsmaßnahmen/Gefahrenabwehr	*täterbezogen:* Raumorientierter Jugendschutz in Videotheken § 184 Abs. 1 Ziff. 3 a StGB	*drittbezogen:* Restriktives Waffenrecht	*drittbezogen:* Gesetzliche Anzeigepflicht § 13 StGB	*täterbezogen:* Gewinnabschöpfung §§ 73 ff. StGB
Offerten/ Austauschverhältnisse	*opferbezogen:* Kriminalpolizeiliche verhaltensbezogene Beratung (z. B. Betrugsberatung)	*drittbezogen:* Anschubfinanzierung für Anstellung von Hausmeistern in Großwohnanlagen	*täterbezogen:* Kronzeugenregelung § 31 BtMG	*täterbezogen:* Selbstanzeige bei Steuerhinterziehung § 371 AO
Positive Anreize finanzieller und sonstiger Art	*opferbezogen:* Disco-Abhol-Dienst insbes. für Mädchen	*opferbezogen:* Steuerbegünstigter sicherungstechnischer Selbstschutz	*drittbezogen:* "Fangprämie" bei Ladendiebstahl	*drittbezogen:* Zuteilung von PKW etc. aus Gewinnabschöpfung an Polizei (§ 66 StVollStrO

[299] entnommen aus Jehle, 1996, S. 149.

B. Kategorisierung der situativen Präventionstechniken

I. Einleitung

Die Einteilung der unterschiedlichen Arten situationsbezogener Kriminalpräventionsmaßnahmen wurde im Laufe der Jahre an Hand des Erfolges oder Scheiterns der Maßnahmen fortentwickelt.

Als erster teilten *Hough* et al. (1980) die Maßnahmen in: Target hardening (Sicherung von Zielobjekten); Target removal (Entfernung des Zielobjekts); Removing the means to crime (Entfernung der Möglichkeiten für Verbrechen); Reducing profits from crime (Nutzenverwehrung); Increasing surveillance through either formal or natural means (Formelle und natürliche Überwachung) und Environmental management (Umweltgestaltung).[300]

Allgemein anerkannt und regelmäßig zitiert und angewendet wird heute die Klassifizierung situationsbezogener Präventionsmaßnahmen von Ronald Clarke. Diese stützt sich auf die Auswertung mannigfaltiger Forschungsprojekte sowie auf die theoretischen Überlegungen zur Entstehung von Kriminalität und hierbei insbesondere auf die rationale Betrachtungsweise.[301]

Die ursprüngliche Einteilung in drei wesentliche Bereiche situationsbezogener Maßnahmen ist mittlerweile ergänzt, konkretisiert und aktualisiert worden.[302]

Gestützt auf die Grundeinteilung von *Clarke* gibt es heute vier prinzipielle Arten situativer Kriminalprävention: Solche,

- die die Durchführung von Straftaten erschweren,
- die das Entdeckungs-, Anzeige- und Überführungsrisiko erhöhen,
- die die Rentabilität von Verbrechen reduzieren,
- und die spätere Rechtfertigungen und Ausreden erschweren.[303]

---

300 Vgl. Hough/Clarke/Mayhew, 1980, S. 1 f.
301 Vgl. Clarke, 1997, S. 15. Übernommen insbesondere von Graham/Bennett, 1997, S. 53; Ferreira, 1995, S. 156; Pease, 1997, S. 969; Indermaur, 1999, S. 79; Weisburd, 1997, S. 10, 11.
302 Vgl. Clarke, 1997, S. 16; Clarke/Homel, 1997, S. 23, 26; siehe auch bei Wortley, 1996, S. 117.
303 Vgl. Clarke, 1997, S. 16.

Aufgrund der Unumstrittenheit dieser Kategorisierung wird vorliegend von dieser Strukturierung der Maßnahmen ausgegangen.

II.
Konkrete Arten von situativen Präventionsmaßnahmen

1. Vorhandensein geeigneter Zielobjekte

Prävention wird dann besonders wirksam sein, wenn bereits das Vorkommen geeigneter Zielobjekte kriminellen Verhaltens zurückgedrängt wird.

Zielobjekte kriminellen Handelns können sich dabei je nach geschütztem Rechtsgut facettenreich „anbieten". So ist es z.B. bei Delikten, die gegen Personen oder deren Vermögen gerichtet sind, naheliegend, die potentiellen Opfer dem Zugriffsbereich des potentiellen Täters rein physisch oder durch deren Immunisierung mittels gezielter Informationen zu entziehen.

Es gibt mindestens vier Wege, die den Zugang zu den Zielobjekten deliktischen Handelns erschweren und damit den Schwellenwert der vom potentiellen Täter zur Tatbegehung aufzuwendenden Energie wesentlich erhöhen:[304]

a) Sicherung von Zielobjekten (target hardening), d.h. es werden Maßnahmen getroffen, durch die die physikalischen Sperren in der Nähe von oder unmittelbar an spezifischen Zielen verstärkt werden.

b) Zugangskontrolle (access control), d.h. Einschränkung des Zugangs zu speziellen Bereichen, in denen sich Zielobjekte befinden, wie z.B. Wohnsiedlungen oder Einkaufszentren.

c) Umlenkung von Straftätern (deflecting offenders), d.h. weg von möglichen Tatobjekten und hin zu sozial akzeptablen Alternativen.

d) Kontrolle der Tatbegehungsmittel (controlling facilitators), d.h. Sicherstellung, dass die Mittel zum Begehen gewisser Straftaten beschränkt oder unzulänglich gemacht werden.

---

[304] Vgl. Graham/Bennett, 1997, S. XVI.

2. Risiko der Tataufklärung

Die mit Straftaten verbundenen Risiken werden verschärft, wenn die reelle oder empfundene Gefahr der Aufdeckung, Festnahme und/oder Verurteilung erhöht werden kann.[305]

Das Misserfolgsrisiko des Täters muss dabei differenziert im Zusammenhang mit der negativen Generalprävention (Abschreckung) gesehen werden. Das mit der Abschreckung verknüpfte Misserfolgsrisiko ist zum Nachteil des potentiellen Täters zu beeinflussen. Im Grundsatz ist davon auszugehen, dass die Verhaltensgeltung von Normen, also deren Einhaltung im Alltag, über eine funktionierende Sanktionsgeltung (in dem Sinne, dass Normverstösse risikoreich sind und grundsätzlich zur Ahndung führen) beeinflusst werden. Teilweiser Sanktionsverzicht lässt Devianz ansteigen; denn Forschungsergebnisse zur Generalprävention haben ergeben, dass mit steigender Verfolgungs- und Überführungswahrscheinlichkeit kriminelles Verhalten immer seltener auftritt.[306] Umgekehrt hat der subjektiv empfundene Risikoschwund im Verlauf nachlassender Verfolgungs- und Aufklärungsintensität ein weiteres Ansteigen delinquenten Verhaltens zur Folge.[307] Insgesamt scheint gerade bei Bagatelldelikten weniger die Norm als vielmehr das subjektiv eingeschätzte Misserfolgs- und Sanktionsrisiko präventionswirksam zu sein.

Mehrere Faktoren beeinflussen die Einschätzung des Misserfolgsrisiko durch den potentiellen Täter bei der Fassung eines möglichen Tatentschlusses.[308] Im Vordergrund steht die Wahl der Deliktsart. Sog. instrumentelle Delikte – eher „rational"-zweckhaftes, abweichendes Verhalten – werden anders als sog. expressive Delikte – eher emotional geprägtes, abweichendes Verhalten – einer Präventionsmaßnahme weit zugänglicher sein, da hierbei der potentielle Delinquent einen möglichen Misserfolg der Tat einkalkuliert. Zudem kommt es auf die Deliktserfahrung eines potentiellen Täters an. Denn die insoweit unerfahrene Person wird das Risiko im allgemeinen höher einschätzen als der erfahrene Delinquent und deshalb eher von einer Straftat Abstand nehmen.[309] Im Gegensatz zum Misserfolgsrisiko dürfte die Strafe eher zu niedrig veranschlagt werden.[310]

Es gibt vier Formen der Überwachung, die das Entdeckungs-, Anzeige- und Überführungsrisiko für den Täter wesentlich erhöhen:[311]

---

305 Vgl. Graham/Bennett, 1997, S. XVI, XVII.
306 Vgl. Albrecht/Dünkel/Spieß, 1981, S. 310 ff.; Dölling, 1983, S. 51 ff.
307 Vgl. Kube/Koch, 1992, S. 61. differenzierend die Ergebnisse von Schöch, 1990, S. 95 ff.
308 Vgl. etwa Paternoster/Saltzman/Waldo, 1985, S. 417 ff.
309 Vgl. Dölling, 1983, S. 60 ff.; Cusson, 1993, S. 66.
310 Vgl. Karstedt-Henke, 1987, S. 68.
311 Vgl. Clarke, 1997, S. 18.

a) Förmliche Überwachung (formal surveillance), bestehend aus der Verteidigung von Eigentum und der Erkennung sowie Ab-schreckung von Straftätern durch Personal, das speziell für diese Aufgabe angestellt wird, wie z.B. Polizei, Sicherheitspersonal und Ladendetektive;

b) Überwachung durch Mitarbeiter (surveillance by employees), die sich von der förmlichen Überwachung nur dadurch unterscheidet, dass sie von Personal durchgeführt wird, das sich hauptberuflich mit anderen Aufgaben beschäftigt, wie z.B. Ladenpersonal oder Zugschaffner;

c) Natürliche Überwachung (natural surveillance), bestehend aus dem Schutz von Menschen und Eigentum durch die Wachsamkeit von Normalbürgern, die ein gewisses Maß an Überwachung ausführen, während sie ihren täglichen Geschäften nachgehen;

d) Ein - und Ausgangsüberprüfung (entry/exit screening).

3. Tatertrag

Neben der Erhöhung des Risikos, ertappt zu werden, und dem dadurch erhöhten Risiko einer drohenden Strafe, kann situative Verbrechensprävention darin bestehen, den erwarteten Gewinn aus einem Verbrechen zu reduzieren. Der potentielle Täter, der eventuell seine Überführung und die Sanktionierung seines Verhaltens durch eine Kriminalstrafe noch in Kauf nimmt, wird dann eher von der Straftatbegehung abgehalten, wenn ihm der Erlös aus der Straftat mit großer Wahrscheinlichkeit zunichte gemacht wird.

Um einen möglichen Tatertrag teilweise oder gänzlich zu eliminieren, gibt es folgende Präventionsstrategien:[312]

a) Entfernung des Zielobjekts (target removal), d.h. das physikalische Entfernen möglicher Zielobjekte;

b) Markierung von Eigentum (identifying property), wodurch Gegenstände leichter kennbar gemacht werden und somit ihre Vermarktung erschwert und ihr Marktwert reduziert wird;

c) Beseitigung von Anreizen oder Verlockungen zum Begehen von Straftaten(reducing temptation);

d) Nutzenverwehrung (denying benefits).

---

[312] Vgl. Clarke, 1997, S. 18.

4. Beseitigung von späteren Rechtfertigungsmöglichkeiten

Clarke hat 1997 eine weitere Kategorie der situativen Präventionsmaßnahmen hinzugefügt.

Eine umfassende Erforschung von Alltagsdelikten wie Steuerstraftaten, Trunkenheit am Steuer, Ladendiebstahl und Verbrechen Angestellter zeigt, dass die Betroffenen zu einem sehr großen Teil Menschen sind, die ihr delinquentes Verhalten damit entschuldigen, dass „alle anderen das auch tun" oder dass „es keinen Armen trifft".[313]
Solchen Rationalisierungen und Rechtfertigungen von eigenem abweichenden Verhalten gilt es entgegenzuwirken.

Auch wird ein Täter zumeist nach Entdeckung der Straftat und Feststellung seiner Person in der Regel nach Rechtfertigungsgründen für seine Tat suchen, um Einfluss auf das Strafmaß zu nehmen.

So ist ein Ziel der Kriminalprävention, diesen Rechtfertigungsgrundlagen die Attraktivität für den potentiellen Täter zu nehmen. Folgende Strategien zur Unterbindung späterer Rechtfertigungsmöglichkeiten werden genannt:

a) Festlegen von Regeln (rule setting), durch die das Verhalten von Arbeitnehmern und Bürgern geregelt wird;

b) Stimulierung des Gewissens (stimulating conscience);

c) Kontrolle von Enthemmungsmitteln (controlling disinhibitors);

d) Angebot von Möglichkeiten, die das Einhalten von Regeln ermöglichen (facilitating compliance).

---

313 Vgl. BKA, 1998, S. 67.

Tabelle 3:

Die sechzehn Techniken der situationsbezogenen Kriminalprävention[314]

INCREASING PERCEIVED EFFORT	INCREASING PERCEIVED RISIKS	REDUCING ANTICIPATED REWARDS	REMOVING EXCUSES
1. Target hardening	5. Entry / Exit screening	9. Target removal	13. Rule setting
Slug rejector device Steering locks Bandit screens	Automatic ticket gates Baggage screening Merchandise tags	Removable car radio Women`s refugees Phone card	Customs declaration Harassment codes Hotel registration
2. Access control	6. Formal surveillance	10. Identifying property	14. Stimulating consience
Parking lot barriers Fenced yards Entry phones	Red light cameras Burglary alarms Security guards	Property marking Vehicle licensing Cattle branding	Roadside speedometers „Shoplifting is stealing" „Idiots drink and drive"
3. Deflecting offenders	7. Surveillance by employees	11. Removing inducements	15. Controlling disinhibitors
Bus stop placement Tavern location Street closures	Pay phone location Park attendants CCTV systems	Gender-neutral listings Off-street parking Rapid repair	Drinking-age laws Ignition interlock V-Chip
4. Controlling facilitators	8. Natural surveillance	12. Denying benefits	16. Facilitating compliance
Credit card photo Gun controls Caller-ID	Defensible space Street lighting Cab driver I.D.	Ink merchandise tags PIN for car radios Graffiti cleaning	Easy library checkout Public lavatories Trash bins

314 Clarke, 1997, S. 18.

Kapitel 4

Begriffliche Präzisierung und Beispiele zu den Techniken der situationsbezogenen Kriminalprävention

A. Einleitung

Nachdem im dritten Kapitel die generelle Kategorisierung der Techniken der situationsbezogenen Kriminalprävention dargestellt worden ist, soll nun eine begriffliche Präzisierung erfolgen.

B. Begriffserklärungen und Beispiele

I. Sicherung von Zielobjekten (Target hardening)

Ein wesentlicher Abbau krimineller Anreize und Strukturen besteht darin, die Zugänglichkeit von Zielobjekten zu erschweren bzw. Instrumente, die für die Deliktsbegehung wesentlich oder förderlich sind, möglichst zu beseitigen.

Der bekannteste Weg, Deliktsmöglichkeiten und - gegebenheiten zu reduzieren, besteht darin, dem potentiellen Straftäter physische Barrieren aufzubauen.[315] Die Schwelle der für die Tatbegehung notwendigen kriminellen Energie ist möglichst zu erhöhen. Dies geschieht am leichtesten durch die Erschwernis der Zugänglichkeit von Zielobjekten und Tatmitteln. Häufig wird aber – allzu vereinfachend – die Veränderung der Tatgelegenheitsstruktur zu Lasten des potentiellen Täters mit einer Effektivierung der Sicherungstechnik gleichgesetzt.[316]

Das klassische Beispiel für die Veränderung dieses Elements der Tatgelegenheitsstruktur stellt eine verbesserte Sicherheitstechnik dar.

Die Verstärkung der physikalischen Sicherung von Zielobjekten durch Verwendung von Schlössern, verstärkten oder unzerstörbaren Baumaterialien oder die

---

315 Vgl. Clarke, 1997, S. 17.
316 Vgl. Kube/Koch, 1992, S. 60; differenzierend Krainz, 1988, S. 38 ff. und Maguire, 1988, S. 70 ff.

Verlagerung gefährdeter Gegenstände hinter Zäune, Gitter oder Abschirmungen oder in Tresore stellen eine solche Sicherung von Zielobjekten dar.

Sollen Zielobjekte gesichert oder die Sicherung selbst gefördert werden, so werden normalerweise fünf Strategien angewendet:[317]

1) Sicherheitsverbesserungen

2) Sicherheitsüberwachung

3) Öffentlichkeitsarbeit

4) Bau - und Gestaltungsregeln

5) Versicherungsanreize

1. Sicherheitsverbesserungen

Sicherheitsvorrichtungen dienen gewöhnlich dem Schutz verschiedener Einrichtungen, wie z.B. Wohnungen, Häusern, Geschäftsräumlichkeiten, gegen unbefugtes Eindringen.

Gerade die Verwendung von speziellen Sicherheitsschlössern an Haustüren bietet einen effektiven Schutz vor Wohnungseinbrüchen.

Es gibt nur wenige Studien über die Effekte und Wirkungen von erhöhten Sicherheitsstandards. Die Forschung hat sich hauptsächlich auf Sicherheitsmaßnahmen gegen Einbrüche und Fahrraddiebstähle beschränkt.[318]

Es ist vor allem ungewiss, welche Umstände den Täter bei seiner Objektwahl (z.B. zu einem Einbruch) bestimmen und welche ihn dazu bewegen, ein bestimmtes Objekt (Gebäude) nicht anzugreifen. Dieser Frage haben sich insbesondere *Bennett* und *Wright* gewidmet, die eine Untersuchung in England durchgeführt haben, auf die ich aber später noch eingehen werde.[319] Vorweg gesagt stellten *Bennett* und *Wright* bei den Täterbefragungen im Ergebnis fest, dass ungefähr ein Drittel der Befragten meinte, dass sie bei Anwesenheit spezifischer Sicherheitsschlösser von einem Einbruch absehen würden.

---

[317] Vgl. Graham/Bennett, 1995, S. 48; dies., 1997, S. 54.
[318] Vgl. Graham/Bennett, 1997, S. 55.
[319] Vgl. hierzu Seite 179 f. der Dissertation; aber auch Bennett/Wright, 1983; dies, 1984a, 1984b.

Auch eine Studie von *Mayhew* et al. hat ergeben, dass Diebstähle vor allem dann fehlgeschlagen sind, wenn drei oder mehr Sicherheitsvorrichtungen vorhanden waren.[320]

Evaluationen von Einbruchsverhütungsprojekten haben jedoch gezeigt, dass die wenigen Projekte, die sich ausschließlich auf den Einsatz von Sicherheitsvorrichtungen stützten, nur beschränkten Erfolg hatten.

Die Einführung von Lenkradschlössern an allen Fahrzeugen in Deutschland (d.h. sowohl in Neu - wie Gebrauchtwagen) hat zu einem unmittelbaren und langfristigen Rückgang von Diebstählen und Gebrauchsanmaßungen an Autos geführt. Jedoch sind im Gegenzug Motorrad- und Mopeddiebstähle angestiegen, die, obwohl sie durch ähnliche Schlösser abgesichert wurden, gefährdeter waren.[321]

Auch in England führte die Einführung von Lenkradschlössern in Neuwagen zu einer Reduzierung von Autodiebstählen, jedoch stand diesem Erfolg ein Anstieg von Gebrauchtwagendiebstählen gegenüber sowie ein Verlagerungseffekt auf Diebstähle aus Fahrzeugen.[322] Dies lässt darauf schließen, dass nur dann ein größerer Effekt von Kriminalitätssicherheit entsteht, wenn ein Gesamtkonzept verfolgt und durchgeführt wird.[323] Aus langfristiger Sicht dürfte dieser Weg wesentlich kosteneffizienter sein. Daraus läßt sich ableiten, dass die beste Wirkung auf Straftaten mit Sicherheit dann realisiert wird, wenn eine ähnliche Gruppe möglicher Zielobjekte gleichzeitig abgesichert wird.

Ein weiteres Beispiel einer erfolgreichen Sicherheitsverbesserung gegen Vandalismus und Diebstahl aus öffentlichen Telefonzellen war der Austausch von Münzkästen aus Leichtmetall durch solche aus Stahl.[324]

2. Sicherheitsuntersuchungen

Sicherheitsuntersuchungen enthalten eine Bewertung und Einschätzung über die Sicherheitsbedürfnisse von Gebäuden. Es können Gebäude untersucht und danach eine Aussage darüber getroffen werden, welche Schwachstellen in diesen Gebäuden bestehen, die Einbrüche erleichtern. Diese Aufgabe wird sowohl von der Polizei wahrgenommen, als auch von Spezialisten und Experten bei Versicherungsgesellschaften und Kriminalpräventionseinrichtungen auf sozialer Ebene.[325]

---

[320] Vgl. Graham/Bennett, 1995, S. 48; dies., 1997, S. 55.
[321] Vgl. Webb, 1994, S. 74 – 80.
[322] Vgl. Webb, 1994, S. 80 – 84.
[323] Vgl. Graham/Bennett, 1995, S. 49; dies., 1997, S. 56.
[324] Vgl. Graham/Bennett, 1997, S. 56.
[325] Vgl. Mayhew, 1984, S. 32.

Es gibt bei Gebäuden „verwundbare“ Stellen i.S. des leichten Zugangs zur späteren Tatörtlichkeit. Nur wer die verwundbaren Punkte seines Hauses oder seiner Wohnung kennt, kann sie beseitigen. Deshalb muss am Anfang aller Bemühungen eine gezielte Schwachstellenanalyse getroffen werden. Diese wird bei einem Einfamilienhaus völlig anders aussehen als bei einer Wohnung in einem Hochhaus.

Es wurden Checklisten entworfen, die geeignet sind, Wohnungsinhaber zu sensibilisieren.[326]

Allem Anschein nach fordern jedoch nur äußerst wenige Haushalte solche Untersuchungen an.[327]

Zudem besteht der Verdacht, dass Einbruchsopfer, die über Sicherheit beraten werden, unter stärkerer Kriminalitätsfurcht leiden als solche, die keinen solchen Rat suchen.[328]

Trotzdem gibt es Anhaltspunkte dafür, dass Wohnungsbesitzer, die den Empfehlungen von Sicherheitsuntersuchungen folgen, mit geringerer Wahrscheinlichkeit Opfer eines Einbruchs werden.[329]

Die nachfolgende Abbildung gibt ein Beispiel solch einer Checkliste.

---

326 Vgl. Graham/Bennett, 1995, S. 49; dies., 1997, S. 56.
327 Vgl. Mayhew, 1984, S. 32.
328 Vgl. Rosenbaum, 1988, S. 323 – 395.
329 Vgl. Graham/Bennett, 1997, S. 57; Tien/Cahn, 1986, S. 236 – 240.

Abbildung 2:

Checkliste für Türen und Fenster[330]

ja / nein

---

1. Sind alle Außentüren mit tauglichen Zylinder- oder Zuhaltungs-Einsteckschlössern versehen?
2. Hat die Tür einen stabilen Sicherheitsbeschlag, der mit dem Schließzylinder außenbündig abschließt und von außen nicht abschraubbar ist?
3. Sind die Türzargen (Türrahmen) fest mit dem Mauerwerk verbunden? Gibt ein massives verlängertes Winkelschließblech (bei Holzzargen) höhere Sicherheit?
4. Ist durch Hinterhaken (Bändersicherungen) die Verbindung zwischen Tür und Zarge (Türrahmen) verstärkt, um das Aufbrechen der Tür an der Bandseite zu verhindern?
5. Ist als Anwesenheitsschutz eine Sperrkette, eine Tür-Distanzsperre oder ein Sicherheitsbügel, eventuell sogar mit Zusatzschloss, montiert?
6. Ist ein Weitwinkel-Spion (ab 160 Grad) in der Tür eingebaut?
7. Ist die Glasfüllung der Haus- oder Wohnungstür vergittert, oder besteht sie aus einbruchhemmendem Glas?
8. Falls die Außentüren (Türblatt) nicht massiv sind (mindestens 4 cm), sind sie dann von innen mit Stahlblech (1,5 mm) oder durch Querverschlüsse gesichert? Wurden die Querverschlüsse, deren Schließkästen oder sonstige Halterungen befestigt, die mit stabilem Mauerwerk ausreichend verdübelt sind?
9. Sind Balkon- und Terrassentüren durch Hebetür-Sicherungen bzw. Zusatzschlösser gegen Öffnen geschützt?
10. Sind leicht erreichbare Fenster durch abschließbaren Fenstergriff, Gitter oder einbruchhemmendes Glas gesichert?
11. Wird das Hochschieben von Rollläden (Stahl, Aluminium, Holz) durch Sperrelemente verbaut? (Kunststoffrollläden bieten keinen hinreichenden Schutz).
12. Sind die Klappläden leicht erreichbarer Fenster gegen Aushängen gesichert?
13. Sind die Fugen von Glasbausteinen armiert?
14. Sind Lichtkuppeln von außen nicht abschraubbar und von innen vergittert?
15. Sind die Dachfenster mit abschließbaren Beschlägen oder Zusatzschlössern versehen?

Fennelly (Crime Prevention Specialist des Harvard University Police Department) formulierte eine detaillierte Checkliste von Punkten, die bei einer solchen Untersuchung geprüft werden und die die Sicherheitsuntersuchungen enthalten müssen.[331]

---

330 Checkliste nach Kube, 1987, S. 41.

331 Vgl. Fennelly, 1996, S. 34 - 43. Nicht nur für Wohnungseinbrüche, sondern auch für andere Zielobjekte – wie z.B. Diebstähle in Supermärkten – gibt es Sicherheitstips und Anweisungen von Sicherheitsexperten: vgl. hierzu insbesondere eine Checkliste für das Verkaufspersonal bei Dacy, 1994, S. 27.

3. Öffentlichkeitskampagnen

Die Bevölkerung kann durch Öffentlichkeitskampagnen dazu ermutigt werden, verbesserte Sicherheitsvorkehrungen zu treffen oder ihr Sicherheitsverhalten zu verändern. Bestimmte Deliktsarten, insbesondere Diebstahl aus Häusern und Fahrzeugen, sind unter anderem nur deshalb so weit verbreitet, da sie durch die Nachlässigkeit ihrer Eigentümer erheblich erleichtert werden. Öffentlichkeitskampagnen sind darauf ausgerichtet, das Bewusstsein potentieller Opfer für den Schutz vor solchen alltäglichen Straftaten zu stärken. Diese Kampagnen können sowohl im Fernsehen, als auch im Radio oder mit Pressewerbung oder Flugblättern durchgeführt werden.[332]

Nachforschungen über die Effektivität solcher Öffentlichkeitskampagnen haben jedoch ergeben, dass diese Präventionsmaßnahme alleine zu keinem großen Erfolg führt. Zwar verbessern sie den Grad der Kenntnis und der Besorgnis, verändern jedoch nur wenig das Sicherheitsverhalten oder führen alleine zum Rückgang der Kriminalitätsraten. Vielmehr muss zusätzlich noch zu weiteren Präventionsstrategien gegriffen werden.

So wurde in den USA eine öffentliche Informationskampagne im Fernsehen namens „Take a Bite Out of Crime" („Einen Biss aus dem Verbrechen nehmen") durchgeführt, welche einen Hund namens McGruff als Zeichentrickfigur verwendete, der die Zuschauer aufforderte, Sicherheitsvorkehrungen zu treffen. Die Auswertung erfasste in einer ersten Phase landesweit 1200 Erwachsene, in einer zweiten Stufe eine ausgewählte Gruppe von Erwachsenen in drei verschiedenen Städten (Buffalo, Denver, Milwaukee).[333]

Die Befragungen ergaben, dass ungefähr die Hälfte der befragten Erwachsenen die Werbung gesehen hatte, dass jedoch nur ein Viertel von diesen daraufhin Sicherheitsvorkehrungen getroffen hätte, und ungefähr der gleiche Anteil der Personen seitdem mehr Angst vor Verbrechen als zuvor hätte. Dies zeigt, dass das Projekt nur bei einer geringen Minderheit zu einer positiven Veränderung des Sicherheitsverhaltens geführt hat.[334]

Vielmehr ist sogar ein negativer Effekt entstanden, nämlich eine erhöhte Verbrechensangst bei den betroffenen Personen.[335] Folglich muss darauf geachtet wer-

---

[332] Vgl. Graham/Bennett, 1995, S. 50; dies, 1997, S. 57. Zu den Problemen von Öffentlichkeitskampagnen vgl. Felson, 1994, S. 249. Dieser schlägt vor, einen „Crime Prevention Extension Service" zu errichten, um die notwendigen Informationen zu verbreiten, Felson, 1994, S. 251, 252.

[333] Vgl. O'Keefe/Mendelsohn, 1984, S. 11, 12; O'Keefe, 1986, S. 256, 257.

[334] Vgl. O'Keefe/Mendelsohn, 1984, S. 26 – 28; O'Keefe, 1986, S. 257 – 260.

[335] Vgl. O'Keefe/Mendelsohn, 1984, S. 35, 36.

den, wenn Öffentlichkeitskampagnen geschaltet werden, dass diese vertrauensbildend sind und nicht möglicherweise zu Überreaktionen Anlass geben.[336]

Wo sie mit anderen Maßnahmen verbunden werden, wie beispielsweise mit mehr Polizeistreifen, können Öffentlichkeitskampagnen aber die Bereitschaft von Wohnungs- und Fahrzeugbesitzern erhöhen, bessere Schutzvorkehrungen zu treffen, ohne gleichzeitig ihre Angst vor Viktimisierung zu verstärken. Diese Erfolge konnten bei einer Auswertung dreier holländischer Projekte festgestellt werden.[337]

4. Bau - und Gestaltungsvorschriften

Die erklärte Absicht, Wohnungen vor Einbrüchen zu schützen, könnte dadurch realisiert werden, dass neue Gebäude oder sogar ganze Gebiete gesichert werden, indem bereits bei der Errichtung dieses Gebietes bestimmte Sicherheitsstandards realisiert würden.[338]

Es gibt in manchen Ländern schon schriftlich fixierte Richtlinien für Architekten, die genau festlegen, welche Sicherheitslevels einzuhalten sind.[339] Es gibt jedoch nur wenige Evaluationen über die Wirksamkeit solcher Gebäudesicherheitsbestimmungen.

Eine Studie, die die Effektivität dieser Einbruchssicherheitsbestimmungen untersuchte, wurde in der Hillfield - Wohnsiedlung in Bristol, England, durchgeführt.[340] 1981 wurde auf den ausdrücklichen Wunsch der Mieter eines Wohnkomplexes ein Architekt beauftragt, Sicherheitsrichtlinien für die Gebäude zur häuslichen Sicherheit zu erstellen, da die Wohnbedingungen sich drastisch verschlechtert hatten. Der Bericht des Architekten ähnelte der britischen Standardrichtlinie bzgl. der Sicherheit von Wohnungen, die Sicherheitsstufen empfiehlt, die einem energischen Einbruchsversuch widerstehen würden. Die Analyse der Polizei umfasste die Verbrechensrate in diesem Wohnkomplex über einen längeren Zeitraum vor und nach Durchführung der Verbesserungen. Die Auswertung der Daten ergab, dass die Anzahl von Wohnungseinbrüchen unter den 750 nach der Richtlinie verbesserten Häusern konstant und niedrig blieb (weniger als 10 Einbrüche jährlich in den Jahren nach den Verbesserungen), während sich die Anzahl der Einbrüche im umliegenden Bezirk des Reviers fast verdoppelt hatte.

---

336 Vgl. zu einer weiteren Öffentlichkeitskampagne, die in den Niederlanden durchgeführt wurde Graham/Bennett, 1997, S. 58.

337 Vgl. hierzu van Dijk/Steinmetz, 1981, S. 483 ff.

338 Vgl. Fennelly, 1996, S. 23.

339 Vgl. Graham/Bennett, 1995, S. 51, 52; dies, 1997, S. 58; vgl. auch Leather und Matthews über Richtlinien für Architekten zum Schutz gegen Vandalismus, 1973; des weiteren Fennelly, 1996, S. 23 - 32.

340 Vgl. Graham/Bennett, 1997, S. 59.

Zwar macht die kleine Anzahl der Wohnungseinbrüche es nur bedingt möglich, zu einem genauen Schluss zu kommen. Man war jedoch der Auffassung, dass der gesicherte Wohnblockbezirk vor einem größeren allgemeinen Verbrechenszuwachs in den umliegenden Gebieten geschützt wurde.

Southall und *Ekblom* haben in ihrer Studie[341] eine Anzahl von Sicherheitsstandards ausgemacht, die erforderlich sind, um die Rate von Autodiebstählen zu senken. Sie empfahlen Richtlinienentwürfe für ein „verbrechenfreies" Auto, die festlegen, wie die Autowerke zukünftig die Fahrzeuge sichern sollen. Neben Wegfahrsperren und anderen elektronischen Sicherheitsvorrichtungen sollten z.B. Alarmanlagen oder Registriernummern in den Fensterscheiben eingebaut werden. Wenn möglich, sollten Sicherheitsgeräte standardisiert werden, während Zulieferer und Fahrzeughersteller zur Einhaltung nationaler Minimum - Sicherheitsnormen verpflichtet werden sollten. Um den Erfolg sicherzustellen, müssten Fahrzeughersteller davon überzeugt werden, dass es in ihrem Verantwortungsbereich liegt, sichere Fahrzeuge herzustellen. Ein Weg dorthin wäre die Einrichtung eines öffentlichen Indexes der Entwendungsfähigkeit, der auf diejenigen Fahrzeuge hinweist, die am meisten von Diebstahl oder Einbruch gefährdet sind. Ein solcher Index könnte helfen, die öffentlichen Erwartungen bezüglich der Sicherheit von Fahrzeugen zu erhöhen und damit größeren Druck auf die Automobilhersteller ausüben, damit diese ihre Produkte verbessern.[342]

5. Versicherungsanreize

Versicherungsunternehmen können durch verschiedene Maßnahmen - insbesondere durch finanzielle Anreize - zur Förderung der Akzeptanz von Kriminalpräventionsmaßnahmen beitragen.[343]
Es gibt bereits einige Versicherungen, die ihren Kunden spezielle Versicherungstarife einräumen, wenn sie bestimmte Sicherheitsmaßnahmen an ihren Häusern treffen oder sich an Nachbarschaftswachtprogrammen beteiligen.[344]

Problematisch ist jedoch, dass Leute, die in keinen bevorzugten Wohnvierteln wohnen, sich teilweise überhaupt keine Versicherung leisten können und sogar die Versicherungsprämien für diese Gebiete besonders hoch sind, da hier ein größeres Einbruchsrisiko besteht. Deshalb sollte daran gedacht werden, möglicherweise ärmere Leute zu subventionieren, damit diese auch besondere Sicherheitsvorkehrungen an ihren Wohnungen treffen können.

---

341 Vgl. Southall/Ekblom, 1985.
342 Vgl. Clarke/Harris, 1992, S. 37.
343 Vgl. Graham/Bennett, 1997, S. 59. Zu den Möglichkeiten, wie Versicherungsunternehmen ihre Versicherungsnehmer zur Ergreifung von Präventivmaßnahmen animieren vgl. insbesondere Litton, 1997, S. 165 – 169.
344 Vgl. Litton, 1997, S. 168.

II.
Zugangskontrolle (Access control)

Viele Straftaten können dadurch verhindert werden, dass Zugänge zu bestimmten Zielen versperrt oder Anreize eliminiert werden.[345] Ein Beispiel hierfür ist der weitverbreitete Ersatz von Bargeld durch Schecks, Kreditkarten oder andere Formen von Plastikgeld, um Raubüberfälle zu reduzieren.

Eine hochentwickelte Form einer Zugangskontrolle stellt auch die Verwendung von elektronischen Identifikationsnummern dar (PIN - Nummern), die für den Zugang zu Computersystemen und Bankkonten notwendig sind.

Eine Zugangskontrolle stellt auch eine zentrale Komponente des „defensible-space-Ansatzes" von Oscar Newman dar.[346]

So wurde herausgefunden, dass eine Kombination von verschiedenen Zugangskontrollen, die in einer Wohnsiedlung im Süden Londons eingeführt wurden - Installation von Eingangstelefonen, Umzäunung der Apartmentblocks und elektronische Zugänge zu den Parkgaragen -, zu einer signifikanten Reduzierung von Vandalismus und Diebstahl geführt haben.[347] Es wurde weiterhin festgestellt, dass sich Vandalismus und Graffitibesprühungen durch die Einführung einer Rezeption in der Eingangshalle eines Hochhauses reduziert haben.[348]

Durch die Einführung von Fahrkartenautomaten und elektronischen Fahrkartenschranken in U - Bahn - Stationen, welche Zu- und Ausgang der U - Bahn - Schächte kontrollieren, konnte eine erhebliche Reduzierung von Schwarzfahrten verzeichnet werden. Eine Untersuchung von *Clarke* über den Effekt einer solchen Änderung im System der Fahrkartenausgabe und -sammlung im Londoner Untergrundbahnsystem kam zu dem Ergebnis, dass der Prozentsatz der Reisenden, die ohne gültige Fahrkarte angetroffen wurden, im Jahr der Einführung des neuen Systems einen nennenswerten Rückgang verzeichnete. *Clarke* folgerte, dass das System zu einer Reduktion des Schwarzfahrens um zwei Drittel geführt hatte.[349] Die Maßnahme stellt sich damit auch als äußerst kosteneffizient dar.[350] Allerdings wurde in einer nachfolgenden Studie festgestellt, dass Anzeichen einer Deliktsverlagerung zu anderen U – Bahnschächten ohne neue Fahrkartenautomaten und elektronischen Fahrkartenschranken bestanden.[351]

---

[345] Vgl. Clarke, 1997, S. 17.
[346] Vgl. Clarke, 1992a, S. 14; ders., 1997, S. 17.
[347] Vgl. Clarke, 1997, S. 17.
[348] Vgl. Clarke, 1997, S. 17.
[349] Zu den Ergebnissen der Studie vgl. Clarke, 1993, S. 135, 142.
[350] Clarke, 1993, S. 144.
[351] Vgl. Clarke/Cody/Natarajan, 1994, S. 134; Weidner, 1996, S. 117.

Weitere Beispiele für eine gebietsweite Zugangskontrolle stellen die Errichtung von Zäunen um ganze Wohngebiete, das Aufstellen von Straßentoren sowie die Umleitung von Straßen und Fußgängerwegen dar.

III.
Umlenkung von Straftätern (Deflecting offenders)

„Umlenkung von Straftätern" meint, potentielle Straftäter von attraktiven Zielen abzulenken.[352]

Clarke wählt als Beispiel hierfür z.B. die Trennung von Fußballfans in verschiedene Stadiensektoren, damit die gegnerischen Fan-Gruppen nicht zusammentreffen. Dadurch werde die Möglichkeit von Gewaltdelikten drastisch gesenkt.[353]

Weiterhin bezieht sich das Ablenken von Straftätern auch darauf, ihre Motivation auf akzeptablere Alternativen zu lenken. In diesem Sinne führt *Clarke* folgende Beispiele auf:

Die Bereitstellung öffentlicher Toiletten sowie die Verwendung von „Graffitiwänden".[354]

Das „Hartford Neighborhood Crime Prevention Programme" stellt ein Beispiel für einen Versuch dar, Straftäter von möglichen Gefahrenstellen umzuleiten. Im Hartford – Viertel, Connecticut, in den USA wurden im Rahmen eines Nachbarschaftsprogramms verschiedene Maßnahmen durchgeführt, darunter insbesondere eine Verkehrslenkung, die Einfluss auf den Fahrzeug- und Personenverkehr nehmen sollte.[355] Durch diese Maßnahme sollten Bewegungen Fremder durch diesen Versuchsbezirk vermindert werden. Umgesetzt wurde dieses Ziel durch Sperrung der Straßen und Schaffung von Einbahnstraßen. Nun konnte der Fahrzeugverkehr lediglich auf zwei Straßen, die von Norden nach Süden und von Osten nach Westen verliefen, die Stadt durchqueren. Mit diesen Verkehrsänderungen sollte die Anzahl der Fremden reduziert werden, die diesen Bezirk nur als Transitroute in Fahrzeugen oder zu Fuß durchquerten. Die Evaluation des Projekts zeigte, dass während der Laufzeit des Programms ein Rückgang der Einbruchs- und Überfallraten zu verzeichnen war.[356]

---

[352] Vgl. Graham/Bennett, 1997, S. XVI.
[353] Vgl. Clarke, 1983, S. 244.
[354] Vgl. Clarke, 1995a, S. 111.
[355] Vgl. Fowler/Mangione, 1986, S. 92; Graham/Bennett, 1997, S. 61.
[356] Vgl. Fowler/Mangione, 1986, S. 99, 100.

Die Forscher führten diesen Rückgang unter anderem auch auf die Verkehrslenkung im Hartford – Viertel zurück.[357]

IV.
Kontrolle möglicher Tatwerkzeuge (Controlling facilitators)

Bestimmte Arten von Verbrechen können verhindert werden, indem man Hilfsmittel für diese Straftaten schwer verfügbar macht.
So zeigt die geringe Mordrate in England, wo Handfeuerwaffen im Vergleich zu den USA schwer erhältlich sind, dass eine effektive Waffenzugangskontrolle die Gewaltkriminalität senken kann.[358]
Seitdem Fluggäste auf Flughäfen verstärkt nach Waffen und Sprengkörpern untersucht werden, wurde das Auftreten von Flugzeugentführungen drastisch reduziert.[359]

Auch die Verteilung von Plastikbechern anstelle von Biergläsern in Fußballstadien, sowie die Entfernung von Backsteinen oder anderen potentiellen Waffen, hat zu einer geringeren Gewaltkriminalität geführt.[360]

Selbstmorde durch Einatmen von giftigen Gasen im Haushalt und von Auspuffgasen wurden ebenfalls durch Ersetzen der giftigen Gasbestandteile durch ungiftige vermindert.[361]

Es gilt also – aufgrund der positiven Ergebnisse -, auf Faktoren Einfluss zu nehmen, die eine Straftatbegehung erleichtern oder ermöglichen können.[362]

V.
Ein - und Ausgangsüberprüfung (Entry / Exit screening)

Eine Ein - und Ausgangsüberprüfung unterscheidet sich von einer Zugangskontrolle in dem Zweck der Sicherheitsvorkehrung, denn es geht weniger darum, Leute vor dem Zugang auszuschließen oder zu behindern, sondern das Entdeckungsrisiko für denjenigen zu erhöhen, der gegen Zugangsbedingungen verstößt.[363] Ein Verstoß gegen solche „Eingangsvoraussetzungen" kann z.B. in dem Mitnehmen von verbotenen Gütern liegen oder in dem Nichtbesitz einer gültigen Eintrittskarte.

357 Vgl. Fowler/Mangione, 1986, S. 107.
358 Vgl. Lester, 1993, S. 37; zur tatauslösenden und tatdynamisierenden Komponente des Führens von Schußwaffen vgl. Streng, 1977, S. 197 ff.
359 Vgl. Clarke, 1997, S. 19.
360 Vgl. Clarke, 1997, S. 19.
361 Vgl. Clarke/Mayhew, 1988, S. 79; Lester, 1993, S. 47.
362 Vgl. Clarke, 1992a, S. 15.
363 Vgl. Clarke, 1995a, S. 113.

„Exit screens" sind dafür da, vor Diebstählen abzuschrecken, z.B. in Geschäften als Schutz vor Nichtbezahlen der Ware.

Durch elektronische Weiterentwicklungen auf diesem Gebiet ist es zu einem relevanten Rückgang von Ladendiebstählen gekommen.

Einer der größten Erfolge mit dieser Technik erfolgte auf den Flughäfen Anfang der 70er Jahre. Das Durchleuchten von Gepäck und Passagieren auf Waffen hat zu einer Reduzierung von Flugzeugentführungen von ungefähr 70 pro Jahr auf ungefähr 15 pro Jahr geführt.[364]

Ein zweiter großer Erfolg konnte gegen Bücherdiebstahl in Bibliotheken mit der Einführung von Diebstahlsschutzschleusen erzielt werden.[365]

VI.
Förmliche Überwachung (Formal surveillance)

Die Gruppe von Personen, die am häufigsten mit förmlicher Überwachung in Verbindung gebracht wird, ist die Polizei. Ihre spezifische Rolle liegt in der Festnahme und Abschreckung möglicher Straftäter. Schon früher wurde die förmliche Überwachung durch einfache Patrouillefahrten der Polizei als primäre Funktion der Polizei angesehen.[366]
Zusätzlich zu der Arbeit der öffentlichen Polizei wird förmliche Überwachung von einer großen Anzahl von privaten Sicherheitsdiensten durchgeführt. Kaufhausdetektive gehören auch zu dieser Personengruppe. Die private Sicherheitsindustrie hat in den letzten Jahren im beträchtlichen Umfang in Amerika und Europa expandiert.[367] Studien in England deuten darauf hin, dass die Größe der privaten Sicherheitsindustrie diejenige der öffentlichen Polizei überschritten hat.[368] Traditionell haben private Sicherheitsunternehmen im Handels - und Geschäftsbereich agiert. In den letzten Jahren wurden private Sicherheitsfirmen auch für den halb - öffentlichen Bereich tätig, so z.B. in Einkaufszentren, Flughäfen, Ferienkomplexen etc.

Die Überwachungstätigkeit von Polizei und privatem Sicherheitsdienst wird heutzutage durch elektronische Vorrichtungen ergänzt, so z.B. durch Alarmanlagen, Radarfallen und Closed Circuit Television (CCTV = Überwachungskameras).

---

364 Vgl. Landes, 1978, S. 1 ff.
365 Vgl. Clarke, 1992a, S. 16; ders., 1997, S. 19.
366 Vgl. Graham/Bennett, 1995, S. 56; dies., 1997, S. 63.
367 Ferreira weist darauf hin, dass vermutet wird, das in den USA zwei private Sicherheitsleute auf einen Polizisten kommen, Ferreira, 1995, S. 159.
368 Vgl. Graham/Bennett, 1997, S. 56.

Durch Sensibilisierung der Öffentlichkeit lässt sich die Effizienz der polizeilichen Überwachungstätigkeit ebenfalls steigern.

„Informant hotlines" und „Crime Stopper" - Programme sind zwei Beispiele hierfür. Diese Programme sind ihrem Prinzip nach der bekannten Fernsehsendung „Aktenzeichen XY ungelöst" sehr ähnlich, wobei es sich bei diesen Programmen um Daueraktionen mit einem ständigen Sekretariat und einer rund um die Uhr zur Verfügung stehenden „hotline" handelt. Die Hinweisgeber bleiben gegenüber Polizei und Justiz anonym. Ein Vorstand entscheidet über die Prämie, die im Erfolgsfall bis zu 1000 Dollar betragen kann. Die „Crime Stoppers" liefern Informationen, wobei sich in Studien herausgestellt hat, dass ein nicht geringer Teil der Tips aus der kriminellen Szene selbst kommt, um die „Konkurrenz" zu vernichten.[369]

Studien zur Wirksamkeit von Polizeipräsenz i.S.v. Fußstreifen haben zu unterschiedlichen Ergebnissen geführt.

Wie bereits oben dargestellt,[370] hatte zunächst die älteste und bekannteste Studie zu diesem Problemfeld negative Ergebnisse gebracht. Seit der Evaluation des Kansas-City-Experiments wurden zahlreiche weitere Studien durchgeführt, die die Auswirkung von Polizeipräsenz auf Straftaten gemessen haben. So kündigte Mitte der 70er Jahre der Staat New Jersey ein Programm für „klare und saubere Nachbarschaften" („safe and clean Neighborhoods Program") an. Ziel des Projekts war, die Qualität des Gemeinschaftslebens in 28 Städten zu verbessern.[371]

Die Polizei wurde vermehrt zur Fußstreife angehalten. Bedenken bestanden im Hinblick auf die Mobilität, auf Notrufe aus der Bevölkerung schnell zu reagieren. Zudem schwächte diese die Kontrolle der Einsatzzentrale über die patrouillierenden Polizeibeamten. Auch Polizeiwissenschaftler bezweifelten, dass Fußstreifen einen Einfluss auf die Kriminalitätsraten haben würden.[372]

Fünf Jahre nach Beginn des Projekts zeigte sich auf der Basis eines sorgfältig kontrollierten Experiments, dass die Fußstreifen die Kriminalitätsraten nicht gesenkt hatten. Allerdings fühlten sich die Bewohner sicherer als in anderen Gegenden und glaubten, die Kriminalität hätte sich verringert. Darüber hinaus gewann die Polizei bei der Bevölkerung ein höheres Ansehen. Die Fußstreifen erhöhten somit auch den Grad der öffentlichen Ordnung in diesen Nachbarschaften („broken - windows - Theorie") und schafften Vertrauen.[373]

---

369 Vgl. Kube, 1988, S. 50; ebenso Rosenbaum/Lavrakas, 1987, S. 5 ff.; Carriere/Ericson, 1989, S. 3 ff.; über eine der bekanntesten "informant hotline" – nämlich HEAT (Help Eliminate Auto Theft) – vgl. Clarke/Harris, 1992, S. 29.

370 Vgl. die Ausführungen auf Seite 35, 36 der Dissertation.

371 Vgl. Pate, 1986, S. 140 ff.

372 Vgl. Wilson/Kelling, 1996, S. 121.

373 Vgl. hierzu die ausführliche Darstellung zu den Ergebnissen der Studie Pate, 1986, S. 149 – 152.

Eine andere Evaluation der Einführung von Fußstreifen in Michigan, USA, zeigte im Jahr nach der Einführung von Fußstreifen in 14 Nachbarschaftsbezirken insgesamt einen Rückgang von Straftaten im Vergleich zum Vorjahr.[374]

Die Polizei ist auf jeden Fall der Schlüssel bei der Aufrechterhaltung der öffentlichen Ordnung. Kein Bürger erzielt den Respekt und die gebotene Zurückhaltung, die eine Dienstmarke verschafft.

VII.
Überwachung durch Mitarbeiter (Surveillance by employees)

Zusätzlich üben auch manche Angestellte durch ihre Arbeit eine Überwachungsfunktion aus, so etwa Verkäufer in Geschäften, Hotelportiers, Parkwächter, Parkplatzwächter, Briefträger, Wartungspersonal, Lehrer, Zugschaffner, Ordner in Sportstadien etc. Diese können helfen, Kriminalität zu verhüten oder aufzudecken.[375]

In Kanada führen z.B. Landwirte Überwachungsaufgaben als Bestandteil ihrer täglichen Arbeit durch, wobei sie eigene Fahrzeuge - darunter auch Sportflugzeuge - verwenden, um verdächtige Kraftfahrzeuge, Personen oder Vorfälle zu beobachten und aufzuzeichnen.[376]

Kanadische Forschungen haben gezeigt, dass Apartmentblocks mit einem Portier weniger anfällig für nächtliche Einbrüche sind.[377]

Eine Untersuchung der Einführung von Empfangstheken in sozialen Hochhauswohnblöcken in London, England, ergab, dass die Zahl der vollendeten und versuchten Einbrüche von Spitzenwerten von 14 pro Jahr auf zwischen 3 bis 7 pro Jahr über die nächsten drei Jahre reduziert werden konnte.[378] Ein Vergleich der experimentellen und der Kontrollwohnblöcke für die Zeiten, in denen die Rezeption besetzt war (8.00 bis 23.00 Uhr montags bis freitags), belegte, dass der Wohnblock mit der neuen Sicherheitsnaßnahme einen größeren Rückgang von Einbrüchen und Einbruchsversuchen verzeichnete als irgendeiner der Vergleichswohnblöcke. Die Autoren der Evaluation bestätigten jedoch, dass größere jahresbedingte Schwankungen in beide Richtungen für die Wohnblöcke nicht ungewöhnlich sind. Auch konnte registriert werden, dass das Vorhandensein einer Empfangstheke das Sicherheitsgefühl bei den Bewohnern verstärkte, das Maß sozialer In-

---

374 Vgl. Trojanowicz, 1986, S. 166, 167.
375 Vgl. Clarke, 1992a, S. 17; ders., 1997, S. 20, 21; Graham/Bennett, 1997, S. 66.
376 Vgl. Graham/Bennett, 1997, S. 66.
377 Vgl. Clarke, 1997, S. 21.
378 Vgl. Graham/Bennett, 1997, S. 66.

tegration unter den Mietern sich verbesserte und somit auch die Wartungskosten senkte.

In England wurde eine Reduzierung von Vandalismus in Bussen festgestellt, in denen Schaffner mitfuhren.[379]

Hunter und *Jeffery* haben in ihrer Studie gezeigt, dass zwei oder mehr Verkäufer in einem Gemischtwarengeschäft entscheidend zu einer Reduzierung von Raubüberfällen beigetragen haben.[380]

Es gibt eine Anzahl technischer Geräte, die es Einzelpersonen erleichtern, wirksame Überwachung durchzuführen. Videoüberwachung (CCTV) kann die Überwachungsfunktion sowohl besonderer wie allgemeiner Mitarbeiter verbessern, während Alarmanlagen nicht nur Mitarbeitern, sondern auch formellen Kontrollbehörden und Mitgliedern der Öffentlichkeit bei ihren Überwachungsaufgaben helfen können. Sowohl Videoüberwachung als auch Alarmanlagen erhöhen das Entdeckungsrisiko für Straftäter.

1. Videoüberwachung[381]

Das Innenministerium von Großbritannien ist überzeugt, dass Überwachungskameras in der Zukunft die größte Rolle bei der Aufdeckung und Reduzierung von Straftaten spielen.[382]

Videoüberwachungssysteme wurden bereits in diversen Situationen eingesetzt; auch Effektivitätsbeurteilungen wurden unter verschiedenen Umständen durchgeführt.[383]

Mayhew berichtet über die Ergebnisse einer Untersuchung, mit der ein Videoüberwachungssystem beurteilt wird, das in drei Apartmentblöcken in New York installiert wurde.[384] Der Befund ergab, dass sich nach Einbau des Systems kein Rückgang der Kriminalitätsrate verzeichnen ließ. Eine ähnliche Untersuchung in London, die ebenfalls von *Mayhew* erwähnt wird, erbrachte jedoch bessere Ergebnisse.[385]

---

379 Vgl. Mayhew, 1981, S. 129.
380 Vgl. Hunter/Jeffery, 1992, S. 198; andere Ansicht Bellamy, 1996, S. 46, die eine Vielzahl anderer Studien nennt, die zu einer gegenteiligen Ansicht gelangt sind.
381 Über Geschichte, Technik und Anwendungsbereiche von Überwachungskameras vgl. Kruegle, 1996, S. 281 - 295.
382 Pease, 1997, S. 971.
383 Vgl. Graham/Bennett, 1997, S. 68; Clarke, 1997, S. 20.
384 Vgl. Mayhew, 1984, S. 37.
385 Vgl. Mayhew, 1984, S. 37.

Tilley fand in einer umfangreichen Studie über die Effizienz von Überwachungskameras in Parkhäusern heraus, dass Autodiebstähle erheblich reduziert wurden.[386] Er bemerkt jedoch hierzu: „The effect of CCTV appears to be enhanced when it is installed alongside other complementary measures, raising its credibility as a source of increased risk to the offenders."[387]

Es gibt auch Untersuchungen über den Erfolg der Installation von Videokameras im öffentlichen Nahverkehr. Darauf werde ich noch im folgenden eingehen.[388]

In England wurde seit ein paar Jahren begonnen, Überwachungskameras auf öffentlichen Plätzen anzubringen.[389] Nachforschungen des Innenministeriums in England 1992 haben gezeigt, dass nur wenige der befragten Personen (lediglich 6%) Einwände gegen die Anwesenheit von Überwachungskameras hatten.[390]

Auch in Deutschland wurde mittlerweile begonnen, Überwachungskameras auf öffentlichen Plätzen anzubringen.

2. *Alarmsysteme*[391]

Die Verwendung von Alarmanlagen in Wohnungen, Geschäften und Kraftfahrzeugen nimmt ständig zu. Der British Crime Survey von 1992[392]stellte in einer Untersuchung fest, dass 13% aller Haushalte, in denen Befragungen durchgeführt wurden, ein Alarmsystem gegen Einbruch hatten, so dass sich die Anzahl seit 1988 fast verdoppelt hat. Die Evaluation von 1992 ergab weiterhin den Befund, dass zum Zeitpunkt eines Einbruchs weniger Opfer (8%) einen Einbruchsalarm hatten als Nichtbetroffene (10%). Laut Forschungsergebnis wurden bei den gemeldeten Vorfällen in Haushalten mit Alarmanlage (49%) die Straftäter erfolgreich vom Zutritt abgehalten, verglichen mit 31% in Haushalten, die keine Sicherheitsvorkehrungen getroffen hatten. Aus diesen Zahlen lässt sich schließen, dass Einbruchsalarmsysteme die Einbruchsgefahr reduzieren, diese jedoch nicht vollständig beseitigen.[393]

---

386 Vgl. hierzu insbesondere Tilley, 1993.

387 Tilley, 1993, S. 23; zu den generellen Auswirkungen von Überwachungskameras auf Autodiebstähle vgl. Tilley, 1993, S. 3, 4.

388 Vgl. hierzu die Ausführungen auf S. 188 ff.

389 Einen Überblick über die Erfolge, die mit Überwachungskameras erzielt wurden, gibt Horne, 1996, S. 317 – 326.

390 Vgl. Honess/Charman, 1992, S. 8; Zu den Bedenken, die gegen Überwachungskameras vorgebracht werden, siehe bei Honess/Charman, 1992, S. 8 – 11. Gegenargumente zu der Kritik sind zu finden bei Sève, 1997, S. 192, 193.

391 Über verschiedene Arten von Alarmsystemen und deren Anwendungsbereiche und Probleme vgl. Rolf/Cullity, 1996, S. 268 - 280.

392 Vgl. Mayhew/Maung/Mirrlees-Black, 1993.

393 Vgl. Graham/Bennett, 1997, S. 69.

Auch Forschungsprojekte, die auf der Befragung von Einbrechern beruhen, kommen zu dem Schluss, dass Einbruchsalarmanlagen eine wirksame Abschreckung sein können.[394]

VIII.
Natürliche Überwachung (Natural surveillance)

Ein zentrales Konzept für eine natürliche Überwachung stellt die „Defensible-space-Theorie" von Oscar Newman dar. Ein zentraler Mechanismus von *Newmans* Konzept ist die Schaffung einer Umgebung, die das Potential einer natürlichen Überwachung maximiert.[395]

Manche Wohnviertel sind mit besseren Sichtverhältnissen ausgestattet als andere, die eine karge Straßenbeleuchtung, Fußgängerunterführungen, viele Sackgassen etc. haben.

Viele potentielle Straftäter lassen sich abhalten, Straftaten zu begehen, wenn sie das Gefühl haben, beobachtet zu werden. Dies kann durch eine Umgestaltung der Umwelt - dem Design, der Konzeption, der Anordnung von Häusern und Grundstücken - erreicht werden.[396]

Die natürliche Überwachung zu steigern ist auch ein primäres Anliegen der Nachbarschaftswachtprogramme („neighborhood watch").[397] Während bei uns Nachbarschaftswachtprogramme wegen der angeblichen Förderung von Schnüffelei kritisiert werden[398], sollen die vor allem in Großbritannien durchgeführten Neighborhood Watch - Programme dazu führen, dass einzelne Bürger sich als „Ohr und Auge" der Polizei verstehen.[399] Nachbarn sind aufgerufen, bei bestimmten Verdachtsmomenten die Polizei zu informieren oder potentielle Opfer zu warnen. Der dahinterstehende Gedanke ist, dass Nachbarn sich gegenseitig kennen und aufeinander achten sollen und sich im Falle einer verdächtigen Beobachtung gegenseitig unterstützen sollen.

---

394 Vgl. Graham/Bennett, 1997, S. 69 m.w.N.. Vgl. zu Kosten und Nutzen von Alarmanlagen Hakim/Gaffney et al., 1995, S. 197 – 204.

395 Vgl. Graham/Bennett, 1995, S. 61; dies., 1997, S. 70; Clarke, 1997, S. 21.

396 Vgl. Graham/Bennett, 1997, S. 70; Wilson, 1980, S. 203 ff.

397 Vgl. Clarke, 1997, S. 21.

398 Vgl. Kube, 1988, S. 50.

399 Vgl. Graham/Bennett, 1997, S. 91. Zu weiterer Kritik an Nachbarschaftswachtprogrammen vgl. insbesondere Albrecht, 1982, S. 231 - 234.

Kleinere Bürgergruppen treffen sich, um Informationen über örtliche Verbrechensprobleme zu sammeln und Präventionstips auszutauschen sowie Pläne für die Beobachtung ihrer Nachbarschaft zu entwerfen. Mitglieder dieser "Bürgerwehr" überwachen das Eigentum ihrer Nachbarn und verbessern somit die Sicherheit ihrer Häuser und Wohnungen. Zudem unterbreiten sie teilweise Vorschläge zur Verbesserung der äußeren Umwelt.[400]

Bewertungen über natürliche Überwachungsmaßnahmen haben zu unterschiedlichen Resultaten geführt und haben zumeist enttäuscht.[401] Häufig wird eingeräumt, dass die Wirkung einer natürlichen Überwachung überschätzt wurde. Leute, die Verbrechen beobachten, greifen nur zögernd ein, und manche glauben sogar, dass die Opfer keine Hilfe wollen.
Allerdings haben manche Forschungsergebnisse auch gezeigt, dass die Verbrechensfurcht geringer ist in Nachbarschaften, wo die Bewohner sich für das Gebiet verantwortlich fühlen.[402]

Die Erkenntnis, dass die Kriminalitätsfurcht beeinflusst wird durch den wahrnehmbaren Grad an sozialer Ordnung in einer Nachbarschaft hat *Greenberg* und seine Kollegen dazu veranlasst, den Gemeinden die Empfehlung zu unterbreiten Programme zu entwickeln, die „familiarize local residents with each other and with the neighborhood to help encourage intervention and to reduce fear."[403]

---

[400] Vgl. Graham/Bennett, 1997, S. 91.
[401] Vgl. Rosenbaum, 1986, S. 109, 110; Bennett, 1990. Vgl zu verschiedenen Forschungsprojekten und ihren Ergebnissen Graham/Bennett, 1997, S. 93 - 95.
[402] Vgl. Rosenbaum, 1986, S. 107.
[403] Greenberg et al., 1985, S. 17.

Eine verbesserte natürliche Überwachung ist ein Element, das zu einem Erfolg in den später beschriebenen Fallstudien geführt hat. So war z.B. eine verbesserte Straßenbeleuchtung eine Komponente eines erfolgreichen Programms, Einbrüche zu verhindern.
Der Ausbau von Straßenbeleuchtung ist kriminalitätsverhütend, zumindest in einigen Fällen. In St. Louis nahm die Zahl der Kraftfahrzeugdiebstähle um 41 % und die der Einbruchsdiebstähle um 13 % nach der Verbesserung der Illumination ab, und die Kriminalität in den Parkanlagen von New York City konnte nach einer solchen Maßnahme ebenfalls vermindert werden.[404] Demgegenüber konnte in anderen Studien kein Rückgang der Kriminalitätsraten beobachtet werden, immerhin verringerte sich die Furcht vor Verbrechen aufgrund solcher Programme.[405]

IX.
Entfernung des Zielobjekts (Target removal)

Es gibt Präventionsmaßnahmen, die darauf gerichtet sind, den durch die Straftaten erwünschten Tatertrag ganz oder teilweise zu eliminieren, um diese uninteressant zu machen. Hierbei gibt es grundsätzlich vier Prinzipien und Wege, mit denen man dieses Ziel erreichen kann: man kann potentielle Ziele von Verbrechen beseitigen (Target Removal); man kann Eigentumsgegenstände markieren und diese somit für einen Weiterverkauf wertlos machen (Property Marking); man kann Situationen, die Anreize für die Begehung von Verbrechen geben, einschränken (Removing inducements); letztlich kann man Erlöse aus Straftaten nutzlos machen (Denying benefits).

Das Entfernen von Zielobjekten ist folglich darauf ausgerichtet, offensichtlich potentielle Ziele für Straftaten zu beseitigen.[406] So führt die Entfernung von Spielautomaten aus öffentlichen Orten zu einem größeren Schutz vor Vandalismus und Raub. So bewirken Wandgemälde auf großen Wänden im städtischen Bereich eine größere Hemmschwelle, diese mit Graffiti zu besprühen, als lediglich weiße Wände, die geradezu dazu einladen. So bieten die Sicherheitssysteme in Banken oder auch in anderen Geschäften und deren Hinweis auf Aufklebern, dass Bargeldbeträge nur bis zu einer bestimmten Summe aus dem Safe genommen werden können, einen gewissen Schutz vor Raubüberfällen.[407]

---

[404] Vgl. Schwind/Steinhilper, 1982, S. 463; ebenso positive Ergebnisse brachte eine Studie in Portland siehe dazu Griswold, 1984, S. 493 ff.; ders., 1992, S. 212.

[405] Vgl. Graham/Bennett, 1997, S. 70, 71; Atkins/Husain/Storey, 1991, S. 20; Ramsay/Newton, 1991, S. 13, 14.

[406] Vgl. Graham/Bennett, 1995, S. 63.

[407] Vgl. Clarke, 1997, S. 22. Zu weiteren Beispielen vgl. Graham/Bennett, 1997, S. 72. Mehrere Studien haben zu dem Ergebnis geführt, dass bestimmte bauliche Gestaltungsformen, aber vor allem ein guter Bargeldverkehr in den Geschäften erheblich zu einer Reduzierung von Raubstraftaten beiträgt; vgl. hierzu insbesondere Hunter/Jeffery, 1992, S. 200; Duffala, 1976, S. 227 ff.; Hunter, 1988.

X.
Markierung von Eigentum (Identifying property)

Die dauerhafte Markierung von Eigentumsgegenständen - wie etwa an Fahrzeugen, Fahrrädern und anderen Wertsachen - bietet verschiedene Vorteile: zum einen lassen sich bereits gestohlene Gegenstände im nachhinein leichter identifizieren, und zum anderen erschweren sichtbare Eigentumsmarkierungen den Weiterverkauf des gestohlenen Gutes.[408] Vergleichbar mit der Brandmarke auf Rindern, um die Besitzerschaft zu verdeutlichen, können auch Namen und persönliche Identifikationsnummern in Gegenstände eingraviert werden.

Die Erfolgsmessungen bei „Operation Identification" - Projekten haben gezeigt, dass bei allerdings recht wenigen Teilnehmern der Programme die Raten für Einbruchdiebstahl signifikant niedriger waren als bei den Nichtteilnehmern: Mehr als 33 % in Seattle und 24 % in St. Louis.[409]

Zusätzliche Öffentlichkeitsmaßnahmen mit dem Ziel, die Teilnahme an solchen Projekten zu steigern, wären deshalb nützlich.
Zu den Nachteilen derartiger Programme muss allerdings gesagt werden, dass im ganzen gesehen sich die Statistiken für Einbruchdiebstahl nicht wesentlich ändern, was auf eine Verschiebung auf der Opferseite anstelle einer tatsächlichen Prävention der Einbruchdiebstähle schließen lässt. Dieser unerwünschte Effekt könnte verringert werden, wenn die Teilnahme an solchen Programmen verstärkt würde.

Darüber hinaus führen Eigentumsmarkierungen entgegen der Erwartung nicht zu einer Zunahme der Zahl der Festnahmen von Dieben oder zu einer Steigerung wiederaufgefundener oder zurückgegebener gestohlener Güter.[410]

Eine andere, ebenfalls auch effektive, Variante zum Schutz vor Diebstahl ist die Verwendung von Farbkapseln in Safes und Geldautomaten, um bei einem Überfall die Geldnoten wertlos zu machen.[411]

---

[408] Vgl. Graham/Bennett, 1995, S. 63; dies., 1997, S. 72.
[409] Vgl. Caplan, 1976, S. 3 - 16.
[410] Vgl. Heller/Stenzel et al., 1975; ebenso Lurigio/Rosenbaum, 1986, S. 24. Zu weiteren Eigentumsmarkierungsprojekten siehe Graham/Bennett, 1997, S. 72 - 74.
[411] Vgl. Graham/Bennett, 1995, S. 63; zu weiteren Beispielen vgl. Graham/Bennett, 1997, S. 73, 74.

XI.
Beseitigung von Anreizen (Removing inducements)

Während Eigentumsmarkierungen hauptsächlich zum Schutz gegen Diebstähle ausgerichtet sind, richten sich die Maßnahmen im Falle der Gruppierung „Beseitigung von Anreizen" gegen Ermutigung zu Gewalt, Diebstahl und Vandalismus.[412]

So gibt es eine Vielzahl an Beispielen für Anreize für eine Deliktsbegehung. Das Tragen von teurem Schmuck auf offener Straße verführt zur Begehung eines Raubes; offene Fahrzeuge auf der Straße locken „Joyrider" an;[413] Zeichen von Verfall und Unordnung in den Straßen geben - wie bereits schon durch die Broken - Windows - Theorie festgestellt - Anlass für Vandalismus.[414]

XII.
Nutzenverwehrung (Denying benefits)

Die Kategorie „Nutzenverwehrung" steht im Zusammenhang mit der Kategorie „Beseitigung von Anreizen", unterscheidet sich jedoch begrifflich davon.[415]
Ein exzellentes Beispiel einer „Nutzenverwehrung" ist der Einbau von sicherheitscodierten Autoradios in Fahrzeuge. Diese Radios bedürfen eines individuellen PIN-Codes, um benutzt zu werden. Studien in Australien, Deutschland und den USA haben gezeigt, dass der Einbau dieser Radios in Fahrzeuge zu einer reduzierten Diebstahlsrate geführt hat.[416]

Ein weiteres Beispiel dieses Prinzips wird durch „ink tags" (Tintenschilder) an Kaufgegenständen erreicht, die entworfen wurden, um Ladendieben ihre „Beute" abspenstig zu machen. Wenn an den Schildern herumhantiert wird, um diese unerlaubt zu entfernen, setzen die Schilder Tinte frei, die wasserunlösliche Flecken verursachen. Eine Studie hat ergeben, dass diese Schilder effektiver als die herkömmlichen elektronischen Warensicherungen gegen Diebstähle wirken.[417] Aber auch diese können erfolgreich die Diebstahlsrate in Geschäften senken.[418]

---

412 Vgl. Graham/Bennett, S. 74.
413 Vgl. Clarke, 1997, S. 22 ; zum Begriff des „ Joyriding „ vgl. insbesondere Spencer, 1992, S. 1 – 4.
414 Vgl. Wilson/Kelling, 1982, S. 31.
415 Vgl. Clarke, 1997, S. 23.
416 Vgl. Braga/Clarke, 1994, S. 157, 158.
417 Vgl. DiLonardo/Clarke, 1996, S. 13.
418 Vgl. hierzu die positiven Ergebnisse der Studie von DiLonardo, der die Effektivität von elekrtronischen Warensicherungen überprüft und festgestellt hat, dass diese zu einer deutlichen Reduzierung von Diebstählen geführt haben ; DiLonardo, 1996, S. 5; allerdings konnten andere Studien wiederum eine Deliktsverlagerung zu anderen Geschäften ohne elektronische Warensicherungen feststellen, vgl. hierzu Challinger, 1997, S. 48.

XIII. Festlegen von Regeln (Rule setting)

Die Maßnahmen zur Minimierung des Tatertrages sind vielfältig: Sie reichen von technischen Möglichkeiten bis hin zur konsequenten zivilrechtlichen Intervention mit der Folge des Schadensersatzes. Gerade das Zivilrecht kann vor allem mittels haftungsrechtlicher Regelungen repressiv und vorbeugend wirken, wobei die Rechtsprechung durch die Fortentwicklung des Rechts hierbei zusätzliche Hilfe leistet.
Im Rahmen des Strafrechts zur Abschöpfung von Verbrechensgewinnen wurden die gesetzlichen Instrumentarien der Sicherstellung, des Verfalls und der Einziehung geschaffen (§§ 111b ff. StPO und §§ 73 ff. StGB).

Daneben kann auch dem nicht gesetzlichen Aufstellen von Regeln und Richtlinien ein Kriminalitätspräventionseffekt zukommen.
Clarke gibt Beispiele von firmeninternen Vorschriften hinsichtlich der Verwendung von Telefonen oder der Bargeldabwicklung.[419] Solche Vorschriften können sich präventiv auf Straftaten auswirken, indem sie das Verhalten sowohl von Arbeitnehmern wie auch der Öffentlichkeit regeln und kontrollieren. *Clarke* deutet darauf hin, dass der Mechanismus, wann das Festlegen von Regeln effektiv ist, dann greift, wenn für die Arbeitnehmer keine Unklarheiten mehr bestehen, was akzeptables Verhalten ist. Durch das Festlegen von Richtlinien wird dem potentiellen Täter die Möglichkeit genommen, sein Verhalten zu entschuldigen und rechtfertigen zu können.

XIV. Stimulierung des Gewissens (Stimulating conscience)

Diese Technik der situationsbezogenen Kriminalprävention versucht an das Gewissen jedes einzelnen zu appellieren und zwar in dem Moment, in dem die Person über die Begehung einer Straftat oder Ordnungswidrigkeit nachdenkt.[420]

Beispiele hierfür sind unter anderem Schilder an Geschäftseingängen mit der Aufschrift „shoplifting is stealing“ oder „Smoking here is illegal, selfish and rude.“ Zu dieser Kategorie gehören auch Monitore an Straßenrändern – wie sie mittlerweile in Deutschland auch häufig zu finden sind -, die den Autofahrern anzeigen, wie schnell sie fahren und somit jede Geschwindigkeitsüberschreitung offenbaren.[421]

---

[419] Vgl. Clarke, 1992a, S. 20; ders., 1997, S. 23, 24.
[420] Vgl. Clarke, 1997, S. 24.
[421] Vgl. Casey/Lund, 1993, S. 507 ff.; Clarke, 1997, S. 24.

Bei all diesen Maßnahmen handelt es sich um informelle Sanktionen, die das Gewissen einer Person ansprechen.

XV.
Kontrolle von Enthemmungsmitteln (Controlling disinhibitors)

Straftaten werden nicht nur durch Werkzeuge wie z.B. Waffen erleichtert, sondern auch durch „psychologische Enthemmungsmittel" wie z.B. Alkohol und Drogen, welche die natürlich vorhandene soziale und moralische Hemmschwelle jeder Person schwächen oder die Wahrnehmung derart beeinträchtigen bzw. verschlechtern, dass Straftätern ein Rechtsbruch als harmlos erscheint.[422]

Auch Gewalt im Fernsehen führt dazu, dass die Menschen sich an Gewalttaten gewöhnen und derart abstumpfen, dass ihre eigene Hemmschwelle beeinflusst wird.[423]

So haben *Peters* und *Steigleder* die Veränderungen, die der Alkoholeinfluss im psychischen Bereich (mit kriminogener Bedeutung) auslösen kann, wie folgt beschrieben: „Es ist eine anerkannte Erfahrungstatsache, dass durch die Alkoholwirkung eine Veränderung der Persönlichkeit im weitesten Sinne eintritt, wobei insbesondere verschiedene Bewusstseinsqualitäten eine Änderung erfahren. Dazu gehören die Einschränkung oder der Verlust der Kritikfähigkeit, die erhöhte Wagnisbereitschaft als Folge gesteigerten Antriebs und die daraus resultierende Verminderung der rational planenden Vorausschau."[424]

Die Auswirkung einer Ausgaberegulierung von Alkohol wurde bereits in verschiedenen Studien überprüft.[425]

So hat eine Studie von *Olsson* und *Wikstrom* in Schweden ergeben, dass durch eine permanente Schließung von Geschäften an Samstagen, die Alkohol verkaufen, die Kriminalität, insbesondere Vandalismus, reduziert werden konnte.[426]

Auch eine Studie in Australien brachte positive Ergebnisse. Im Jahr 1991 beschlossen Vertreter der Polizei von Victoria, Wirte lizensierter Alkoholausschanklokale und Vertreter der Stadtpolitik für die Stadt Geelong einen Verhaltenskodex zum Alkoholausschank, da Geelong als eine der Städte Viktorias mit der höchsten Gewaltrate galt. So wurden folgende Maßnahmen umgesetzt:

---

[422] Vgl. Clarke, 1997, S. 24, 25.
[423] Vgl. zu den verschiedenen Wirkungstheorien hinsichtlich medialer Gewaltpräsentation Schwind, 1993, S. 241 f.
[424] Peters/Steigleder, 1975, S. 198.
[425] Einen Überblick über die Beziehung von Alkohol und verschiedener Deliktsformen gibt Ramsay, 1996, S. 37 – 43.
[426] Vgl. Olsson/Wikstrom, 1982, S. 324 – 353; dies., 1984, S. 95.

- starke Reglementierung oder Verbot von Veranstaltungen in den Kneipen wie z.B. „all inclusive"-Abende oder „Happy Hours",

- Eindämmung des Verkaufs von Alkohol an minderjährige Kundschaft,

- Unterbindung von Anreizen gegenüber Betrunkenen, spät nachts die Lokalität zu wechseln, indem man Angebote wie z.B. „ein Freigetränk bei Eintritt" untersagte und

- Aufrechterhaltung eines freien und konkurrierenden Marktes unter den Lokalitäten. Veranstaltungen, die mit exzessivem Genuss und Ausschank von Alkohol warben, sollten reglementiert oder verboten werden.[427]

Dem Projekt wird ein signifikanter Rückgang von Sachbeschädigungen zugeschrieben. Auch die Anzahl von Gewaltkriminalität wird als gering bezeichnet.[428]

Aufgrund der offenkundigen Auswirkungen von Alkohol auf die Psyche eines Menschen hat sich der Gesetzgeber in Deutschland z.B. unter anderem im Jugendschutzgesetz dafür entschieden, den Ausschank von alkoholischen Getränken an Kinder und Jugendliche unter 18 Jahren zu verbieten.

XVI.
Erleichterungen, die das Einhalten von Regeln ermöglichen (Facilitating compliance)

Diese sechszehnte Technik hat einen weiten Anwendungsbereich. Beispiele hierfür sind unter anderem: Subventionierte Taxifahrten für solche Personen, die getrunken haben; Vermeidung von Wandflächen, die zum Bemalen mit Graffiti geradezu „einladen".[429]

---

427 Vgl. BKA, 2000a, S. 88.
428 Vgl. BKA, 2000a, S. 88.
429 Vgl. Clarke, 1997, S. 25.

Kapitel 5

Darstellung von Fallstudien und ihren Ergebnissen zur Analyse über die Effektivität von situativen Präventionsmaßnahmen

A.
Einleitung

Es gibt zur Zeit lediglich eine geringere Anzahl an Studien, die überprüft haben, ob situative Präventionsmaßnahmen zu einer Kriminalitätsreduzierung oder zu einer Deliktsverlagerung geführt haben. So gibt es vor allem nur wenige Untersuchungen, die direkt nach dem Phänomen einer Deliktsverlagerung geforscht haben. Die meisten Ergebnisse hinsichtlich einer Deliktsverschiebung basieren auf Randüberprüfungen.[430]

Ausgehend von den in den vorangegangenen Kapiteln skizzierten Überlegungen wird im folgenden das Vorgehen im einzelnen beschrieben und bezeichnet, welches Material verarbeitet worden ist.

B.
Methode, Quellen und Gang der Untersuchung

Zur Zeit gibt es noch keine internationale Datenbank, die jegliche Forschungsergebnisse zu einer Deliktsverlagerung enthält. Es ist auch unmöglich, eine genaue Schätzung über die Anzahl von Publikationen zu diesem Thema abzugeben. In diesem Sinne stellen die in dieser Dissertation ausgewählten Publikationen lediglich einen Teil aller Forschungsstudien zu einer Deliktsverlagerung dar.
Die empirische Forschung über das Phänomen einer Deliktsverlagerung nach Durchführung von Präventionsmaßnahmen kann man in zwei Kategorien einteilen: es gibt Studien, die auf Täterbefragungen basieren,[431] und es gibt Studien, die nach Durchführung der Maßnahmen die Kriminalitätsentwicklung beobachten.[432]

Die ausgewählten Forschungsarbeiten stammen aus der Durchsicht themenspezifischer Bibliographien (elektronische Datenbanken und gedruckte Bibliographien) sowie aus der Recherche der Literaturverzeichnisse der bereits ausgewerteten einschlägigen Titel.

---

[430] Vgl. Eck, 1993, S. 536.
[431] Beispiele hierfür sind unter anderem die Studien von Reppetto, 1974, 1976; Bennett/Wright, 1984a.
[432] Z.B. Allatt, 1984; Mayhew et al., 1976.

Nach der Sammlung möglicher Fallstudien wurden Auswahlkriterien für die Aufnahme von Titeln in diese Arbeit definiert. Eine Fallstudie wurde dann als wichtige empirische Forschungsarbeit für die Dissertation angesehen, wenn sie:

a) thematisch die situationsbezogene Kriminalprävention und Deliktsverlagerung betrifft,

b) methodisch direkt oder sekundäranalytisch auf empirische Daten im weitesten Sinne mit einem Minimum am methodologischer Reflexion Bezug nimmt und

c) deren Beobachtungszeitraum der Vorher- und Nachheruntersuchung mindestens zwei Jahre beträgt.[433]

Angestrebt wurde eine vollständige Aufnahme aller in diesem Sinne einschlägigen und von 1980 bis einschließlich 2000 erschienenen Publikationen, und zwar sowohl von Monographien wie auch von unselbständigen Veröffentlichungen in Sammelbänden wie auch in Zeitschriften. Die zeitlichen Grenzen wurden nicht in einem strikten Sinne praktiziert; in diese Arbeit aufgenommen wurden einige inhaltlich wichtig erscheinende Studien, die schon älteren Datums sind, während andererseits bei noch älteren Studien von einer Aufnahme abgesehen wurde. Die bibliographierte Literatur wurde hauptsächlich aus dem Kriminologischen Zentralstelle in Wiesbaden und, soweit erforderlich, aus der Hamburger sowie Mainzer Universitätsbibliothek oder über den auswärtigen Leihverkehr (Fernleihe) beschafft. Erwies sich eine Beschaffung auf diesen Wegen als unmöglich, wurde versucht, eine aktuelle Anschrift von Verfasserinnen und Verfassern zu ermitteln und von diesen unmittelbar zu erhalten.

In geographischer Hinsicht bezieht sich die Dokumentation auf die Bundesrepublik Deutschland, USA, Kanada, England, Schweiz, Holland, Schweden und Australien.

Unter Berücksichtigung aller oben genannten Kriterien liefern die 42 ausgewählten Studien eine zuverlässige Repräsentation des heutigen empirischen Wissensstandes bezüglich des Themenkomplexes Deliktsverlagerung.

[433] Ausnahmen bilden Studien, die selten durchgeführte Maßnahmen untersuchen, so dass ich durch generellen Mangel an derartigen Studien in diesen Fällen auf solche Publikationen zurückgegriffen habe, die einen kürzeren Beobachtungszeitraum umfassen. Jedoch mussten in diesen Fällen neben der Verwendung von polizeilichen Daten weitere Überprüfungen stattgefunden haben, wie z.B. Befragungen der Teilnehmer an der Studie oder das Überprüfen von mehreren Verlagerungsbezirken.

C.
Inhaltliche Strukturierung des Untersuchungsmaterials

Es stellte sich die Frage nach der Klassifizierung des Untersuchungsmaterials.

Eine Klassifizierung nach den sechs Formen der Deliktsverlagerung war nicht möglich, da sich bei mehr als 40 % der ausgewerteten Studien herausstellte, dass verschiedene Arten der Deliktsverlagerung gleichzeitig vorlagen.

Auch eine Systematisierung nach einzelnen Deliktsarten war nicht zielführend, da in den Studien auch insoweit häufig eine Überlappung verschiedener reduzierter Straftaten auftrat.

Das Verfahren, das für die Auswertung der dokumentierten Texte am besten geeignet erschien, orientiert sich an der Methode der inhaltlichen Strukturierung nach Ronald Clarke. Die Klassifizierung erfolgte somit nach den vier wesentlichen Arten situationsbezogener Maßnahmen:

- solche, die den Aufwand für die Straftat erhöhen;
- solche, die die Risiken von Straffälligkeit erhöhen;
- solche, die die Gewinne aus den Straftaten reduzieren
- solche, die spätere Rechtfertigungsmöglichkeiten unterbinden.

Es wurde also zunächst überprüft, welche Art Präventionsmaßnahme in den jeweiligen Studien angewendet wurde; danach erfolgte die Zuteilung in die entsprechende Gruppierung. Diese Strukturierung wurde bei 20 Studien vorgenommen, da bei diesen die Durchführung nur einer spezifischen Präventionsmaßnahme ausgewertet wurde.

18 Studien haben die Effektivität mehrerer gleichzeitig durchgeführter Präventionsmaßnahmen überprüft. Diese Studien mussten – da eine Einbeziehung in die vier Gruppen systematisch nicht möglich war – in 8 Untergruppen unterteilt werden. Diese stellen auf die spezifische Art des vorgebeugten Deliktes ab.

Letztlich wurden zu diesen Studien noch weitere vier ethnographische Untersuchungen über Straftäter analysiert.

Die hier gewählte Klassifizierung hat auch den Vorteil, dass sie zeigen kann, welche Präventionsmaßnahmen erfolgreich sind und welche lediglich zu einer Deliktsverlagerung führen.

Tabelle 4 zeigt die Anzahl der Publikationen entsprechend der Klassifizierung der Studien, und Appendix (Anhang) I gibt eine Aufschlüsselung der Publikationen nach Ländern, Jahren, Deliktsarten, Formen der Deliktsverlagerung und jeweiligen Forschungsdesign.

Tabelle 4:

Die Klassifizierung der 42 ausgewählten Studien

I. Maßnahmen, die den Aufwand für die Straftat erhöhen	
- Sicherheitsverbesserungen	3
- Zugangskontrolle	2
- Kontrolle möglicher Tatwerkzeuge	5
II. Maßnahmen, durch die die Risiken für Straftäter erhöht werden	
- Eingang – und Ausgangsuntersuchung	1
- Förmliche Überwachung	2
- Überwachung durch Mitarbeiter	4
- Natürliche Überwachung	1
III. Maßnahmen, die die Belohnung aus der Straftat verringern	
- Markierung von Eigentum	2
IV. Kombination von vielfältigen Maßnahmen	
- Wohnungseinbruch	2
- Vandalismus	1
- Diebstahl aus Einkaufstaschen	1
- Straßenprostituition	3
- Aotodiebstahl	4
- Bankraub	3
- Drogen	1
- verschiedene Delikte	5
V. Täterforschung	5
Total	42

D. Fallstudien

I. Maßnahmen, die den Aufwand für die Straftat erhöhen

Dieser Abschnitt präsentiert die Ergebnisse von 10 Studien, die Maßnahmen untersucht haben, die den Aufwand für die Straftat erhöhen.

1. Sicherheitsverbesserungen

a) Überfallschutz für Postschalter (Anti-Bandit Screens), England

Ekblom untersuchte Mitte der 80er Jahre, ob durch den Einbau von besonderen Sicherheitsgittern an den Kassen von Poststellen, Raubüberfälle reduziert werden konnten.[434]
In dem Zeitraum von Oktober 1981 und März 1985 wurden die Schutzgitter an den Kassen von ca. 1.300 Zweigpoststellen im Londoner Postbezirk durch Gitter mit besserer Widerstandsfähigkeit gegen Raubüberfälle ersetzt. Die Untersuchung zeigte nach Auswertung der polizeilichen Daten, dass nach dieser Sicherheitsverbesserung die Anzahl der Raubüberfälle auf Zweigpoststellen von einer Zahl von 266 für das Jahr 1981 auf 121 für 1985 zurückging.[435] Im gleichen Zeitraum reduzierte sich allerdings insgesamt die Raubüberfallsrate auf Geschäftseinrichtungen im Londoner Metropolitan District.
Um den Erfolg der Sicherheitsverbesserungen von anderen Hintergrundfaktoren für die Reduzierung abzugrenzen und damit zu einem zuverlässigen Ergebnis der Studie zu gelangen, stellte *Ekblom* drei Hochrechnungen der wahrscheinlichen Veränderung der Raubüberfallsraten für den gleichen Zeitraum an. Im Ergebnis ergaben alle drei Schätzungen gewisse Nachweise für einen Sicherungseffekt, der mit dem Einbau des Überfallschutzes zusammenhing, wobei die angenommenen Raten von einem Rückgang erfolgreicher Straftaten von 65 bis zu 10 % reichten. Der Rückgang der Überfallsrate auf Grund der installierten Schutzgitter wurde für einen Beobachtungszeitraum von 22 Monaten auf ein Drittel der insgesamt zu erwartenden Rate geschätzt.[436]

Es wurden weiterhin Verdrängungseffekte untersucht. So stellte sich heraus, dass neben dem Erfolg einer Reduzierung von physischen Angriffen an den Schaltern, an offenen Türen oder den Paketdurchreichen auch zwei Deliktsverlagerungsef-

---

[434] Vgl. Ekblom, 1992, S. 67 ff.
[435] Vgl. Ekblom, 1992, S. 67.
[436] Vgl. Ekblom, 1992, S. 68 - 70.

fekte eintraten. Die Täter wechselten zum einen zu anderen Methoden; so kam es in den meisten Fällen zu Drohungen mit Waffen an den Schaltern.[437]

Der negative Effekt dieser aufgetretenen Methodenänderung wurde jedoch abgeschwächt durch eine hohe Anzahl von fehlgeschlagenen Raubversuchen.[438]

Ekblom vermutete, dass die Straftäter das hohe Misserfolgsrisiko nach vielen Versuchen realisieren und dann vollständig eine Deliktsbegehung aufgeben.[439]

Ebenfalls gab es einen Deliktsverlagerungseffekt derart, dass sich mehr Überfälle auf Zustellungstransporte ereigneten. Aber auch dieser Anstieg ist nach Auffassung von *Ekblom* nicht ausreichend, um die Erfolge aus der Sicherheitsinitiative abzuwerten.[440]

b) Sicherheit in der sozialen Wohnbausiedlung „Scotswood Estate", England

Allatt überprüfte 1984 die Wirkung von Sicherheitsvorrichtungen in Wohnungen, insbesondere im Hinblick auf die Einbruchsrate.[441]
Das Scotswood-Estate-Projekt umfasste dabei die Verbesserung des Sicherheitsniveaus für eine ganze Siedlung des sozialen Wohnungsbaus (792 Wohnungen) in Newcastle im Frühjahr 1980.[442]

Ziel des Projektes war, alle Eingangspunkte auf Parterre-Ebene durch Anbringen zusätzlicher Sicherheitsschlösser abzusichern. Die Resultate dieser Untersuchung wurden anhand der von der Polizei aufgezeichneten Straffälligkeitstendenzen über die fünfjährige Laufzeit des Projekts (von Januar 1977 bis Februar 1982) sowie anhand von öffentlichen Untersuchungen vor und nach der Installation der zusätzlichen Schlösser überprüft.

Auch hier musste *Allatt* den Effekt der Sicherheitsinitiative von anderen Hintergrundauswirkungen für die Reduzierung abgrenzen. So wurde zum einen acht Monate nach Einführung der Sicherheitsmaßnahmen ein „Community Policing" - Projekt in diesem Wohngebiet gestartet. Zum anderen wurde ein „estate managment scheme" im Juni 1981 für dieses Wohnviertel eingeführt. *Allatt* misst diesen Maßnahmen jedoch keine erhebliche Relevanz auf das Ergebnis ihrer Studie bei,

---

[437] Vgl. Ekblom, 1992, S. 70.
[438] Vgl. Hesseling, 1994, S. 203.
[439] Vgl. Ekblom, 1992, S. 72.
[440] Vgl. Ekblom, 1992, S. 72.
[441] Vgl. Allatt, 1984, S. 99 - 116.
[442] Vgl. Allatt, 1984, S. 99; siehe auch bei Bannister, 1991, S. 79 f.

da die Einbruchszahlen für die angrenzenden Gebiete deutlich angestiegen waren, obwohl diese Projekte auch dort durchgeführt worden sind.[443]

Die Ergebnisse der Studie sind in der nachfolgenden Abbildung dargestellt.[444]

Tabelle 5: Ergebnisse der Studie von Allatt

Jahre	Einbrüche		Verlagerung	Verlagerung	Verlagerung
	Zielobjekte	Kontrolle	Gebiet 1	Gebiet 2	Gebiet 3
1977/78	165	66	19	134	62
1978/79	126	52	19	91	61
1979/80	145	61	21	90	62
1980/81	158 (+ 9 %)	108 (+ 77 %)	39 (+ 85 %)	178 (+ 98 %)	120 (+ 94 %)
1981/82	198 (+ 37 %)	115 (+ 89 %)	46 (+ 119 %)	140 (+ 56 %)	94 (+ 52 %)

Die Untersuchung zeigte vor und nach der Installation der Vorrichtungen, dass die Einbruchsrate in Wohnungen der Siedlung nur um 9 % anstieg, verglichen mit einer Steigerung von 77 % im Kontrollbezirk. Die Evaluation kam zu dem Schluss, dass Einbrecher in der Versuchssiedlung durch die Maßnahmen abgeschreckt werden konnten. Es wurde jedoch auch eine örtliche Deliktsverlagerung festgestellt, da in zwei ausgewählten Verlagerungsbezirken die Einbruchsrate um noch größere Prozentsätze angestiegen war (85 % in dem einen und 98 % in dem anderen). Aus der Berücksichtigung der Veränderungsrate im Kontrollbezirk als Anzeichen der eigentlichen Veränderung der Verbrechensraten folgerte *Allatt*, dass der Verlagerungseffekt für ungefähr 9 % des Anstiegs im ersten Verlagerungsbezirk und 21 % im zweiten Verlagerungsbezirk verantwortlich war.

Die Ergebnisse der Studie belegen folglich eine partielle örtliche Deliktsverlagerung.

Zusätzlich wurde auch eine funktionelle Verlagerung in der Versuchssiedlung festgestellt, da die Rate anderer Straftaten (wie z.B. Diebstahl von und aus Kraftfahrzeugen sowie Sachbeschädigungen) deutlich zunahm, in den Kontrollbezirken jedoch lediglich ein geringer Anstieg zu verzeichnen war.[445]

Insgesamt kam *Allatt* trotz der Verlagerungseffekte zu dem Schluss, dass die zusätzlichen Sicherheitsschlösser eine gewisse positive Wirkung hinsichtlich der Eindämmung der Einbruchszahlen in der Siedlung hatte und dass nicht alle Straf-

[443] Vgl. Bannister, 1991, S. 79.
[444] Vgl. Allatt, 1984, S. 106.
[445] Vgl. Bannister, 1991, S. 82.

taten in die zwei Verlagerungsbereiche verdrängt worden waren, so dass es insgesamt zu einer Nettoreduktion der begangenen Straftaten gekommen war.[446]

c) Einführung von Lenkradschlössern, Deutschland

Als weitere Studie für Sicherheitsverbesserungen soll die gesetzliche Einführung von Lenkradschlössern oder weiterführenden Sicherheitseinrichtungen zur Verringerung von Autodiebstahl angeführt werden. Die Studie hierüber wurde ursprünglich von *Mayhew et al.*[447] veröffentlicht, später jedoch mehrfach beschrieben und erweitert. Sie befasst sich insbesondere mit einem Vergleich Großbritanniens mit der Bundesrepublik Deutschland.

Autodiebstahl oder Gebrauchsanmaßung eines Fahrzeugs entwickelte sich im Zuge zunehmender Motorisierung zu einem gesamt-gesellschaftlichen Problem. 24 % der täglichen Polizeiarbeit entfiel Anfang der 60er Jahre auf diese Deliktsform, die Prämien der Autoversicherungen stiegen im Zuge der steigenden Diebstahlsquote, und in erschreckend hohem Maße waren gestohlene Fahrzeuge an Verkehrsunfällen beteiligt.

In Deutschland wurde in den Jahren 1960 – 1963 der Einbau von Lenkradschlössern für Alt- wie Neuwagen gesetzlich geregelt, in Großbritannien wurden diese ab 1971 ausschließlich für Neuwagen Pflicht. In *Mayhews* Studie wurden die Autodiebstähle und Gebrauchsentwendungen im Jahre 1969 und, nach Einführung der Lenkradschlosspflicht, 1973 zahlenmäßig miteinander verglichen.

Der Einbau von Lenkradschlössern in Neu- wie Gebrauchtwagen führte in Deutschland zu einem unmittelbaren und langfristigen Rückgang von Diebstahl und Gebrauchsanmaßung von Fahrzeugen. Diesem Erfolg stand jedoch ein erheblicher Anstieg der Diebstahlsrate von Motorrädern und Mopeds gegenüber, die, obwohl sie durch ähnliche Schlösser gesichert wurden, dennoch gefährdeter waren.[448]

In Großbritannien dagegen führte die Einführung von Lenkradschlössern ausschließlich in Neufahrzeugen zu einem gewissen Rückgang der Diebstahlszahlen, was jedoch durch verstärkte Entwendung von Gebrauchtwagen sowie einen Verlagerungseffekt auf Diebstähle aus Fahrzeugen überschattet wurde.[449]

---

[446] Vgl. Bannister, 1991, S. 82, 83.
[447] Mayhew/Clarke et al., 1976 ; ausführliche Beschreibung dieser Studie zu finden bei Webb, 1994, S. 71 – 89.
[448] Vgl. hierzu insbesondere die Statistiken bei Webb, 1994, S. 74 – 80.
[449] Vgl. Webb, 1994, S. 80 – 84; ebenso Webb/Laycock, 1992, S. 12.

Seit 1989 verzeichneten die Polizeibehörden in Deutschland wieder einen erheblichen Anstieg der Anzahl entwendeter Kraftfahrzeuge.[450]

Neben einer deutlichen Zunahme von Gebrauchsentwendungen wurde als Hauptursache des erheblichen Anstiegs das zunehmende Tätigwerden krimineller Organisationen angenommen. Insbesondere seit den Grenzöffnungen in Osteuropa wurde ein drastischer und permanenter Anstieg von auf Dauer verschwundenen Personenwagen registriert. Zudem haben die ursprünglich effizienten Lenkradschlösser ihre Wirkung verloren, seitdem die potentiellen Täter technisch gleichgezogen haben.[451]
Auf Basis dieser Ausgangslage wurde beim Bundeskriminalamt eine Bekämpfungskonzeption „Kraftfahrzeugkriminalität" erarbeitet.[452] Diese wurde ab 1994 zusammen mit den Polizeibehörden der Länder und dem Bundesgrenzschutz im In- und Ausland umgesetzt. Parallel zu diesen polizeilichen Aktivitäten fanden Abstimmungsgespräche unter anderem mit der Versicherungswirtschaft und der Fahrzeugindustrie statt.

Dieses Projekt „Kraftfahrzeugkriminalität" sah hauptsächlich Maßnahmen der Prävention vor. Insbesondere wurden neben mechanischen Sicherungseinrichtungen, die sich zum Beispiel auf Türen, Klappen, die Verglasung sowie Schlösser und Verriegelungssysteme bezogen, auch elektronische Sicherungseinrichtungen vorgeschlagen, deren Kernelement die elektronische Wegfahrsperre war.

Daneben sollte die Sensibilisierung des Bürgers durch Öffentlichkeitsarbeit erreicht werden.

Durch diese Maßnahmen konnte die Diebstahlshäufigkeit nachhaltig vermindert werden. Gegenüber dem Höchststand an Diebstählen von Personenwagen und Kombis von 144 057 im Jahre 1993 sank die Diebstahlszahl bis 1998 auf 82 781 (-42,55%).[453]

Seit Anfang 1995 statten alle Fahrzeughersteller Neufahrzeuge mit einer elektronischen Wegfahrsperre aus. Auch diese Maßnahme war seit Einführung in Deutschland äußerst erfolgreich. Ob allerdings aufgrund der elektronischen Wegfahrsperre eine Deliktsverlagerung, z.B. auf "Abtransport" der Kfz durch Kranwagen, eingetreten ist, wurde bisher noch nicht untersucht.

---

450 Vgl. BKA, 2000b, S. 31.
451 Vgl. Houghton, 1992, S. 22.
452 Vgl. BKA, 2000b, S. 31 ff.
453 Vgl. BKA, 2000b, S. 32.

2. *Zugangskontrolle*

a) Straßenschranken und -barrieren in Florida, USA

Die Studie von *Atlas* und *LeBlanc* stellt ein Beispiel für eine gebietsumfassende Zugangskontrolle durch Straßenschranken und –barrieren dar.[454]

Die Stadt Miami Shores (Florida) wies in den 80er Jahren eine hohe Kriminalitätsrate auf. Insbesondere Wohnungseinbrüche, Diebstähle, Raub und Körperverletzungstaten versetzten die Bevölkerung in Angst und Sorge. Aufgrund dessen schlugen die Einwohner von Miami Shores eine Initiative zur Sicherung ihrer Stadt vor. 1986 wurde beschlossen, 67 Straßenschranken und -barrieren zu errichten. Die Durchführung dieses Vorhabens übernahm eine private Baufirma, die die Maßnahmen im Juli 1988 beendete. Vier Jahre später kamen weitere 28 Straßenschranken hinzu.[455]

Informationsquelle zur Beurteilung der Auswirkung der Straßenbarrieren waren registrierte Kriminaldaten des „Florida Department of Law Enforcement", die auf einer „Vorher-Nachher" – Basis für Miami Shores sowie für die zwei umliegenden Gebiete Miami und Metro Dade County ausgewertet wurden. Die „Vorher" – Daten umfassten dabei den Zeitrahmen 1986 – 1987; die „Nachher" – Daten den Zeitraum von 1991 – 1992.[456]

Die Evaluation des Gesamtprogramms zeigte während und nach der Laufzeit des Progamms einen Rückgang von Wohnungseinbrüchen, Diebstählen und Autodiebstählen für Miami Shores. Dagegen stiegen die Raubtaten und Körperverletzungsdelikte leicht an.

Es konnte weiterhin festgestellt werden, dass in Miami alle Arten der untersuchten Delikte teilweise erheblich angestiegen waren. Auch in Metro Dade County mussten höhere Raub, Diebstahls – und Autodiebstahlsraten verzeichnet werden. Lediglich für Wohnungseinbrüche und Körperverletzungsdelikte wurde das Resultat besser.[457]

Die Autoren konstatieren, dass dieses Projekt drei positive Ergebnisse hatte:

---

[454] Vgl. Atlas/LeBlanc, 1994, S. 140 – 145; vgl. zur Kritik an solchen Zugangsbeschränkungen insbesondere Sève, 1997, S. 192, 193.
[455] Vgl. Altas/LeBlanc, 1994, S. 142.
[456] Vgl. Atlas/LeBlanc, 1994, S. 142.
[457] Vgl. Atlas/LeBlanc, 1994, S. 143.

- Die Einwohner von Miami Shores empfinden ihre Stadt nicht mehr als eine unsichere Stadt;

- Ein erhöhter Level an territorialer Kontrolle ist entstanden;

- Das Verantwortungsgefühl für die Stadt unter den Einwohnern hat sich verbessert.

Jedoch weisen sie ebenfalls auf die angestiegenen Kriminalitätsraten für manche Deliktsgruppen in den umliegenden Gebieten hin, die dafür sprechen, dass eine örtliche Deliktsverlagerung stattgefunden hat.[458]

b) Öffentlichkeitskampagne gegen Autodiebstähle, England

Viele Autodiebstähle könnten bereits verhütet werden, wenn die Besitzer der Fahrzeuge diese abschließen würden und damit den leichten Zugang zum Zielobjekt „versperren" würden.
Die Bevölkerung kann beispielsweise durch Öffentlichkeitskampagnen angeleitet und motiviert werden, Sicherheitsvorkehrungen zu treffen oder ihr Sicherheitsverhalten zu verändern.

Die Stadt Plymouth in England zeichnete sich 1980 durch eine extrem hohe Diebstahlsrate aus und von Fahrzeugen aus. Da vermutet wurde, dass viele dieser Entwendungen auf der Fahrlässigkeit der Besitzer beruhten, entschloss man sich seitens der Stadt, eine fünfwöchige Öffentlichkeitskampagne durchzuführen. Die Autofahrer wurden ermutigt, ihre Kraftfahrzeuge immer abzuschließen.

Die Evaluation kam zu dem Schluss, dass das Programm zwar das Sicherheitsverhalten einiger Autofahrer verbessern konnte, jedoch keinen Einfluss auf die Diebstahlsrate ausübte, weder während noch nach der Kampagne.[459]

Zugleich wurde überprüft, ob möglicherweise eine örtliche Deliktsverlagerung auf Gebiete stattfand, in denen die Öffentlichkeitskampagne nicht stattgefunden hatte. Diese Befürchtung konnte zwar nicht bestätigt werden; es fanden sich aber Beweise für eine zeitliche Verlagerung. Es stellte sich nämlich heraus, dass vermehrt Fahrzeuge in den frühen Morgenstunden entwendet wurden. Man nahm an, dass der Grund hierfür in der Kampagne lag, die die potentiellen Täter zu mehr Vorsicht veranlasst hatten, so dass diese es vorzogen, ihre Taten unter dem Schutz der Dunkelheit zu begehen. Schlussfolgerung war, daß die Kampagne völlig erfolglos war.[460]

---

[458] Vgl. Atlas/LeBlanc, 1994, S. 144.
[459] Vgl. Hesseling, 1994, S. 203.
[460] Vgl. Hesseling, 1994, S. 204.

3. *Kontrolle möglicher Tatwerkzeuge*

Gewisse Arten von Straftaten können verhindert werden, wenn die Mittel zum Begehen dieser Taten nicht verfügbar sind.

a) Verhinderung von Selbstmorden, England und Wales

Selbstmorde durch Einatmen von giftigen Gasen im Haushalt und von Auspuffgasen wurden durch Ersetzen der giftigen Gasbestandteile durch ungiftige erheblich reduziert.[461]

So führte die Umstellung von giftigen Kochgas auf ungiftiges Erdgas in England und Wales zwischen 1963 und 1975 zu einer Reduzierung der Selbstmordraten (von insgesamt 5 714 auf 3 693 Fälle; Anteil der Selbstmorde durch Gas 1963 41 %), und zwar bei Frauen und bei älteren Männern.[462] Es konnte dabei auch keine Methodenänderung festgestellt werden. Lediglich wenige jüngere Männer wichen offenbar auf andere Selbsttötungsmethoden aus.[463] Die Autoren sehen darin den Beweis, dass die Reduzierung von Tatgelegenheiten selbst bei emotionsabhängigen Taten erfolgreich ist.[464]

Die gleichen Effekte konnten auch in Schottland und in den Niederlanden aufgrund der dortigen Statistiken festgestellt werden, obwohl die Umstellung des Gases in diesen Ländern insgesamt einen geringeren Einfluss auf die Gesamtsuizidrate hatte als in England und Wales.[465]

b) Verhinderung von Selbstmorden: Eine Sekundäranalyse, USA

Nicht alle Präventivmaßnahmen zum Zwecke der Kontrolle über notwendige Details zur Begehung einer Straftat führen zu einer Reduzierung dieses Deliktes ohne eindeutige Deliktsverlagerung. In einer neueren Studie untersuchte *Lester* die Effekte der Limitierung oder Erschwerung des Zugangs zu tödlichen Mitteln für Selbstmord oder Mord im Wege der Sekundäranalyse, indem er nochmals eine Reihe von Studien aus verschiedenen Ländern untersuchte.[466] Er wählte dabei alle relevanten publizierten Studien zu dieser Problematik.

---

[461] Vgl. Clarke/Mayhew, 1988, S. 79.
[462] Vgl. Clarke/Mayhew, 1988, S. 79.
[463] Vgl. Clarke/Mayhew, 1988, S. 79.
[464] Vgl. Clarke/Mayhew, 1988, S. 79.
[465] Vgl. Clarke/Mayhew, 1988, S. 96.
[466] Vgl. Lester, 1993, S. 35 – 53.

Die Ergebnisse der Sekundäranalyse zeigen, dass ein Präventiveffekt durch restriktiven Waffenzugang hinsichtlich Mord in neun Analysen festgestellt werden konnte, bei einer Studie war ein Präventiveffekt als möglich empfunden worden und sieben weitere fanden keinen Beweis hierfür.

Im Gegensatz hierzu konnte ein Präventiveffekt bei allen 19 untersuchten Studien bei einer Limitierung des Zugangs zu Waffen für Selbstmord gefunden werden.

Die Beweise für eine eingetretene Deliktsverlagerung zeigen jedoch einen gegenteiligen Trend. Für Mord konnte lediglich in einer Studie der Beweis für eine Methodenänderung nachgewiesen werden, bei 3 Analysen war eine Verlagerung nicht ausgeschlossen, und die restlichen 13 Studien berichteten über keine Deliktsverlagerung. Dagegen wurde bei Selbstmord in 12 Studien eine Methodenänderung festgestellt, in einer war sie möglich, und lediglich in 6 Studien war kein Beweis für eine Verlagerung gefunden worden.[467]
Lester resümiert, dass eine Verlagerung bei einer Erschwerung des Zugangs zu Waffen bei Selbstmord eher wahrscheinlich ist als bei Mord.[468] Er und *Clarke* erklären sich dieses Ergebnis damit, dass Selbstmord durch eine Schusswaffe eine extreme Form der Gewalt darstellt, die „an intentional act, the outcome of a decision made with varying degrees of rationality and determination" ist.[469]

Allerdings konnte *Lester* auch nachweisen, dass eine Deliktsverlagerung nach Kontrolle anderer Tatwerkzeuge für Selbstmord weniger wahrscheinlich ist. Selbstmorde durch Einatmen von giftigen Gasen im Haushalt und von Auspuffgasen wurden durch Ersetzen der giftigen Gasbestandteile durch ungiftige in allen 12 untersuchten Studien reduziert. Lediglich 2 Studien fanden einen Beweis für eine Methodenänderung, 1 Analyse hielt diese für möglich, und 9 Studien fanden keinen Beleg hierfür.

Im Ergebnis lässt sich festhalten, dass, wie in der Erschwernis des Zugangs zu bestimmten Drogen der Drogenabhängige auf Ersatzdrogen auszuweichen versucht, Straftäter oder Selbstmordkandidaten zwar die beabsichtigte Tötungsart entsprechend alternativer Methoden verändern, aber nicht von der ursprünglichen Absicht der Tötung oder Selbsttötung abweichen.

c) Maßnahmen gegen obszöne Telefonanrufe: Das New Jersey Experiment, USA

Das Telefon kann als Hilfsmittel für Straftaten auf verschiedene Weise verwendet werden: für Erpressungen, Bombenfalschmeldungen, falsche Feueralarme, für

---

[467] Vgl. Lester, 1993, S. 47.
[468] Vgl. Lester, 1993, S. 48.
[469] Clarke/Lester, 1989, S. 98.

Einbrüche (um zu überprüfen, ob jemand zu Hause ist) und vieles mehr. Der Missbrauch des Telefons für Straftaten ist weit verbreitet, da der Anrufer diese Vorgänge anonym betreiben kann.

Im Zeitalter von digitalen Telefonen, ISDN usw., bleibt der Täter heute in den seltensten Fällen noch anonym. Es existieren jedoch noch genug Telefone, gerade bei älteren Leuten, bei denen kein Display die Telefonnummer des Anrufers anzeigt.

In der vorliegenden Studie von *Clarke*[470] geht es genau um diese älteren Telefone, die auch dazu benutzt wurden, um obszöne Anrufe zu tätigen. Es ist hierzu anzumerken, dass es sich nicht um bloße Spaßanrufe und Telefonstreiche handelte, sondern um eine Form der sexuellen Belästigung.

Diese Studie von *Clarke* wurde das erste Mal im Security Journal 1990 veröffentlicht.[471] Sie betrifft die Auswertung über den Nutzen eines „Caller-ID", der es ermöglichte, die Telefonnummer des Anrufers auf einem Display zu sehen und damit die Möglichkeit eröffnete, die Telefonnummer zurückzuverfolgen.

Für dieses System wurde im Fernsehen verstärkt Werbung betrieben und auf den Nutzen eines solchen Systems hingewiesen.
Eine Meinungsumfrage in England im Jahre 1989 ergab, dass ungefähr 50 % der befragten Haushalte im Jahr zuvor obszöne Anrufe erhalten hatten. Opfer berichteten über Zorn, Wut, Scham und Ekel, den sie empfanden; Gefühle, die über Wochen und Monate andauerten.[472]

Für die Opfer gibt es nur begrenzte Möglichkeiten, sich vor solchen belästigenden Anrufen zu schützen. Sie haben die Möglichkeit, sich eine neue Telefonnummer geben zu lassen oder mit dem Gebrauch einer Trillerpfeife zu versuchen, den Anrufer abzuschrecken.

Die neue Technologie eines „Caller-ID" oder „Call-Trace"[473] wurde von einer Telefonfirma in 200 000 Haushalten von Hudson County, New Jersey, installiert, und *Clarke* untersuchte 1990, welchen Einfluss diese Technik auf die Frequenz von obszönen oder belästigenden Anrufen hatte.

Die Installation der unterschiedlichen Techniken im Jahre 1987 war für die Telefonkunden gebührenpflichtig und erlaubte die Darstellung des Anrufers auf Display auf Wunsch des Angerufenen. Auszugehen war von der Tatsache, dass diese Art belästigender Anrufe zumeist von Alkoholgebrauch oder Masturbation des Anru-

---

[470] Vgl. Clarke, 1992b, S. 124 – 132.
[471] Vgl. Clarke, 1990, S. 143 – 148.
[472] Vgl. Clarke, 1997, S. 92.
[473] Vgl. zu diesen Systemen Clarke, 1992b, S. 126, 127.

fers begleitet sind, somit fast ausschließlich aus dessen Privatsphäre heraus erfolgen.

Im Ergebnis ließ sich ein Rückgang von insgesamt 25 % dieser obszönen Anrufe in Hudson County konstatieren, ohne dass eine eindeutige Verlagerung dieser Art Anrufe in Nachbargebiete festgestellt werden konnte.[474] Allerdings musste nach kurzer Zeit bereits wieder eine Zunahme der Frequenz solcher Anrufe verzeichnet werden, so dass der Abschreckungseffekt nur recht kurzlebig war. Dieser Rückfall ist wohl auf den Umstand zurückzuführen, dass im Wissen um die begrenzte Anzahl von „überwachten" Anschlüssen die Angst vor der Entdeckung bei den Belästigungen schwindet.

d) Maßnahmen gegen Scheckfälschungen, Schweden

Zahlungsmittel wie Schecks und Kreditkarten sowie das computergestützte System der Möglichkeit eigener Überweisungen und automatisierter Zahlungsverfahren hat sicherlich den Bankalltag für viele Menschen erleichtert. Der gesunkene Bedarf an Bargeld hat zwar zu positiven vorbeugenden Effekten bei bestimmten Deliktsarten geführt.

Die neuen Zahlungsmittel haben aber auch neuer Kriminalität Vorschub geleistet. Ein signifikantes und konkretes Beispiel dafür stellt die Studie von *Knutsson* und *Kuhlhorn* dar.[475]

Während der 60er Jahre stieg die Rate von Scheckfälschungen derart an, dass die Höhe des angerichteten Schadens nach Maßnahmen zur Eindämmung geradezu aufforderte. Allein in Stockholm wurde von 1965 – 1970 eine Versechsfachung dieses Deliktes registriert. In vielen Polizeidepartments wurde eine eigens zur Aufklärung von Scheckbetrug fungierende Abteilung gegründet.[476]
Voraussetzung für diese Kriminalität war die sogenannte Bankgarantie, die bedeutete, dass der, der einen falschen Scheck entgegennahm, von der Bank bis zu einem Betrag von 300 Kronen (heute einige tausend Kronen) Ersatz erhielt, ohne einen Ausweis vorlegen zu müssen.[477] Potentielle Täter, häufig aus der Drogenbeschaffungsszene, sahen im Stehlen von Scheckbüchern und der Vorlage gefälschter Schecks eine sichere und wenig riskante Einnahmequelle.

Nach Gesprächen zwischen Vertretern von Handel und Banken fasste man 1971 den Entschluss, die Bankgarantie abzuschaffen und auf diese Weise die wirt-

[474] Vgl. Clarke, 1992b, S. 129.
[475] Vgl. Knutsson/Kuhlhorn, 1997, S. 113 – 121; siehe die Zusammenfassung dieser Studie auch bei BKA, 1998, S. 32.
[476] Vgl. Knutsson/Kuhlhorn, 1997, S. 114.
[477] Vgl. Knutsson/Kuhlhorn, 1997, S. 115.

schaftliche Verantwortung auf den zu übertragen, der den Scheck entgegennimmt.[478] Diese Maßnahme führte zu einem deutlichen Anstieg der Kontrollen u.a. im Einzelhandel, und im Laufe eines Jahres gingen die angezeigten Straftaten um 85 % zurück. Eine einfache Strukturveränderung beugte auf diese Weise fast der gesamten Kriminalität dieser Art vor.[479]

Bei einer derartigen Effizienz der kriminalpräventiven Maßnahme drängt sich die Frage nach einer Deliktsverlagerung auf, der *Knutsson* und *Kuhlhorn* auch nachgegangen sind. Es wurden die zu erwartenden Delikte wie Personenüberfälle, Hauseinbrüche, Diebstähle von und aus Autos erfasst, und erstaunlicherweise ergab sich in den beiden Jahren, unmittelbar auf die gesetzliche Scheckkontrolle durch Identifikation folgend, ein leichter Rückgang dieser Delikte. Es fand also keine Deliktsverlagerung statt.[480]
Mitte der 80er Jahre wurden Kreditkartensysteme installiert, welche durch veränderte Form der Deliktsbegehung die Scheckbetrügerei oder –fälscherei nahezu zum Verschwinden brachte, allerdings zu einer speziellen Kreditkartendelinquenz führte.

e) Einführung der Helmpflicht, Deutschland

Mayhew und seine Kollegen befassten sich 1989 mit der Frage, ob die gesetzlich eingeführte Pflicht zum Tragen eines Helmes beim Führen eines motorisierten Zweirades in Deutschland zu einer eindeutigen Verringerung des Motorraddiebstahles etwa auf Kosten von Autodiebstählen führte.[481] Auffallend war dabei, dass die bloße Helmpflicht allein keinerlei signifikante Reduktion der Zweiraddiebstähle bewirkte, diese trat erst ein, als die Unterlassung der Benutzung des Schutzhelms als Ordnungswidrigkeit gewertet und geahndet wurde.
Daraufhin, ab Mitte der 80er Jahre, sank die Rate der Zweiraddiebstähle merklich: 1986 waren es 1/3 (100 000) weniger Diebstähle als 1980.[482]

Die Autoren sind auch dem Problem einer Deliktsverlagerung umfassend nachgegangen.

Dabei gingen sie von der Annahme aus, dass Motorraddiebstähle aus drei Gründen durchgeführt würden: zum einen aufgrund des finanziellen Gewinnes durch einen Wiederverkauf des Motorrads, zum anderen für den persönlichen Gebrauch und letztlich zur Verwendung für eine "Spritztour" oder einen Transport. Die Autoren vermuteten, das diejenigen, die ein Motorrad aufgrund des finanziellen Profits

[478] Vgl. Knutsson/Kuhlhorn, 1997, S. 115.
[479] Vgl. Knutsson/Kuhlhorn, 1997, S. 117.
[480] Vgl. Knutsson/Kuhlhorn, 1997, S. 118.
[481] Vgl. Mayhew/Clarke/Elliott, 1989, S. 1 – 8.
[482] Vgl. Gabor, 1990, S. 64.

oder für den Eigenbedarf entwenden, ihre Tat sorgfältig planen und darüber nachdenken, einen Helm zu tragen und ihn deshalb zur Tatbegehung mitbringen.

Dagegen entstünde ein Diebstahl aus den anderen genannten Gründen lediglich aufgrund einer günstigen Gelegenheit, so dass diese Täter aufgrund der spontanen Situationstat keinen Helm bei sich führen und damit tragen können. Die Autoren erwarteten, dass für diese Täter die Helmpflicht ihre größte Wirkung zeigen würde. Weiterhin nahmen sie jedoch an, dass für diese Gruppe von Straftätern die Wahrscheinlichkeit für eine Verlagerung auf Autodiebstähle oder Fahrraddiebstähle am größten sei. Eine Verlagerung auf Autodiebstahl würde einen Nervenkitzel nur für denjenigen bedeuten, der es auf eine "Spritztour" abgesehen habe, während für einen Transport von Gegenständen das Auto und das Fahrrad gleichermaßen in Betracht kämen.[483]

Die Ergebnisse der Studie haben gezeigt, dass die Anzahl von Autodiebstählen von 1980 bis 1983 deutlich angestiegen ist, also in dem Zeitraum, in dem die Motorraddiebstahlsrate sank. Auch Fahrraddiebstähle stiegen von 1980 bis 1982 erheblich an. Aufgrund dieser Daten kann angenommen werden, dass zunächst eine Deliktsverlagerung stattgefunden hat. Auf der anderen Seite sank nach 1983 sowohl die Autodiebstahls- als auch die Fahrraddiebstahlsrate. Diese Reduzierungen erfolgten, als auch die Motorraddiebstähle abnahmen. Für die Zeit von 1982/3 bis 1986, liegt damit ein überzeugender Beweis dafür vor, dass die Einführung der Helmpflicht insgesamt zu einer Reduktion aller Fahrzeugdiebstähle geführt hat und somit höchst erfolgreich war, ohne dass klare Indizien für ein Ausweichen auf andere Zielobjekte sichtbar wurden.[484]

---

483 Vgl. Gabor, 1990, S. 65.
484 Vgl. Mayhew/Clarke/Elliott, 1989, S. 5 f.

II.
Maßnahmen, durch die die Risiken für Straftäter erhöht werden

1. Eingangs- und Ausgangsüberprüfung: Sicherung von Bibliotheken durch elektronische Sicherungssysteme, USA

Als ein Beweis für die psychologische Abschreckung durch Einbau von Sicherheitssystemen soll eine Studie von M.J. Scherdin aus dem Jahr 1986 angeführt werden, welche als signifikanter Beleg für das Phänomen von zielübergreifenden Gewinnen allgemeine Anerkennung gefunden hat.[485]

Die Studie von *Scherdin* stützt sich auf die Auswertung von jährlich inventarisiertem Ausleihgut einer umfangreichen Bibliothek vor und nach Einbau eines Sicherheitssystems, wobei der Autor sich besonders mit der Frage der psychologischen Abschreckung auf Diebstahlsdelikte auseinandersetzt.
Es wurde die äußerst umfangreiche Universitätsbibliothek des LMC, des sog. Lehr- und Medienzentrums der Universität Whitewater-Wisconsin mit hoher Ausleihfrequenz, zuständig als Lehrmaterial für 11 000 Studenten und 600 Angestellte der Universität, als Studienobjekt von 1980 – 1985 für diese Studie herangezogen.[486]

Bereits Ende der 70er, Anfang der 80er Jahre setzte sich in den USA das Bewusstsein für die Diebstahlsproblematik in Bibliotheken durch. Mussten ursprünglich, wie auch heute noch in Museen üblich, nur Taschen usw. in gesonderten Regalen abgegeben werden, wurden in den frühen 80er Jahren zunehmend elektronische Sicherheitssysteme installiert. 1984 bereits betrug die Anzahl derartiger Sicherheitsprogramme in öffentlichen Bibliotheken 35 %.

Vorausgegangen war eine Auflistung der jährlichen Verluste von Bibliotheksmaterial seitens der Universität Tucson, die neben dem Verlust von Schriftgut vor allem den Verlust audio-visuellen Materials wie Video-, Mikrocomputer- und Audiokassetten bis zu 52 % des inventarisierten Bestandes beklagte. Neben dem materiellen Verlust, der über 10 % des Jahresbudgets verschlang, wurden der unnötige Zeitaufwand für das Personal und die Schwierigkeiten der Wiederbeschaffung angeführt. Daraus ergab sich die Schätzung, dass bei einem jährlichen Verlust von 1 % der Sammlung von 40 000 Büchern deren Wiederbeschaffungswert bereits ein elektronisches Sicherheitssystem sich amortisieren ließ. Dieser Wert errechnete sich, wenn 20 % des Bibliotheksbestandes mit Detektorenstreifen gesichert wer-

---

[485] Vgl. Scherdin, 1986, 232 – 235; ders., 1992, S. 133 – 138.
[486] Vgl. Scherdin, 1992, S. 135.

den. *Scherdin* erwähnt eine Studie, die herausgefunden hatte, dass die Diebstahlsquote umgekehrt proportional zur Anzahl der mit Detektoren gesicherten Bibliotheksgüter steht.
Die Studie von *Scherdin* setzt sich nun mit der Frage auseinander, ob ein gravierender Unterschied von Bibliothekseigentum vor und nach Einbau von elektronischem Sicherheitssystem erkennbar wird.

Ca. 1/3 der Sammlung des LMC besteht aus audio-visuellem Material.
Der Inhalt des Kassettenmaterials konnte beim Deaktivierungsvorgang von eventuell aufgebrachten Detektorstreifen verloren gehen. So entstand bei der Installation des elektronischen Sicherheitssystems die Problematik, ob dieses Risiko eingegangen werden sollte oder ob die Kassetten per Hand kontrolliert werden sollten, wenn jemand die LMC verließ. Um diesen Schwierigkeiten Rechnung zu tragen, wurde unter höchster Geheimhaltungsstufe beschlossen, Bücher so weit als möglich mit Detektoren auszustatten, das audio-visuelle Material hingegen nicht. Man setzte auf die psychologische Abschreckung durch Bekanntmachung der Installation eines generellen elektronischen Sicherheitssystems. Die Daten der Studie stützen sich auf die jährliche Inventarisierung des LMC in den Jahren 1980 – 1985 unter Zugrundelegung der Installation des Sicherheitssystems 1982.[487] Verlustzahlen wurden zwei Jahre vor und zwei Jahre nach Einbau geführt. Zirkulationsdaten für diese Jahre wurden ebenfalls aufgezeigt, um Bücher- oder Kassettenverlust mit deren Gebrauchszeit unmittelbar in Zusammenhang zu stellen.
Die Ergebnisse der Studie belegen, dass die Verlustrate für Audio–visuelles um 80.6 % und für Bücher um 83.2 % abgenommen hat. Damit kann gezeigt werden, dass das Präventionsprojekt außerordentlich erfolgreich war, zumal auch zielübergreifende Gewinne eingetreten sind.[488]
Allerdings gab es zwei Artikel, die trotz der Sicherheitsmaßnahmen weiterhin entwendet wurden. Dies waren bestimmte Methodikbücher, die nicht nur wertvoll sondern wegen ihres Inhalts her schwer beschaffbar sind und deshalb eine hohe Umlaufrate aufwiesen. Zum zweiten waren es Hörkassetten, welche leicht in die Manteltasche zu stecken und so verhältnismäßig einfach zu entwenden sind. Allerdings ließ sich der Abschreckungseffekt des Sicherheitssystems an der Tatsache ablesen, dass mehrere Musikkassetten fehlten, deren leere Hüllen noch im Regal verblieben waren. Man hatte also angenommen, dass Detektorstreifen an den Hüllen angebracht waren. Quintessenz dieser für die Kriminalprävention sehr bedeutsamen Studie von *Scherdin* ist:

- Die psychologische Abschreckung ist auch erfolgreich für Objekte, die nicht unmittelbar von Sicherheitsmaßnahmen gesichert sind.

---

[487] Vgl. Scherdin, 1992, S. 136.
[488] Vgl. Scherdin, 1992, S. 138.

- Besonders attraktive Angebote bedürfen zusätzlicher Sicherungsmaßnahmen, wie z.B. der gesonderten Unterbringung.

2. Förmliche Überwachung

a) Fahrradpatrouillen auf Parkplätzen, Kanada

Parkplätze für den Pendlerverkehr in Großstädten bieten dadurch, dass die Fahrzeuge unbewacht über viele Stunden während Tag und Nacht abgestellt werden, gute Möglichkeiten für Diebstähle aus und von den Autos.

So stellen diese Art von Parkplätzen auch Verbrechensschwerpunkte in Vancouver, Kanada dar. Häufig sind es Jugendliche, die dort Fahrzeuge "zum Spaß" entwenden.
Den größten Parkplatz für Pendler dieser Art stellt „Scott Road" in Vancouver dar. Er umfasst eine Parkplatzkapazität von 2411 Stellplätzen. Anlehnend an vorangegangene Studien und deren Erfahrungen und Empfehlungen hinsichtlich der Sicherheit von Parkplätzen bzw. Parkhäusern[489] wurden folgende Maßnahmen zur Sicherung des „Scott Road" - Parkplatzes ergriffen: Die Zugänge zu dem Parkplatz wurden reduziert, die Beleuchtung verbessert, Überwachungskameras installiert, Notruftelefone aufgestellt, und vor allem wurden Fahrradpatrouillen täglich von 9:00 bis 24:00 Uhr, an 7 Tagen der Woche durchgeführt.[490]

Aufgrund der hohen Kosten für die Installierung der Sicherheitsmaßnahmen wurden die Fahrradpatrouillen lediglich einen Monat durchgeführt, um Erfolg oder Nichterfolg probeweise zu testen.

Die Wirkung des Projekts wurde anhand der von der Polizei aufgezeichneten Straftatenregistrierungen vor und nach der Durchführung der Maßnahmen überprüft. Hierbei wurden vor allem auch die Daten von Gebieten und Plätzen mitberücksichtigt, die sich in der Nähe des „Scott Road" - Parkplatzes befinden und ebenfalls Brennpunkte für Fahrzeugdiebstähle darstellten.

Die nachfolgende Tabelle zeigt die Anzahl der Fahrzeugdiebstähle vor, während und nach Durchführung der Fahrradpatrouillen.[491]

---

[489] Vgl. hierzu insbesondere Mancini/Jain, 1987, S. 546 - 549; Geason/Wilson, 1990; Poyner, 1992a, S. 176; Eck/Spelman, 1992; Laycock/Austin, 1992, S. 156, 157; Webb/Laycock, 1992; Webb/Brown/Bennett, 1992, S. 6 ff.
[490] Vgl. Barclay et al., 1997, S. 147.
[491] Barclay et al., 1997, S. 149.

Tabelle 6:

Die Effekte von Fahrradpatrouillen auf Parkplätzen

	Vor	Während	Nach
Scott Road (SR)	192	6	34
Kontrollgebiete: Area Surrounding SR	82	12	47
Guildord	159	69	88
Surrey City Centre	189	59	89
Surrey total	3116	686	1056

Im Ergebnis zeigte die Untersuchung, dass die Diebstahlszahlen auf dem „Scott Road" - Parkplatz sowie in den Kontrollgebieten sich deutlich verminderten. Nach dieser Evaluation kam man zu dem Schluss, dass die Maßnahmen erfolgreich waren.

Barclay und Kollegen haben die Daten zusätzlich auch dazu verwendet, eventuelle Verlagerungseffekte - lediglich zeitliche und örtliche Deliktsverlagerungen - festzustellen.

Zunächst konnten sie aufgrund der polizeilich registrierten Straftaten zeigen, dass keine zeitliche Deliktsverlagerung eingetreten ist. Denn während des Fahrradpatrouillenexperiments fanden 39,6% aller Fahrzeugdiebstähle in der Zeit zwischen 6 und 9 Uhr morgens statt. Aber auch in der Zeit nach Durchführung der Maßnahme fanden 41,7% der Fahrzeugdiebstähle zwischen 6 und 9 Uhr morgens statt. Folglich hat keine zeitliche Deliktsverlagerung stattgefunden, während das Experiment durchgeführt wurde.[492]

Eine eventuelle örtliche Deliktsverlagerung haben sie anhand von drei Vergleichs- bzw. Kontrollgebieten überprüft. Die Auswertung der polizeilichen Daten haben zu dem Ergebnis geführt, dass weder in dem Gebiet um Scott Road, noch im Surrey City Centre es zu einer örtlichen Deliktsverlagerung gekommen ist. Man kann sogar von einer leichten Form zielübergreifender Gewinne sprechen.[493]

Lediglich um Guildford ist die Diebstahlsrate leicht angestiegen. *Barclay* und Kollegen erklären sich diesen Anstieg damit, dass einige der Fahrzeugdiebe des

---

[492] Vgl. Barclay et al., 1997, S. 152.
[493] Vgl. Barclay et al., 1997, S. 153, 154.

„Scott Road" - Parkplatzes in dem Guildfordgebiet leben oder sich dort aufhalten.[494]

Folglich lässt sich festhalten, dass dieses Präventionsprogramm ein sehr positives Resultat erzielen konnte. Lediglich eine geringe örtliche Deliktsverlagerung konnte registriert werden.

b) Police Crackdowns, USA

Sherman hat 1990 in seiner Studie in Form einer Sekundäranalyse 18 Untersuchungen nochmalig überprüft, die die Reaktionen verschiedener Deliktsformen auf scharfes Durchgreifen der Polizei (sog. „Police Crackdowns") zum Gegenstand hatten.[495]

„Police Crackdowns" sind verschärfte polizeiliche Maßnahmen, bei denen die Anzahl an Polizeibeamten innerhalb kürzester Zeit aufgestockt wird und verschärfte Sanktionen für spezifische Delikte oder für alle Delikte in einem bestimmten Gebiet verhängt werden. Dabei sind diese „Crackdowns" fokussiert auf die Prävention von Straftaten in bestimmten Problembezirken. Es wird nur an bestimmten Orten oder Zielbereichen operiert.[496] Dieser Ansatz ist seit den 80er Jahren in den USA die am meisten verbreitete Entwicklung der amerikanischen Polizeiarbeit.
Die von *Sherman* untersuchten Studien hatten hauptsächlich die Auswirkungen verschärften polizeilichen Vorgehens gegen Drogen, Prostitution und Trunkenheit am Steuer zum Inhalt.

Im Ergebnis konnte *Sherman* feststellen, dass 15 von 18 Studien einen Beweis für einen Rückgang der Kriminalität gefunden haben. Ein weiteres ermutigendes Ergebnis war zusätzlich, dass eine Deliktsverlagerung lediglich bei vier Studien nachgewiesen werden konnte. Bei diesen Untersuchungen handelte es sich ausschließlich um „Crackdowns" gegen Drogenmärkte. *Sherman* konstatierte insofern, dass der Drogenhandel ein Verbrechen darstellt, das besonders empfänglich für eine Deliktsverlagerung ist.[497] Dieses Ergebnis deckt sich auch mit anderen, insbesondere ethnographischen Studien.[498]

Letztlich lässt sich festhalten, dass „Crackdowns", außer bei Drogenhandel, sehr erfolgreich sind.

---

[494] Vgl. Barclay et al., 1997, S. 154.
[495] Vgl. Sherman, 1990, S. 1 – 48.
[496] Vgl. Sherman, 1990, S. 8.
[497] Vgl. Sherman, 1990, S. 35.
[498] Vgl. hierzu insbesondere Hesseling, 1994, S. 206, 207; ebenso Eck, 1993, S. 540; Natarajan/Clarke/Belanger, 1996, S. 251.

3. *Überwachung durch Mitarbeiter*

a) Das V.I.C.-Projekt, Niederlande

Bereits 1980 stellte *Sturman* in einer Studie fest, dass Ort und Ausmaß von Zerstörungen in Bussen im Zusammenhang mit dem Maß an Überwachung durch die Busbesatzung stehen. Die oberen Decks der Busse litten unter größeren Beschädigungen als die unteren Decks, und in Bussen mit lediglich einem Busfahrer wurde doppelt so viel Schaden angerichtet als in Bussen mit Schaffnern.

So konstatiert *Sturman*: „People sitting near to the staircase might be more reluctant to commit acts of vandalism when there would be a danger of being supervised by another passenger or the conductor.“[499]

In den Niederlanden erbrachte ein ähnliches Experiment, in dem Schaffner im Straßenbahn- und Bussystem eingesetzt wurden, weitere Nachweise für die potentielle Kriminalitätsverringerung durch Überwachung, die von Mitarbeitern selbst vorgenommen wurden.[500]

In Holland wurden ca. 1200 Jugendliche im Alter von 19 bis 28 Jahren, darunter viele Arbeitslose, in einem Projekt beschäftigt, das sich dem Problem der Kleinkriminalität in öffentlichen Verkehrsmitteln und an Bahnhöfen widmete. Mit der aus wirtschaftlichen Gründen bedingten Abschaffung der Schaffner in Straßenbahnen und Bussen und Ersatz durch automatische Ticketmaschinen ging auch die damit verbundene Aufsicht durch das Personal verloren. Folglich vermehrten sich Schwarzfahrerei und andere Gesetzesverstöße, insbesondere Vandalismus. Das Arbeitsbeschaffungsprojekt junger Leute startete zum gleichen Zeitpunkt wie die Einführung neuer Zustiegsmodalitäten, bei denen der Fahrer die Fahrkarten prüfen konnte, bevor der Passagier einstieg.

Dieses Projekt wurde im Januar 1987 in drei Städten umgesetzt: Amsterdam, Rotterdam und Den Haag. Neue Mitarbeiter (sowohl Männer als auch Frauen, darunter auch Mitglieder ethnischer Minderheiten) wurden durch kurze Kurse in Strafrecht und der Fahrkarteninspektion ausgebildet. Diese neuen „Beamten“ wurden in Holland unter der Bezeichnung VIC bekannt (VIC steht für Veiligheid, Informatie, Controle = Sicherheit, Information, Kontrolle).[501] Die VICs wurden in drei Städten auf verschiedene Arten eingesetzt. So arbeiteten die VICs in Amsterdam in Zweier- bis Vierergruppen und führten zufällige Kontrollen in Straßenbahnen und Bussen durch. Nachdem sie einen Straßenbahn- oder Metrozug geprüft hatten, stiegen sie auf einen anderen um.

---

[499] Sturman, 1980, S. 35.
[500] Zur Beschreibung des Projekts vgl. van Andel, 1989, S. 48, 49.
[501] Vgl. van Andel, 1989, S. 48.

In Rotterdam kontrollierten die VICs Straßenbahnzüge in zufälliger Reihenfolge und waren gleichzeitig permanent in Metrobahnhöfen präsent, wo sie Auskünfte erteilten und potentielle Störer und Schwarzfahrer abschreckten. Sowohl in Amsterdam als auch in Rotterdam waren die VICs befugt, Bußgelder zu verhängen.

In Den Haag wurde „kundenfreundlicher" verfahren, da VICs in Paaren in der Straßenbahn mitfuhren und keine Vollmacht hatten, Bußgelder zu erteilen. Schwarzfahrern wurde die Gelegenheit gegeben, eine Fahrkarte vom Fahrer zu kaufen oder die Straßenbahn zu verlassen.

Das Evaluierungsdesign war als quasi – experimentielle Methode beschaffen und beinhaltete hauptsächlich drei Elemente:

- Erfolgsbewertung hinsichtlich des Schwarzfahrens durch Ante–Post-Untersuchung

- Messung der Kosten für Vandalismus

- Interviews mit Passagieren und Personal über ihr Sicherheitsempfinden.[502]

Die Ergebnisse der Studie zeigten, dass die Schwarzfahrerei in allen drei Städten deutlich zurückging. Der bedeutendste Rückgang wurde in Bussen erzielt, die ein neues Fahrkartenkontrollsystem hatten. In Amsterdam ging der Prozentsatz der Schwarzfahrer von 9 auf 2 % zurück, in Rotterdam von 4 auf 1 % und in Den Haag von 14 auf 2 %.[503]

Das Projekt hatte keinen messbaren Einfluss auf den Aggressionsgrad der Passagiere gegenüber den Straßenbahnfahrern oder auf das Sicherheitsempfinden unter den Fahrgästen. Die Anzahl der Angriffe auf Passagiere fiel von 5 % in der „Vorher"-Untersuchung der Passagiere auf 3 % in der „Nachher"-Untersuchung.[504]

Es kam zu einem 30 % Rückgang der Graffiti innerhalb der Rotterdamer Metrobahnhöfe, obwohl das Ausmaß an den Außenwänden unverändert blieb. Auch ein Rückgang von zerbrochenen Fensterscheiben in Metrostationen konnte festgestellt werden. Dagegen verdoppelte sich jedoch im gleichen experimentellen Zeitraum die Zahl der auszuwechselnden Fensterscheiben in Bus- und Straßenbahnwartehäuschen, was auf eine Verlagerung des Vandalismus von Bahnhöfen mehr auf die Straßen hinweist.[505]

---

[502] Vgl. van Andel, 1989, S. 49, 50.
[503] Vgl. van Andel, 1989, S. 50, 51.
[504] Vgl. van Andel, 1989, S. 52.
[505] Vgl. van Andel, 1989, S. 53.

b) Überwachungskameras in U- Bahnstationen, England

Mayhew und andere fanden heraus, dass die Installation von Überwachungskameras in vier Londoner U-Bahnstationen - die regelmäßig von Raubtätern und Gelegenheitsdieben heimgesucht wurden - zu einer kräftigen Abnahme dieser Straftaten geführt hat, aber dass stattdessen eine Verlagerung dieser Delikte in andere in der Nähe liegende U-Bahnstationen stattgefunden hat.[506]
Die Tabelle 7 zeigt die Reduktion der Diebstähle während des Jahres der Installation der Überwachungskameras und vergleicht diese Daten mit dem Jahr zuvor.

Tabelle 7:
Die Effekte von Überwachungskameras in U-Bahnstationen[507]

	Diebstahl			Raub		
	12 M. vor CCTV	12 M. nach CCTV	%	12 M. vor CCTV	12 M. nach CCTV	%
Stationen mit Überwachungskameras	243	66	- 73	9	7	-22
Andere Stationen im Südlichen Sektor	535	393	-27	13	16	+23
Andere Stationen	4884	2962	-39	43	93	+116

Anhand der Tabelle wird ersichtlich, dass eine örtliche Deliktsverlagerung eingetreten ist.

Mayhew und seine Kollegen konstatieren, dass die Installation der Überwachungskameras nur an vereinzelten Plätzen nicht erfolgreich ist.

506 Vgl. Mayhew et al., 1976; ders., 1979.
507 Entnommen von Mayhew, 1981, S. 131. The data used were from the British Transport Police. All incidents of robbery, assaults with intent to rob, and theft from the person were recorded. The CCTVsystems were publized, cameras were visible, and station users could see that monitor controllers could communicate with other staff.

c) Überwachungskameras gegen betriebsinterne Diebstähle in Einzelhandelsgeschäften, USA

Masuda untersuchte die Effektivität von verschiedenen Präventionsmaßnahmen, die gegen betriebsinterne Diebstähle bei einem Einzelhändler durchgeführt wurden.

Dieser Elektroeinzelhändler in New Jersey betreibt vier große Verkaufsfilialen sowie ein Vertriebszentrum, beschäftigt ca. 1500 Angestellte und hat ein Gesamtinventar von ca. 40 000 000 $.

Die Studie überprüft die Wirksamkeit der Maßnahmen über einen Zeitraum von 3 Jahren (1989 – 1991).

Der Umsatz des Einzelelektrohändlers betrug 1989 ca. 300 000 000 $. Daraus wird deutlich, dass das Inventar in den Verkaufszentren von ca. 40 000 000 $ in einem Jahr mehrfach verkauft wird.

Es wurde festgestellt, das der Verlust von Gegenständen, insbesondere Videorekordern, Autoradios, CDs, Videos usw., ca. 1,5 % des Gesamtumsatzes betrug.

Diese Verluste veranlassten den Einzelhändler dazu, Gegenmaßnahmen zu ergreifen.

Zunächst wurden statt der einmaligen Inventur am Jahresende mehrere intermittierende Kontrollzählungen vorgenommen. Dabei konnten die besonders beliebten Diebesgüter herausgefiltert werden. Die nachfolgende Tabelle zeigt die Ergebnisse der Kontrollzählungen.[508]

---

[508] Vgl. Masuda, 1992, S. 133.

Tabelle 8:
Ergebnisse der Kontrollzählungen im Einzelhandelsgeschäft

Zähldatum	Warengruppe	Verlust in %
16.09.1989	Autoradios	- 8,99
06.05.1990	Videorekorder/-kameras	- 6,1
19.05.1990	Fernseher	- 1,9
17.05.1990	Elektrogeräte	- 1,4
31.08.1990	Autoradios	- 10,8
03.10.1990	Kassetten/Batterien	- 8,2
30.11.1990	CDs	- 9,8
13.12.1990	Radardetektoren	- 2,7
31.12.1990	Videos	- 2,1

Wie man der Tabelle entnehmen kann, waren speziell kleine, gut transportable und leicht zu versteckende Gegenstände bevorzugte Diebesgüter der Angestellten des Einzelhändlers.

Man machte sich Gedanken darüber, wie diese großen Verluste zustande kamen. So wurde angenommen, dass hauptsächlich die Diebstähle durch Mitarbeiter alleine begangen wurden oder dass diese durch externe Personen als Mittäter oder Gehilfen unterstützt wurden. Zudem konnte eine inkorrekte Dokumentation der Wareneingänge vom Vertriebszentrum in die Verkaufshäuser festgestellt werden.

Weil nicht alle Waren aus Kostengründen bewacht werden konnten, wurde eine Strategie entwickelt, die auf eine intensive Kontrolle von zwei Warengruppen - nämlich Videorekordern und -kameras - abzielte. Die Wahl dieser Gegenstände resultierte aus der hohen entwendeten Stückzahl dieser Waren sowie ihres hohen Wertes.

Dieses Projekt zur Verringerung von betriebsinternen Verlusten kombinierte Maßnahmen zur Sicherung der Zielobjekte mit der Installation von Alarmanlagen und Überwachungskameras, dem Einbau von sicheren Schlössern sowie der Beschäftigung von zusätzlichen Sicherheitsleuten.[509]

Es wurden neben der Durchführung dieser Sicherheitsmaßnahmen eine tägliche Zählung der Bestände vorgenommen.

---

[509] Vgl. Masuda, 1992, S. 133.

Das Kurzzeitziel des Projektes sollte die Reduktion der Diebstähle auf „Null" innerhalb von drei Monaten sein.

Die Ergebnisse der Studie zeigen, dass diese Zielsetzung erreicht wurde. Die Diebstähle von Videorekordern- und kameras konnten innerhalb von drei Monaten auf „Null" gesenkt werden. Die nachfolgende Tabelle zeigt dieses Ergebnis:[510]

Tabelle 9:
Anzahl der gestohlenen Güter nach Durchführung der Maßnahmen

Zähldatum	**Warengruppe**	**Verluste in %**
02.02.1991	Videorekorder/-kameras	- 0,6
09.03.1991	Videorekorder/-kameras	- 0,1
16.04.1991	Videorekorder/-kameras	0
02.03.1991	Fernseher	- 1,85
20.04.1991	Radardetektoren	0
23.05.1991	CDs	0
08.08.1991	Videos	- 1,81
10.08.1991	Autoradios	0
28.12.1991	Fernseher	- 0,27

Des weiteren wurde die Diskrepanz der Zählungen behoben, und es stieg die Aufdeckungsrate, so dass die schuldigen Angestellten mit ihrer Tat konfrontiert werden konnten.

Die Ergebnisse der Evaluation zeigen weiterhin, dass es zusätzlich zu einer Verringerung der Verluste anderer Waren kam. Ausnahme hiervon stellten lediglich Videofilme dar. Es wurde vermutet, dass diese Ware insbesondere von Kunden, also externen Dieben, entwendet wurden.

Diese Studie belegt folglich, dass keine Deliktsverlagerung eingetreten ist und liefert sogar Beweis für den Eintritt von zielübergreifenden Gewinnen.[511]

Masuda schließt aus den Ergebnissen, dass die Gefahr einer Deliktsverlagerung in kleineren Umgebungen, in denen die Präventionsmaßnahmen durchgeführt werden, deutlich reduziert werden kann, wenn die Bedingungen für zielübergreifende Gewinne gleichzeitig erheblich erhöht werden.[512]

---

[510] Vgl. Masuda, 1992, S. 135.
[511] Vgl. Masuda, 1992, S. 135, 136.
[512] Vgl. Masuda, 1992, S. 136.

d) Überwachungskameras auf öffentlichen Plätzen, England

Eine unlängst erschienene Studie von Ben Brown befasst sich mit der Bewertung der Auswirkungen von Überwachungskamera – Installationen in Stadtzentren oder an öffentlichen Plätzen. Diese Untersuchung erschien in England und war die bisher umfassendste zu dieser Thematik.[513]

In der Brown`schen Studie wird über die Erfahrungen in drei englischen Städten, Newcastle, Birmingham und King`s Lynn berichtet, nachdem Videoüberwachung im weitläufigen Zentrum dieser Städte eingerichtet worden war. Entgegen früherer, weit verbreiteter Ängste über den „gläsernen" Bürger durch Kameraüberwachung sind in der Mitte der 90er Jahre ca. 200 Gebiete in England, von Großstadtzentren bis hin zu kleineren Marktflecken mit Videokameras ausgestattet wurden.[514]

Die bei der örtlichen Polizei am häufigsten angezeigten Delikte wie Einbruchdiebstahl, Vandalismus, Autodiebstahl und sonstige Diebstähle sowie Ruhestörung durch Jugendliche wurden speziell in der Stadt Newcastle vor und nach Installierung eines Kameraüberwachungssystems zur Abschreckung miteinander verglichen. Die nachfolgende Tabelle gibt einen Überblick über die monatliche Anzahl an Vorfällen vor und nach Einführung der Videokameras:[515]

---

513 Vgl. Brown, 1997, S. 167 – 182.
514 Vgl. Brown, 1997, S. 168.
515 Vgl. Brown, 1997, S. 174.

Tabelle 10:
Auswirkungen von Videokameras auf öffentlichen Plätzen

	CCTV		kein CCTV		Byker		Force	
	Vorher	Nach-her	Vorher	Nach-her	Vorher	Nach-her	Vorher	Nach-her
Einbruch	40	17	75	46	110	107	2307	2260
%	- 57		- 39		- 3		- 2	
Vandalis-mus	32	21	111	83	217	225	4107	4441
%	- 34		- 25		+ 4		+ 8	
Diebstahl von Fahr-zeugen	17	9	168	100	141	122	2590	2298
%	- 47		- 40		- 13		- 11	
Diebstahl aus Fahr-zeugen	18	9	106	65	110	98	2146	1803
%	- 50		- 39		- 11		- 16	
Diebstahl	223	198	197	161	153	154	1437	2233
%	- 11		- 18		+ 1		- 8	
Ruhestö-rung	13	15	19	20	158	204	2601	3185
%	+ 15		+ 5		+ 29		+ 22	

Wie dieser Tabelle zu entnehmen ist, wurde die gleiche Deliktsform im unmittelbar an das Zentrum (Kein CCTV genannt), im Nachbardistrikt Byker sowie in der gesamten Provinz (Force genannt) gegenübergestellt. Auf diese Weise sollte nicht nur allein der Effekt von zielübergreifenden Gewinnen durch die Kameraüberwachung ermittelt, sondern auch der Versuch unternommen werden, ein mögliches Verlagern der zu beobachtenden Delikte in Nachbarregionen festzustellen. Denn einer der Hauptargumente gegen breit gefächerte Videoüberwachung ist, dass Delikte eher in nicht derart überwachte Gebiete verlagert werden, als dass eine generelle Abschreckung zu konstatieren wäre.

Die Ergebnisse aus der Tabelle zeigen jedoch eine deutliche Reduktion der Deliktsformen, ohne dass ein signifikanter Anstieg dieser kriminellen Taten in den untersuchten Nachbarbezirken oder im ganzen Umland festzustellen war. Eine Abschreckungswirkung durch Videoüberwachung wird durch diese Zahlen belegt. Es zeigt sich, dass das Risiko der Entdeckung oder Identifizierung für potentielle

Täter evident ist.

Was jedoch die mögliche und allseits erwartete Verlagerung der angestrebten kriminellen Handlung in ein nicht durch Videokamera überwachtes Areal angeht, so sind die Resultate wenig aussagekräftig. Die Ergebnisse der ausgewerteten registrierten Polizeidaten in Birmingham über einen Verlagerungseffekt deuten auf eine örtliche Verlagerung in unmittelbar dem videoüberwachten Zentrum benachbarte Gebiete hin. Wie *Eck* feststellte[516], eine Deliktsverlagerung als solche zu identifizieren, ist nur durch potentielle Täterbefragungen aussagekräftig.

Der Autor nimmt jedoch an, dass insgesamt eine örtliche Deliktsverlagerung eingetreten ist. Er trägt vor, dass die Wahrscheinlichkeit einer Verlagerung abhängig ist von der Art des Deliktes, der Art des überwachten Gebietes und der Anzahl der installierten Kameras. So sollen Raub und Vandalismus besonders anfällig für eine Deliktsverlagerung sein.[517]

Jedoch wurde nach Ansicht von *Brown* in Newcastle auch der Effekt von zielübergreifenden Gewinnen festgestellt. Insbesondere Diebstähle seien im gesamten Gebiet reduziert worden.[518]

4. Natürliche Überwachung: Nachbarschaftswacht, Australien

Zur Prävention von Straftaten durch Verbesserung der natürlichen Überwachung gehört neben der Beeinflussung der Umwelt durch Umweltgestaltung auch die informelle Überwachung durch die Bewohner.

Ein zentraler Grundsatz von Nachbarschaftswachtprojekten ist, dass durch Ausdehnung der informellen Überwachung, polizeiliche Meldung und Anstieg der Festnahmezahlen die Anzahl der Straftäter auf freiem Fuß zurückgeht. Andere potentielle Straftäter werden von kriminellen Handlungen in einem als riskant empfundenen Bereich abgeschreckt.[519] Durch den gemeinsamen Kampf gegen ein bestehendes Problem verbessert sich die Häufigkeit und Qualität der sozialen Kontakte der Bewohner untereinander, so dass das Gemeinwesen verfestigt wird. Nachbarschaftswachtprogramme können von der Polizei, einem eigens ausgebildeten Kriminalpräventionsbeamten oder einem Mitglied der Öffentlichkeit eingeleitet werden.

Das Nachbarschaftswacht – Projekt in Australien stellte einen umfangreichen Versuch dar, diese Art von Kriminalprävention in Verbindung mit Maßnahmen zur

---

516 Vgl. Eck, 1993, S. 539.
517 Vgl. Brown, 1997, S. 181.
518 Vgl. Brown, 1997, S. 182.
519 Vgl. Graham/Bennett, 1997, S. 91.

Einschränkung von Tatgelegenheiten sowie einem Evaluationskonzept einzuführen. Das Projekt wurde in 11 Stadtgebieten und 5 ländlichen Bezirken von Victoria durchgeführt.

Bei dieser Initiative wurde im besonderen die Wirksamkeit der Nachbarschaftswachtprogramme auf Vorher – Nachher – Basis mit nahe gelegenen Kontrollbezirken verglichen, um die Möglichkeit eines Verlagerungseffektes zu untersuchen.

Die Ergebnisse der Evaluation brachten lediglich negative Ergebnisse.

Es wurde festgestellt, dass eine örtliche Verlagerung zu Gebieten ohne Nachbarschaftswachtprogrammen sowie eine funktionelle Verlagerung stattgefunden hat.[520]

III.
Maßnahmen, die die Belohnung aus der Straftat verringern: Markierung von Eigentum

1. Eigentumsmarkierung in Ottawa, Canada

Gabor untersuchte mögliche Deliktsverlagerungseffekte nach Eigentumsmarkierungsmaßnahmen in Nepean, einer kleinen Stadt im Süden von Ottawa, Kanada.[521]

Dieses Programmgebiet wurde zwischen März 1975 und August 1976 überwacht. Das Eigentumsmarkierungsprogramm umfasste 171 von 1093 (15,6%) Wohnungen, während nur 1 von 625 Geschäften an der Initiative teilnahm.[522]

Eine mögliche Deliktsverlagerung - ausgelöst durch die Eigentumsmarkierungen - wurde auf drei verschiedene Arten untersucht:

Erstens wurde überprüft, ob eine örtliche Verlagerung zwischen Teilnehmern und Nichtteilnehmern dieses Programms stattgefunden hat. Zweitens wurde untersucht, ob eine Zielobjektsverlagerung zwischen Wohnungseinbrüchen und Geschäftseinbrüchen eingetreten ist (in der Annahme, dass Geschäftseinbrüche ansteigen würden, da sie im Vergleich zu Wohnungseigentum einen Mangel an Präventivschutz aufwiesen). Als drittes suchte man nach Antwort auf die Frage, ob eine Methodenänderung stattfand, so dass unmarkierte Gegenstände vermehrt entwendet wurden.

---

520 Vgl. Hesseling, 1994, S. 208.
521 Vgl. Gabor, 1981, S. 392.
522 Vgl. Gabor, 1981, S. 393.

Den Umstand einer zeitlichen oder funktionellen Verlagerung prüfte *Gabor* nicht.

Das Projekt wurde durch vierteljährliche Vorher-Nachher- Untersuchungen der polizeilich gemeldeten Straftaten beurteilt; weiterhin wurden die erwarteten Einbruchsraten mit den tatsächlich verwirklichten Einbrüchen verglichen sowie untersucht, inwieweit die Einbruchsrate unter den Programmteilnehmern im Vergleich zu der Nichtteilnehmergruppe variierte.

Die Untersuchung brachte folgende Ergebnisse:

Der vierteljährliche Ante-Post-Vergleich der Einbruchsrate unter den Programmteilnehmern und -nichtteilnehmern zeigte einen Anstieg der Einbrüche für Nichtteilnehmer und einen Rückgang für die Teilnehmer der Initiative. Dies deutete auf eine örtliche Verlagerung innerhalb der Einwohner hin.[523]

Dagegen stieg die Einbruchsrate in Geschäftsräumen im Vergleich zu Einbrüchen in Wohnräume nicht signifikant an, so dass eine Zielobjektsverlagerung nicht nachgewiesen werden konnte.[524]

Auch die Auswertung der Daten hinsichtlich einer Methodenänderung bzw. einer taktischen Verlagerung führten zu keiner signifikanten Aussage, so dass *Gabor* diese ebenfalls nicht nachweisen konnte.[525]

Folglich ergaben die Ergebnisse seiner Studie deutliche Beweise für eine örtliche Verlagerung von Einbrüchen, jedoch keine Anzeichen für eine Zielobjektsverlagerung oder Methodenänderung.

2. Eigentumsmarkierung in Caerphilly, Wales

Eine andere Untersuchung über die Wirksamkeit von Eigentumsmarkierungen wurde in drei Dörfern in Südwales (Trethomas, Graig-y-Rhacca, Machen) durchgeführt.[526]

Zwischen 70 und 75 % der teilnahmeberechtigten Einwohner in Südwales nahmen am Programm teil und brachten Eigentumsmarkierungsaufkleber an ihren Fenstern an.

Die nachfolgende Tabelle zeigt die Teilnahmerate pro Gebiet.[527]

---

523 Vgl. Gabor, 1981, S. 398.
524 Vgl. Gabor, 1981, S. 400.
525 Vgl. Gabor, 1981, S. 402, 403.
526 Vgl. Clarke, 1994, S. 230 f.
527 Vgl. Laycock, 1986, S. 57 f.; Laycock, 1991, S. 69.

Tabelle 11:
Teilnehmerrate an der Maßnahme pro Gebiet in Caerphilly

Gebiet	Teilnahme am Programm	Keine Teilnahme	Total	Rate
Trethomas	618	203	821	75 %
Graig-y-Rhacca	499	209	708	70 %
Machen	497	208	705	70 %
Total	1614	620	2234	72 %

Das Projekt wurde durch eine zwölfmonatige Vorher-Nachher-Untersuchung der polizeilichen gemeldeten Straftaten bewertet.

Die Ergebnisse der Untersuchung zeigten, dass die Anzahl der Häuser im Programmbereich, die mindestens einen Einbruch erlitten hatten, im Jahr nach der Einführung des Programms von 5,1 auf 3 % zurückging.[528] Ein Vorher-Nachher-Vergleich der Einbruchsrate unter den Programmteilnehmern- und nichtteilnehmern zeigte einen Rückgang der Einbrüche für Teilnehmer, jedoch keine Reduzierung für Nichtteilnehmer.

Die nachfolgende Tabelle zeigt dieses Ergebnis:[529]

Tabelle 12:
Einbruchsrate bei Teilnehmern und Nichtteilnehmern vor und nach Durchführung des Projekts in Caerphilly

	Vorher	Nachher
Teilnehmer	91	35
Nichtteilnehmer	37	39

Laycock schloss aus dem Ergebnis der Studie, dass keine Zielobjektsverlagerung stattgefunden hat, da die Einbruchsrate sich bei den Nichtteilnehmern nicht signifikant geändert hat.[530] Die Autorin zweifelte jedoch daran, ob die Reduktion der Einbrüche alleine auf die Eigentumsmarkierung zurückzuführen war. Sie sieht die

---

528 Vgl. Laycock, 1986, S. 65.
529 Laycock, 1986, S. 65; Laycock, 1991, S. 69.
530 Vgl. Laycock, 1986, S. 70.

hauptsächlichen Gründe für die Reduktion in der forcierten Polizeiarbeit gegen Wohnungseinbrüche zu diesem Zeitpunkt.[531]

IV.
Situationsbezogene Kriminalprävention durch vielfältige Maßnahmen

Erschwerend für die Bewertung des Erfolges situativer Präventionsmaßnahmen ist der Umstand, daß diese nicht nur für ein einzelnes Ziel oder ein einzelnes Problem durchgeführt und ausgewertet werden. Ganz im Gegenteil - ein Kriminalitätsproblem kann meistens nur durch ein Paket von Maßnahmen angegangen werden. In diesen Fällen ist es häufig schwierig herauszufiltern, welchen Präventionseffekt die verschiedenen Bestandteile des Paketes haben. Deshalb muss ein Programm als ein Ganzes gesehen und bewertet werden, um aussagen zu können, welches Projekt erfolgreich war oder nicht.[532]

1. Wohnungseinbruch

a) Das Programm „Sichere Städte", England und Wales

Im folgenden Beispiel wird eine solche Initiative aus England und Wales beschrieben (Das Programm „Sichere Städte").

Stufe 1 des „Sichere-Städte"-Programms (1988 - 1995) umfasste 20 Städte in England und Wales. In diesen wurden annähernd 300 verschiedene Präventionsprogramme, die sich gegen Einbrüche in Privatwohnungen richteten, durchgeführt.[533]

75% der lokalen Programme konzentrierten sich auf eine Sicherung von Tatobjekten (darunter Verbesserung von Türen, Fenstern und Umzäunungen, Eingangssystemen und Sicherheitsbeleuchtungen um einzelne Häuser und Blöcke). Weitere 8% umfassten andere Maßnahmen, wie z.B. die Stärkung des Präventionsbewusstseins unter den Einwohnern, Vermittlung von Kriminalpräventionsverbindungskontakten, Nachbarschaftswachtprogrammen und Eigentumsmarkierung. In jeder Stadt wurde ein hauptberuflicher Koordinator mit einem kleinen Team eingestellt. Eine Vielzahl örtlicher Organisationen waren verantwortlich für die Umsetzung der Initiative auf lokaler Ebene. Die Evaluation konzentrierte sich nicht auf

[531] Vgl. Laycock, 1986, S. 71.
[532] Vgl. Graham/Bennett, 1997, S. 76.
[533] Vgl. Graham/Bennett, 1997, S. 77.

individuelle Programme, sondern auf die Gesamtauswirkung der Präventivmaßnahmen in jedem Gebiet.
Informationsquellen zur Beurteilung der Auswirkungen örtlicher Maßnahmen waren registrierte Kriminaldaten sowie mehr als 7.500 Befragungen von Einwohnern, die auf einer Ante-Post-Basis in 280 Bereichen von 11 „Sicheren Städten" sowie 126 Bereichen in 8 Vergleichsstädten durchgeführt wurden. In die auf der Untersuchung basierende Analyse flossen 96 örtliche Kriminalpräventionsprogramme ein.
Die Untersuchungsergebnisse zeigten, dass die Einbruchsgefahr zwischen 1990 und 1992 im Verhältnis zu dem in jedem untersuchen Gebiet durchgeführten Maß an Aktionen zurückging. Dieser Rückgang stand im Verhältnis zu den Hintergrundtendenzen sowohl in den „Sicheren Städte"-Gebieten, in denen keine Maßnahmen getroffen wurden, als auch in den Vergleichsstädten. Die Bezirke mit den meisten Sicherheitsmaßnahmen erfuhren auch den größten Risikorückgang. Es ließ sich nur eine minimale Verlagerung feststellen, und die Initiative war allem Anschein nach in den Bereichen mit der höchsten Kriminalität kosteneffektiv. Es konnten jedoch nur wenige Beweise dafür erbracht werden, dass die Programme die Furcht vor Einbrüchen reduzieren konnten.

Die Evaluation ließ aber nicht erkennen, welche der Maßnahmen im besonderen den größten Beitrag zur Reduktion der Einbruchsgefahr leisten konnte.

b) Das Einbruchsverhütungsprojekt in der Kirkholt-Siedlung, England

Ein sehr umfassend beschriebenes Projekt ressortübergreifender Zusammenarbeit bei der Verhütung von Einbrüchen ist das Kirkholt -Einbruchsverhütungs-Projekt.[534]

Kirkholt ist ein Wohngebiet des Stadtbezirks Rochdale in Groß-Manchester mit 2.280 Wohnungen. 1985 zeigte sich, dass rund 24,6 % der Haushalte jährlich Opfer eines Einbruchs wurden. Dabei bildeten bei der Hälfte der Einbrüche die Münzautomaten der Gas- und Stromzähler das Angriffsziel.[535]

Dieses Projekt zur Verringerung von Einbrüchen in einer stark gefährdeten sozialen Wohnsiedlung kombinierte Maßnahmen zur Sicherung mit der Entfernung von besonders gefährdeten Zielobjekten. Der Umtausch der Gas- und Stromzähler, Einbau von sicheren Schlössern für Türen und Fenster, Opferbetreuung, Sicherheitsprüfungen, Registrierung von Gegenständen (unter Verwendung der Postleit-

---

[534] Vgl. hierzu Forrester/Chatterton/Pease, 1988; Forrester/Frenz et al., 1990; Pease, 1991, S. 73 – 77.
[535] Vgl. Forrester/Chatterton/Pease, 1988, S. 1, 2.

zahl) und Maßnahmen zur Verbesserung der informellen Überwachung (Gründung von Nachbarschaftswachen) standen im Mittelpunkt der Prävention.[536]

Das Projekt begründete seinen Ansatz auf Angaben, die aus der ausgiebigen Befragung von Straftaten, Tätern und Opfern gewonnen wurden. Es wurde von mehreren Behörden gemeinsam umgesetzt, darunter dem örtlichen Wohnungsamt, den Gas- und Elektrizitätsgesellschaften, der lokalen Opferbetreuungsstelle, dem Arbeitsamt und der örtlichen Kriminalpräventionsgruppe sowie Vertretern der Siedlungsbewohner selbst.[537]

Die aus den Untersuchungen gewonnenen Angaben erwiesen sich als unabdingbar für die nachfolgende Konzeption angemessener Präventionsmaßnahmen. Verurteilte Einbrecher wurden über verschiedene Faktoren befragt, darunter über die Entfernung zwischen Einbruchsobjekt und Zuhause oder ihre Gründe für die Auswahl eines Zielobjekts. Einbruchsopfer und ihre Nachbarn gaben z.B. Informationen darüber, wie übersichtlich die Stelle war, wo der Einbrecher eingedrungen war, welche Sicherheitseinrichtungen sie hatten und inwieweit diese verwendet wurden, ob sie beim Einbruch in der Wohnung anwesend waren und ob sie schon früher Opfer von Straftaten geworden waren.

Durch Vergleich der Lage und anderer Eigenschaften des betroffenen Haushaltes mit offensichtlichen alternativen Zielobjekten (wie z.B. ähnlich aussehende Häuser in der Nachbarschaft des Opfers), konnten Präventivmaßnahmen speziell auf die individuellen Häuser oder Wohnungen abgestimmt werden, die am anfälligsten schienen. So stellte sich beispielsweise heraus, dass betroffene Häuser stärker von einem möglichen neuen Einbruch bedroht waren als Nachbarhäuser, so dass sich die Präventionsbemühungen bewusst auf mehrfach betroffene Haushalte konzentrierten. Gleichfalls wurde festgestellt, dass mehr als zwei Drittel der Einstiegsstellen im Blickfeld eines Nachbarhauses lagen, was zur Einrichtung von Mini-Nachbarschaftswachtgruppen führte.[538]
Andere Erkenntnisse, die auf das Präventionskonzept einwirkten, umfassten u.a. die Tatsache, dass Einbrecher tendenziell zum Begehen ihrer Taten nur kurze Strecken zurücklegen und sich auf besondere Hausarten spezialisieren, und dass Hinweise auf die Anwesenheit von Personen, klar einsehbare Eingangspunkte und sichtbare Einbruchsalarmsysteme als Abschreckung wirken.

---

536 Vgl. Forrester/Chatterton/Pease, 1988, S. 13 – 17; Forrester/Frenz et al., 1990, S. 3, 4.

537 Ausführliche Beschreibung der einzelnen Informationsquellen bei Forrester/Chatterton/Pease, 1988, S. 2 – 10.

538 Mini- oder "Kokon"-Nachbarschaftswachtgruppen unterscheiden sich von herkömmlichen Nachbarschaftswachtprogrammen dadurch, dass sie durch einen spezifischen Vorfall gegründet werden und sich auf kleinere, enger begrenzte Gebäudegruppen konzentrieren. Zum Begriff und zu einzelnen Nachbarschaftsprojekten vgl. Graham/Bennett, 1997, S. 91 ff.

Die ersten Evaluationsergebnisse zeigten, dass Einbrüche im ersten Jahr um mehr als 40 % zurückgingen und dass sich die mehrfache Viktimisierung auf fast Null reduzierte. Letztlich wurde eine Reduktion von über 80% erreicht.[539]

Die nachfolgende Abbildung zeigt die Anzahl von Einbrüchen in Wohnungen in Kirkholt vor und nach den durchgeführten Maßnahmen.[540]

Tabelle 13:
Anzahl der Einbrüche in der Kirkholt-Siedlung in den Jahren 1986 - 1990

	Jahr (März zu Februar)			
Monat	1986/87 (Pre)	1987/88 (Post 1)	1988/89 (Post 2)	1989/90 (Post 3)
März	54	42	14	18
April	61	30	21	10
Mai	52	17	15	9
Juni	28	10	5	8
Juli	40	10	7	2
August	39	16	13	14
September	42	22	29	18
Oktober	27	16	9	9
November	36	14	9	12
Dezember	23	16	18	18
Januar	64	10	17	6
Februar	64	20	10	8
Total aufs Jahr	526	223	167	132
Rückgang in % zum vorherigen Jahr		58	25	21
Rückgang in % zum vorherigen Jahr			68	41
Rückgang in % zum vorherigen Jahr				75

539 Vgl. Forrester/Frenz et al., 1990, S. 4, 5.
540 Vgl. Pease, 1991, S. 75.

In der Siedlung stiegen im Anschluss an die Umsetzung des Programms nur die Zahlen des angezeigten Vandalismus an. Es wurde vermutet, dass dieser Umstand auf den zunehmenden Stolz auf die Siedlung und das Vertrauen in die Polizei zurückzuführen war, was zu einer größeren Bereitschaft führte, Vorfälle von Vandalismus anzuzeigen.

Es wurde kein Beweis dafür gefunden, dass die Wohnungseinbrüche an anderen Stellen stattgefunden haben, noch dass andere Delikte zugenommen haben. Folglich fand keine Deliktsverlagerung statt.[541]
Da die Wohnungseinbrüche sich im ganzen Gebiet reduzierten und nicht nur für die gesicherten Häuser, liefert auch diese Studie Beweise für zielübergreifende Gewinne.[542]

2) Vandalismus: Sicherheitsmaßnahmen im öffentlichen Nahverkehr, England

Poyner ging in seiner Studie der Verwendung von Überwachungskameras im öffentlichen Nahverkehr nach.

Diese Studie dokumentiert den ersten Gebrauch von Überwachungskameras mit Videoaufzeichnung in englischen Doppeldeckerbussen. Sie wurden eingesetzt, um dem Problem von Vandalismus in Bussen während der Busfahrten Einhalt zu gebieten.[543]

Vandalismusraten in Bussen sind ausreichend dokumentiert. So hat eine Umfrage in Gladstone ergeben, dass 55% der befragten Schulkinder bereits schon einmal auf die Sitze oder Wände geschrieben und 22% der Schüler gaben sogar an, die Sitzpolster bereits einmal aufgeschlitzt zu haben.[544]

Poyners Studie wurde mit der „Go - Ahead - Northern" Busgesellschaft durchgeführt, die ein Busdepot von 700 Bussen in Nord - England unterhält. Für die Firma fällt jährlich ein hoher Betrag Reparaturkosten in ihren Bussen an, die durch Vandalismus verursacht wurden. Dabei waren die weniger einsichtigen oberen Decks ihrer Doppeldeckerbusse das häufigste Ziel für derartige Zerstörungen. Verantwortlich hierfür waren meist Schulkinder.

---

541 Vgl. Forrester/Frenz/et al. 1990, S. 29.
542 Vgl. Pease, 1992, S. 223.
543 Vgl. Poyner, 1992b, S. 185 - 193.
544 Vgl. Poyner, 1992b, S. 186.

Als Ausgangsdaten benutzte man Aufzeichnungen über Zerstörungen in Bussen der „Cleveland Transit" – Gesellschaft, die nachfolgende Tabelle zu entnehmen sind.[545]

Tabelle 14 zeigt eine Analyse über Zwischenfälle, die über einen Zeitraum von 16 Monaten vom 01.01.1985 bis 03.05.1986 gemacht wurden.[546]

Tabelle 14:
Kriminelle Vorkommnisse in den "Cleveland Transit Bussen"

Vorfälle	Number of reports	Incidents where busses were damaged
Passangers refuse to get off overloaded bus	9	--
Arguments over fares	36	1
Glue sniffing on bus	10	--
Problems with drunks	7	--
Schoolchildren out of control	40	14
Rowdy youths	28	10
Fighting on bus	11	--
Troublesome passengers	21	--
Encounter with other road users	7	--
Objects thrown at bus	23	22
Damage to bus reported	5	5
Incidents away from bus	7	--
Theft on bus	2	--
Other	4	--
Total	210	52

Zusammen mit jugendlichen Rowdys waren Schulkinder meist verantwortlich für die Schäden an den Bussen. Sie haben Fensterscheiben eingeschlagen, Sitze aufgeschlitzt und rausgerissen, die Wände und Sitze vollgeschmiert usw.

Nach Diskussionen mit den Mitarbeitern der Busgesellschaft hatte man beschlossen, in manchen Bussen Videokameras anzubringen. Man erhoffte sich, dass diese Kameras in Fällen von Angriffen auf die Busfahrer und bei Vandalismus nützlich sind. Zunächst wurde nur ein Bus mit einer Videoüberwachung ausgestattet. Es gab Unsicherheiten darüber, ob diese Kameras wirklich zu einer Schadensreduzierung führen und ob die Qualität der Aufzeichnungen nicht durch die Bewe-

---

545 Vgl. Poyner, 1992b, S. 186.
546 Vgl. Poyner, 1992b, S. 190.

gungen des Busses und die schlechten Lichtverhältnisse negativ beeinflusst werden.

Es wurden zwei Überwachungskameras in diesem Bus installiert. Eine Kamera wurde im vorderen Bereich des Busses auf dem oberen Deck in einer geschützten Glasummantelung positioniert. Von da aus war es möglich fast das ganze Oberdeck zu überwachen, vor allem auch die hinteren Sitze. Eine zweite Überwachungskamera wurde über dem Kopf des Busfahrers im unteren Deck montiert. Diese Kamera deckte den Raum um den Busfahrer herum ab. Der Videokassettenrekorder wurde unter der Treppe installiert, wo auch Kinderwagen und Gepäck von Passagieren verstaut wurden. Der Fahrer konnte entscheiden, wann er die Aufzeichnungsgeräte an - und ausschalten wollte. Wenn der Bus nahezu leer war, schaltete der Busfahrer den Videorekorder aus, aber sobald eine Gruppe von lauten Passagieren, z.B. Schulkindern einstieg, schaltete er ihn an.[547]

Der mit Videokameras ausgestattete Bus wurde zum ersten Mal im November 1985 in Betrieb genommen. Er wurde auf Strecken eingesetzt, die problematisch erschienen, da sehr viele Schulkinder auf dieser Strecke befördert wurden. Nach jeder Tour wurde der Bus nach Schäden oder Graffiti untersucht, und wenn etwas entdeckt wurde, wurde die Videokassette angeschaut. Wenn ein Kind ausgemacht wurde, das den Bus beschädigt oder verschmutzt hatte, wurde das Kind anhand der Schuluniform identifiziert. Das Videoband wurde dann zur Schule gebracht und dem Schuldirektor vorgeführt, um den Namen des Schuldigen herauszufinden. In manchen Fällen wurde auch das Band den Eltern der betroffenen Kinder vorgeführt; auf jeden Fall mussten die Eltern für die entstandenen Schäden aufkommen.

Mit dieser Methode wurden eine Anzahl von Vorfällen bereits im ersten Monat des Einsatzes aufgezeichnet.
Es wurde festgestellt, dass keines der ertappten Kinder wieder rückfällig wurde. Zudem stellte man fest, dass auch Beschädigungen in anderen Bussen derselben Busgesellschaft rapide abnahmen.[548]

Aufgrund dieses positiven Ergebnisses wurde entschieden, zusätzliche Überwachungskameras in weiteren Bussen der Gesellschaft zu installieren. Aus Kostengründen wurden jedoch lediglich 24 Busse derart mit Kameras ausgestattet. In den übrigen Bussen wurden Kameraattrappen installiert.

Zusätzlich zu der Ausrüstung der Busse wurde eine Öffentlichkeitskampagne gestartet. In einer Fernsehsendung wurde über dieses Projekt berichtet und sogar Ausschnitte von Aufzeichnungen vorgeführt. Zudem suchte der Deputy Manager

---

547 Vgl. Poyner, 1992b, S. 187 f.
548 Vgl. Poyner, 1992b, S. 188.

vom Percy Main Depot, John Dodds, Schulen auf, mit dem Ziel, Kinder von diesem Programm zu unterrichten und sie zu ermutigen, fremde Sachen mit mehr Respekt zu behandeln („Bus-Watch-Projekt"). Ein Videobus wurde als Vorführobjekt verwendet. Den Kindern wurde gezeigt, wie der Bus funktioniert und ihnen wurde erklärt, wie hoch die Kosten für Beschädigungen in den Bussen sind. Es wurde mit den Kindern eine Fahrt unternommen, wobei die Kinder mit der Videokamera aufgezeichnet wurden. Später wurde ihnen dieses Band vorgeführt. Den Kindern wurde erzählt, dass alle Busse mit diesen Kameras ausgestattet sind.

Diesem Projekt der Busgesellschaft „Go - Ahead - Northern" folgten noch andere Unternehmen.[549]

Die Studie belegt eindrucksvoll den Rückgang von Vandalismus in Bussen. Allein an dem um ein Drittel gegenüber dem Vorjahr zurückgegangenen Reparaturen an Sitzpolstern lässt sich der Erfolg dieser Überwachungskameras festmachen. Es gab keinen Zweifel daran, dass die durchgeführten Maßnahmen äußerst kostenwirksam waren.[550]

Diese Studie belegt auch den Eintritt von zielübergreifenden Gewinnen. Es wurden lediglich 24 Busse mit der Videoausrüstung ausgestattet. Der Vandalismus hat jedoch in dem gesamten Busdepot erheblich abgenommen, da die Kinder nicht wussten, in welchen Bussen die Kameras installiert waren und ihnen das Entdeckungsrisiko damit zu hoch war.

3) Diebstahl aus Einkaufstaschen, Wales UK

Als weiteres Beispiel für zielübergreifende Gewinne soll eine Studie von *Poyner* und *Webb* angeführt werden, welche den Rückgang von Taschendiebstählen in zentralen Einkaufsmärkten in den britischen Großstädten Coventry und Birmingham durch Veränderung von Marktgegebenheiten nachwies.[551]

Ende der 70er, Anfang der 80er Jahre wurde festgestellt, dass Diebstähle von Geldbörsen aus Einkaufstaschen in großen Supermärkten dieser beiden Städte erheblich zugenommen hatten. Alle diese Märkte hatten gemeinsam, dass diese wegen ihrer exzellenten Verkehrsanbindungen und ihrer hohen Kundenfrequenz besonders attraktiv für Taschendiebe erschienen. Die regionalen Gegebenheiten in den Märkten, wie schmale Durchgangspassagen zwischen den Verkaufsregalen sowie spärliche Beleuchtung, begünstigten die Diebstähle zusätzlich. Außerdem ließ sich beobachten, dass Schwerpunkt der Taschendiebstähle an den Hauptgeschäftstagen – Dienstag, Freitag und Samstag – um die Mittagszeit und zudem in

---

549 Vgl. Poyner, 1992b, S. 188, 189.
550 Vgl. Poyner, 1992b, S. 191, 192.
551 Vgl. Poyner/Webb, 1992, S. 99 – 107.

den Sommermonaten lag. Die wenigen gefassten Täter räumten ein, dass sich zumeist ältere Zielpersonen in den engen, durch Gedränge belebten Passagen der Einkaufsmärkte als Opfer auswählten, wo die Täter meist rasch und unentdeckt zuschlagen konnten.[552]

1980 begann die örtliche Polizei von Birmingham, die Strafregister nach derartigen Diebstahlsdelikten in der Innenstadt zu analysieren. Vier zentrale Einkaufsmärkte (nämlich der Rag Market, der Open Market, die Market Hall und der Flea Market) wurden ausgesucht, um entsprechende Strategien der Deliktsabwehr von Taschendiebstählen zu untersuchen.[553]

Als erste Maßnahme wurden 1981 Polizeiteams gebildet, die in einer verdeckten Operation arbeiteten. Beamte ohne Uniform sowie Polizistinnen als Köder gelangten zum Einsatz in allen vier Märkten.

Die nachfolgende Tabelle zeigt die Ergebnisse dieser Maßnahmen:

Tabelle 15:
Anzahl der Diebstähle aus Einkaufstaschen[554]

	1978	1982	1983	1984	1985
Rag Market	52	82	54	17	12
Open M.	54	21	45	33	12
Market Hall	20	4	11	12	9
Flea M.	-	-	2	2	-
Total	126	107	112	64	33

Auf den ersten Blick ist der Diebstahlsrückgang in den sehr gut besuchten Open Market und Market Hall im Jahre 1982 evident, doch gleichermaßen fällt der Anstieg der Taschendiebstähle im nahegelegenen Rag Market auf. Örtliche Analysen ließen erkennen, dass eine Deliktsverlagerung in diesen Markt stattfand, der sich durch besonders enge Zwischengänge und geringe Ausleuchtung für potentielle Täter anbot. Besonders augenfällig war die geringe oder fehlende Anzahl von Taschendiebstählen im sehr geräumigen Flea Market. Polizei und Marktmanagement fanden sich zusammen, um diese Erkenntnisse in die Marktstrukturen einfließen zu lassen.

552 Vgl. Poyner/Webb, 1992, S.101.
553 Vgl. Poyner/Webb, 1992, S. 102, 103.
554 Vgl. Poyner/Webb, 1992, S. 103.

In den Jahren 1983 – 85 wurde in allen zentralen Märkten der Stadt, in Anlehnung an die Raumaufteilung des Flea Market, eine großzügigere Aufteilung zwischen den Regalen mit einer Mindestgangbreite von 3 Meter statt bisher 2 Meter und eine optimale Ausleuchtung installiert. Neben der besseren Beobachtungsmöglichkeit für anfänglich Polizei, später Wachpersonal, ließ sich auch zur höchsten Geschäftszeit das sonstige Gedränge vermeiden.[555] Wie der oben genannten Tabelle weiter zu entnehmen ist, konnte eine Reduzierung der Taschendiebstähle um 70 % (von 112 auf 33 registrierte Delikte dieser Art) von 1983 – 85 ohne örtliche Deliktsverlagerung erzielt werden.

Da im gesamten Stadtgebiet diese Art der Diebstähle reduziert werden konnten, hat es somit zielübergreifende Gewinne gegeben. *Poyner* und *Webb* resümieren: „what seems to have happened is that by improving the worst areas of risk, the whole markets area has benefited.“ [556]

4. Straßenprostitution

a) Das Finsbury Park Experiment, England

Eine weitere Studie widmet sich der Eindämmung des Straßenstrichs in einer bestimmten Gegend im Norden Londons und der Umwandlung eines Rotlichtbezirkes in ein friedliches Viertel in einem Zeitraum von weniger als zwei Jahren.

Diese Studie wurde 1990 das erste Mal im Security Journal von *Matthews* publiziert.[557]

Die Maßnahmen gegen die Straßenprostitution und die durch die Freier in diese Gegend hineingetragenen Zusatzprobleme waren umfassend und erstaunlich wirkungsvoll.

Zwischen 1980 und 1986 wurde die Gegend des Finsbury–Parks im Norden Londons zunehmend von Straßenprostitution heimgesucht. Die Anwohner beklagten nicht nur die Anwesenheit der Prostituiertenszene mit Zuhältern, Freiern an Tag und Nacht sowie die zunehmende Umwandlung von Wohnungen oder Kneipen zu Treffpunkten zur Ausübung der Prostitution. Damit war ein Wertverfall der ganzen Gegend, eine zunehmende Verunsicherung der Anwohner bis hin zu Verfolgungs- und Viktimisierungsangst der ortsansässigen Bevölkerung verbunden. Zusätzlich wurden zunehmend Autodiebstähle und Einbrüche in dieser Gegend als Folge-

---

555 Vgl. Poyner/Webb, 1992, S. 105, 106.
556 Poyner/Webb, 1992, S. 106, 107.
557 Vgl. Matthews, 1990, S. 182 – 187.

probleme, die durch das Klientel der Prostituierten hereingetragen wurden, registriert.[558]

Erste polizeiliche Maßnahmen zielten auf die Feststellung der Personalien, die Bestrafung und kurzzeitige Inhaftierung der Prostituierten oder deren Zuhälter. Durch erhöhte Polizeipräsenz und zumindest Verwarnung auch der Freier gelang es allerdings stets nur kurzzeitig, die Prostitution einzudämmen. Zunehmend setzte sich die Erkenntnis durch, dass die Polizeiarbeit erheblich zu verbessern ist durch Zusammenarbeit mit den örtlichen Behörden und Sprechern der Anwohner. Dadurch lässt sich die polizeiliche Tätigkeit viel effizienter gestalten, durch offensives, abgestimmtes Vorgehen statt reiner Reaktion, und die Verantwortung lässt sich teilen.

Im Zuge dessen wurde eine Finsbury Park Action Group zusammen mit der Polizei gegründet, die als erste wirkungsvolle Maßnahme eine Kontrolle und Zugangsbeschränkung bis – sperre in diesem Gebiet verfügte. Damit allein gelang es, die Zahl der dem Straßenstrich nachgehenden Frauen im Jahr 1983 von 666 auf 181 zurückzudrängen.[559] Durch Verhaftung von Bordellwirten und Zuhältern wurde ein Vertrauen in der Öffentlichkeit geschaffen, in welchem der Informationsfluss für die Polizeiarbeit ständig anstieg und somit deren Effizienz weiter zunahm. Der Straßenverkehr und der damit verbundene Lärm wurden entscheidend zurückgedrängt, das Gefühl von Sicherheit und Identifikation mit dieser Wohngegend kehrte bei den Anwohnern zurück.

Am erstaunlichsten jedoch war, dass sich die Furcht aller Beteiligten, es würde durch die Absperrmaßnahmen eine Verlagerung in den Nachbarbezirk erfolgen, als unbegründet herausstellte. Viele aufgegriffene Gelegenheitsprostituierte kehrten in den Alltag zurück, die eingefleischten und langjährig arbeitenden Prostituierten wandten sich den traditionellen Bezirken zu. Mit dem Verschwinden der Zuhälter, Bordellwirte und vor allem der unzähligen Freier wurde die Finsbury – Park – Gegend befriedet, die Anzahl der Straftaten wie Autodiebstahl und Einbruch ging in dieser Gegend innerhalb von 12 Monaten um mehr als 50 % zurück. Diese Region wurde innerhalb kürzester Zeit von einem Rotlichtviertel in eine friedvolle Wohnregion umgewandelt.[560]

Folglich belegt auch diese Studie den Eintritt des Phänomens zielübergreifender Gewinne, da nicht nur das primäre Ziel, die Prostitution verschwinden zu lassen, realisiert wurde, sondern auch eine Reduktion von Autodiebstählen und Einbrüchen zu verzeichnen war.

---

558 Vgl. Matthews, 1992, S. 90, 91.
559 Vgl. Matthews, 1992, S. 93.
560 Vgl. Matthews, 1992, S. 97.

b) Eindämmung von Straßenprostitution, England

Ein weitere Studie von *Matthews*[561] in einem anderen Gebiet von London führte dagegen zu einer örtlichen und einer zeitlichen Deliktsverlagerung, obwohl die gleichen Maßnahmen durchgeführt wurden wie in der Finsbury – Park – Gegend.

Matthews erklärt sich die unterschiedlichen Ergebnisse beider Studien damit, dass im Finsbury Park die größte Anzahl der Prostituierten lediglich Gelegenheitsprostituierte waren, dagegen es sich in dem anderen Viertel Londons um „Hardcore“ - Prostituierte handelte.

c) Bekämpfung von Straßenprostitution, Kanada

1992 publizierte *Lowman* eine Studie zur Situation der Straßenprostitution in Vancouver.[562] Diese Untersuchung lehnte sich an das von *Matthews* beschriebene Finsbury Park Experiment an, welches als sehr erfolgreich im Hinblick auf Prävention ohne wesentliche Deliktsverlagerung dargestellt wurde.

Obwohl Prostitution als solche in Kanada als legal angesehen wurde, ließ man dort in einem mehrfach novellierten Gesetz verschiedene Eckpunkte der Ausübung von Prostitution unter Strafe stellen, so dass diese nahezu unmöglich wurde, ohne mit dem Gesetz in Konflikt zu geraten. So wurden Bordellbetriebe als unzulässig eingeordnet, alle Gewinne aus der Ermöglichung von Prostitution galten als strafbar, ebenso der Kauf oder Verkauf solcher Dienste. Die Prostitution von unter 18 – jährigen wurde gesetzlich verboten. Diese Maßnahmen galten vor allem der Eindämmung bis Ausschaltung der Straßenprostitution, welche in den Jahren 1970 – 90 massiv zugenommen hatte.[563] Die Auswirkung dieses 1979 endgültig verabschiedeten Gesetzes am Beispiel der Stadt Vancouver zeigt nun *Lowman* auf.

Die Straßenprostituiertenszene hatte sich anfangs der 70er Jahre auf 14 Distrikte Vancouvers verteilt, welche nicht nur den Straßenstrich erfasste, sondern auch Clubs und Bars mit ausgegliederten Separées integrierte. Unter dem Schutz des Prostitutions – Gesetzes wurde 1981 seitens der Polizei, Gesundheits- und Sozialbehörden eine Task Force ins Leben gerufen.[564] Diese recherchierte selbst oder folgte Anwohnerklagen oder anonymen Anzeigen und trieb die Prostituierten rigoros von den Straßen oder drängte diese in die den Hauptgeschäftsstraßen abgewandten Straßenzüge, wo diese Geschäftsleuten oder Käufern nicht so sichtbar in

---

561 Vgl. Matthews, 1993.
562 Vgl. Lowman, 1992, S. 1 – 17.
563 Vgl. Lowman, 1992, S. 4.
564 Vgl. Lowman, 1992, S. 7.

Erscheinung treten konnten. Weiterhin erfolgten Lokalschließungen, wobei nach Auskünften von Prostituierten die Schließung einer stadtbekannten Bar, des sog. Penthouse, die umgehende und vollständige Verlagerung der diesbezüglichen Prostituiertenszene in einen anderen Club, einige Straßenblöcke weg, veranlasste. Weitere Maßnahmen wie Verkehrsumleitungen und Einbahnstraßenverkehr waren nach Befragung von Straßenprostituierten im Bereich der aufgestellten Schilder sogar gut fürs Geschäft, während sich die Prostituierten in den gesperrten Distrikten umgehend in Nachbarbezirke veränderten. Unter rigider Umsetzung des Gesetzes, auch unter Einschluss der Schaffung von mehr Gefängnisplätzen und Inhaftierung von Prostituierten, Zuhältern, Clubbetreibern, wurden aus ursprünglich 14 Distrikten nur noch 5 zur Prostitution ausgewiesene Bezirke. Die Erhöhung der Polizeiaktivitäten mit Straßenpatrouillen und offener Konfrontation mit den Prostitutionsgewerbetreibenden und deren Anhang führte letztendlich aber nicht zur gewünschten Zerschlagung, sondern Spaltung und Verlagerung der Szene.[565] Die zumeist drogenabhängigen Straßenprostituierten mit Zuhältern und entsprechenden Dumpingpreisen zogen sich im Sommer zumeist in abgelegenere Stadtviertel zurück. Im Winter infiltrierten sie unter nachlassenden Bewachungsmaßnahmen der Polizei wieder die Geschäftsviertel. Die teuren Berufsprostituierten, zumeist ohne Zuhälter, verlegten ihr Tätigkeitsfeld hinter verschlossene Türen.

Lowman kommt zum Schluss, dass der Optimismus, den *Matthews* in seiner Studie verbreitet, für Vancouver in dieser Form nicht zu teilen ist. *Matthews* Aussage, dass Gelegenheitsprostituierte durch Absperrmaßnahmen von ihrem Gewerbe abgehalten werden oder dass eine wesentliche Verlagerung der Aktivitäten in Nachbargebiete nicht festzustellen wären, lassen sich in Vancouver nicht bestätigen. *Lowman* sieht eine Ursache der Diskrepanz dieser Resultate in einer unterschiedlichen Drogenszene zwischen Großbritannien und Kanada. Zudem wurde in der Finsbury – Park – Studie zu wenig der Frage einer Verlagerung der Prostitution in indoor – Betriebe nachgegangen. Befragungen von Prostituierten über Kundenverhalten und deren Anpassung an die durch Polizeipräsenz veränderten Umstände wurden nicht durchgeführt. Vor allen Dingen kritisiert *Lowman* die nicht aufzeigbaren Langzeiteffekte, da die Finsbury – Park – Sperrung im Frühjahr 1985 begann und *Matthews* Studie bereits im Oktober 1986 erschien.[566]

Grundsätzlicher Unterschied der Prostitution in beiden Ländern ist, dass in Großbritannien Gelegenheitsprostitution gängig und gesetzlich möglich ist, während in Kanada die Prostitution nur in dafür ausgewiesenen Örtlichkeiten zustande kommt. In Vancouver wird die Prostitution im beträchtlichem Maße außerhalb der Straße, in Strip-Clubs oder Bars, ausgeübt. Straßenprostitution ist zwar gesetzlich verboten, wird von der einfachen Bevölkerung aber gesucht und in weniger von der Polizei einsichtigen Gebieten weiter ausgeübt.

---

[565] Vgl. Lowman, 1992, S. 9, 10.
[566] Vgl. Lowman, 1992, S. 13, 14.

In seiner Analyse kommt *Lowman* zu dem Ergebnis, dass die teilweise hart durchgesetzten gesetzlichen Bestimmungen gegen die Straßenprostitution in Vancouver den gewünschten Zweck der Zerschlagung dieser Szene nicht erfüllt haben. Sie führten letztendlich zur Diversifizierung und zur Verlagerung in andere, weniger kontrollierte Bezirke der Stadt, wie etliche Befragungen von Betroffenen ergaben. Effektiver wäre die Schaffung eines Rotlichtbezirkes gewesen, der die Prostituiertenszene zusammenfasst und damit überschaubarer und kontrollierbarer gemacht hätte. Dies wäre kriminalpräventiv effizienter gewesen und hätte auch zum Schutz der Prostituierten selbst, von denen 1990 – 1991 zwölf allein in Vancouver ermordet wurden, beigetragen. [567]

5. Autodiebstahl

a) Präventionsmaßnahmen in Parkhäusern, England

Poyners Untersuchung zielte auf eine Evaluation der Auswirkungen verschiedener situativer Maßnahmen in Parkhäusern in England, die gegen Diebstähle aus und von Kraftfahrzeugen durchgeführt wurden. Seine erste und in dieser Arbeit entscheidende Überprüfung fand in einem öffentlichen Parkhaus im Stadtzentrum von Dover in Kent statt.[568]

Neben Vandalismus waren Diebstähle aus und von Fahrzeugen ein erhebliches Problem, so dass ein Paket von Maßnahmen durchgeführt wurde: Sicherheitsverbesserungen, Überwachungskameras, Überwachung durch Mitarbeiter und vor allem eine verbesserte Beleuchtung im Parkhaus.[569]

Die Sicherheitsmaßnahmen wurden in den letzten drei Monaten des Jahres vorgenommen. Informationsquelle zur Beurteilung der Auswirkungen dieser Maßnahmen waren registrierte Polizeidaten während der Jahre 1982 bis 1985 in diesem Parkhaus sowie ein Vorher-Nachher-Vergleich in zwei weiteren nah gelegenen und ähnlich konstruierten Parkhäusern.

Die nachfolgende Tabelle fasst die registrierten Straftaten in den 3 Parkhäusern während dieser 4 Jahre zusammen:[570]

---

567 Vgl. Lowman, 1992, S. 15.
568 Vgl. Poyner, 1992a, S. 175.
569 Vgl. Poyner, 1992a, S. 176.
570 Vgl. Poyner, 1992a, S. 177.

Tabelle 16:
Anzahl der registrierten Straftaten in drei Parkhäusern

	Parkaus, in dem die Maßnahmen durchgeführt wurden	Parkhaus 1	Parkhaus 2
1982	43	11	9
1983	53	6	17
Straftatenrate insgesamt *vor* Durchführung der Maßnahmen	96	17	26
1984	24	5	8
1985	25	8	4
Straftaterate insgesamt *nach* Durchführung der Maßnahmen	49	13	12

Tabelle 17
zeigt die Anzahl der Diebstähle aus Autos (Gegenstände, die im Fahrzeug gelassen wurden, Autoreifen, Radkappen usw.):[571]

	Parkhaus	Parkhaus 1	Parkhaus 2
1982	19	4	4
1983	23	2	8
Total vor	42	6	12
1984	17	0	4
1985	16	3	2
Total nach	33	3	6

[571] Vgl. Poyner, 1992a, S. 178.

Tabelle 18
zeigt die Anzahl der Diebstähle von Kraftfahrzeugen in den 3 Parkhäusern:[572]

	Parkhaus	Parkhaus 1	Parkhaus 2
1982	19	4	4
1983	19	3	6
Total vor	38	7	10
1984	3	2	2
1985	4	3	2
Total nach	7	5	4

Der Vergleich des Zeitraums von 2 Jahren vor der Durchführung der Verbesserungen und 2 Jahre danach zeigte, dass die Anzahl gemeldeter Vorfälle in allen drei Parkhäusern deutlich zurückging, obwohl in den zwei Vergleichsparkhäusern keine Sicherheitsmaßnahmen vorgenommen worden waren. Folglich fand keine örtliche Deliktsverlagerung statt - sogar das Gegenteil wurde erreicht. Die Studie von *Poyner* belegt den Effekt von „diffusion of benefits".

b) Bekämpfung von Autodiebstählen in Rotterdam, Niederlande

Das Programm gegen Autodiebstähle war eine Reaktion auf eine zunehmende Autodiebstahlsrate in Rotterdam. So verzeichnete die polizeiliche Kriminalstatistik in Holland 1988 noch 17 250 Autodiebstähle; 1991 waren es bereits über 20 000.[573]

Da 40 % aller Autodiebstähle sich im innerstädtischen Bereich ereigneten, wurde beschlossen, in diesem Areal der Stadt mit dem Programm zu beginnen, wobei die Maßnahmen insgesamt an sechs Orten durchgeführt wurden.

Das Projekt begann im Januar 1992 und erstreckte sich bis Ende 1995.

Während der ersten beiden zwei Jahre (1992 – 1993) wurden folgende Maßnahmen gleichzeitig vorgenommen:[574]

Verschärfte Überwachung durch die Polizei an zehn Verbrechensbrennpunkten;

---

572 Vgl. Poyner, 1992a, S. 179.
573 Vgl. Hesseling, 1995, S. 80.
574 Vgl. Hesseling, 1995, S. 80 – 82.

Überwachung eines Parkplatzes (Willemsplein), der sich in der Nähe einer Touristenattraktion befindet;

Verfassung einer Mitteilung an Fahrzeugeigentümer, die ihr Auto gewöhnlich an Brennpunkten parken sowie an bereits von Autodieben heimgesuchte Opfer. Dieses Schreiben enthielt verschiedene Vorschläge, wie man sein Fahrzeug am besten schützen kann;

Letztlich wurde den Autodieben besondere Aufmerksamkeit geschenkt. Normalerweise wird nach der Festnahme des Straftäters und Fertigstellung des Protokolls für die Staatsanwaltschaft der Täter wieder freigelassen. Während des Programms kamen die Straftäter direkt in Haft bis zur früher angesetzten Hauptverhandlung. Es wurde vermutet, dass diese Praxis eine abschreckende Wirkung haben würde.

Informationsquellen zur Beurteilung der Auswirkungen der Präventionsmaßnahmen waren registrierte Kriminaldaten für die Jahre 1988 – 1993 sowie 81 Täterbefragungen.

In den Interviews wurden die Täter befragt, welche Straftaten sie gewöhnlich begehen, wie sie einen Fahrzeugdiebstahl vornehmen und ob sie irgendeine Notiz von dem durchgeführten Projekt genommen und dies ihr Tatvorgehen beeinflusst hat.[575]

Die nachfolgende Tabelle zeigt die registrierten Fahrzeugdiebstähle in allen fünf Gebieten in dem Zeitraum von 1988 bis 1993.[576]

Tabelle 19:
Anzahl der registrierten Fahrzeugdiebstähle in den Jahren 1988 - 1993 in Rotterdam

Gebiet	Jahre vor Durchführung des Projekts				Programmjahre	
	1988	1989	1990	1991	1992	1993
Innenstadt	6266	5936	6006	7773	8688	7806
Norden	2397	1780	1939	2210	2837	2945
Westen	3501	3378	3542	3800	3872	4024
Osten	1609	1187	1157	1745	2926	1777
Süden	1587	1394	1287	1614	1846	1902
Grijs	1890	1730	1585	2657	2660	3135
Total	17250	15405	15516	19799	22829	21589

575 Vgl. Hesseling, 1995, S. 82.
576 Vgl. Hesseling, 1995, S. 83.

Die Daten belegen, dass das Programm keinen positiven Effekt im Jahre 1992 hervorrufen konnte.

Auch war die intensive Überwachung der zehn Verbrechensbrennpunkte und des Parkplatzes nicht effektiv.[577]

Diese Forschungsergebnisse waren für den Autor zwar sehr unerwartet, decken sich aber mit den Antworten der befragten Straftäter. Denn die Interviews ergaben, dass zwar 68% der Straftäter die intensivierte Überwachung registriert hatten, sich aber nur wenige davon haben abschrecken ließen.[578] Die meisten gaben an, dass aufgrund der Fülle von Fahrzeugen in der Stadt es immer möglich war, ein entsprechendes attraktives Objekt zu finden.

Auch die härtere Gangart hinsichtlich einer Inhaftierung hatte nur wenig Erfolg und übte nur einen geringen Einfluss auf die Straftäter aus. Dies lag jedoch zum größten Teil daran, dass es sich bei den befragten Tätern hauptsächlich um Drogenabhängige handelte, die angaben, keine andere Wahl zu haben, als Straftaten zu begehen, um an das benötigte Geld zu gelangen.

Allerdings ergab die Befragung auch, dass die meisten der Straftäter es nun als wesentlich schwieriger ansahen, einen Fahrzeugdiebstahl zu begehen. Auch wenn sie sich nicht davon haben abschrecken lassen, so habe es wesentlich mehr Zeit und Mühe gekostet. So kann man dies wenigstens als Erfolg des Programms werten.[579]

Weiterhin hat der Autor mit Hilfe der registrierten Polizeidaten überprüft, ob eine örtliche Deliktsverlagerung stattgefunden hat, nämlich, ob durch das Programm vermehrt Fahrzeugdiebstähle in anderen Gebieten der Stadt erfolgt sind und weniger im Zentrum der Stadt. Die nachfolgende Tabelle zeigt, dass in vier Überprüfungsgebieten die Anzahl der Fahrzeugdiebstähle zwischen 1992 und 1993 zugenommen hat.[580]

---

577 Vgl. Hesseling, 1995, S. 84.
578 Vgl. Hesseling, 1995, S. 85.
579 Vgl. Hesseling, 1995, S. 86.
580 Vgl. Hesseling, 1995, S. 87.

Tabelle 20:
Überprüfung einer örtlichen Deliktsverlagerung innerhalb von Rotterdam

Gebiet	Anzahl der Diebstähle	%
Innenstadt	- 882	- 10
Norden	+ 108	+ 4
Westen	+ 152	+ 4
Osten	- 1149	- 40
Süden	+ 56	+ 3
Grijs	+ 475	+ 18

Im Norden, Westen, Süden der Stadt und in Grijs sind Autodiebstähle angestiegen. Dies muß als Resultat einer örtlichen Deliktsverlagerung angesehen werden.[581]

Des weiteren hat *Hesseling* überprüft, ob auch eine funktionelle Verlagerung, insbesondere ein Anstieg von Diebstahl und Raub, zu verzeichnen ist. Zur Beantwortung dieser Frage griff er auch hier auf registrierte Polizeidaten zurück. Im Ergebnis konnte er feststellen, dass insbesondere die Anzahl von schweren Diebstählen zunahm und somit eine funktionelle Verlagerung eingetreten ist.[582]

Dieses Resultat deckt sich mit der Befragung der Täter, die sich als „Generalisten" bezeichneten und angaben, in ihrer kriminellen Laufbahn bereits viele verschiedene Delikte begangen zu haben, so dass sich für sie ein Wechsel zu anderen Straftaten als unproblematisch darstellen würde.[583]

Folglich kann das Projekt als wenig erfolgreich angesehen werden.

c) Problemorientierte Bekämpfung von Kraftfahrzeugkriminalität in San Diego, USA

Das im August 1996 gestartete Projekt wurde vom San Diego Police Department durchgeführt.[584] Eingebunden waren örtliche Schutz- und Kriminalpolizisten, von örtlichen Schutzpolizisten angeleitete Freiwillige sowie auf Opferseite vor allem Wohneigentümer, Gebäudemanagementgesellschaften, Versicherungen und Mieter.

---

[581] Vgl. Hesseling, 1995, S. 87.
[582] Vgl. Hesseling, 1995, S. 89.
[583] Vgl. Hesseling, 1995, S. 88.
[584] Vgl. zur umfangreichen Darstellung dieses Projektes BKA, 2000a, S. 53 – 57.

Diebstähle aus, an und von Kraftfahrzeugen (Kfz) stellen für die Stadt San Diego die am meisten belastende Form der Eigentumskriminalität dar. 1996 wurden im gesamten Stadtgebiet 11.129 versuchte oder vollendete Kfz-Diebstähle registriert.

Ziel des Projektes war nicht allein die Reduzierung der Diebstähle, sondern auch die Identifizierung von Opferverhaltensweisen, Tatorten und Tätern.

Die Umsetzung geschah nach der Methodik des sog. Problem-Oriented Policing in den vier Schritten: Scanning, Analysis, Response, Assessment (sog. SARA-Prozeß).

In der Scanning Phase wurde ein grobes Lagebild zum Problembereich erstellt: Demnach waren im nördlichen Stadtgebiet 1996 961 Kraftfahrzeuge gestohlen worden, davon alleine 438 (46 %) in dem Bereich Costa Verde (Polizeibezirk 115). Zusätzlich wurden in demselben Gebiet 1.563 Diebstähle an oder aus Kraftfahrzeugen polizeilich registriert. Diese Daten wurden bestätigt durch die Auswertung von Anrufen (calls for service) bei der Polizei – durchgeführt von der „Analysis Unit" des San Diego Police Department –, die zeigte, dass die meisten Anrufe im Zusammenhang mit Kfz-bezogener Kriminalität angefallen waren. Zum Abschluss der Scanning-Phase wurden alle Polizisten des o.a. Gebietes über das Ergebnis informiert und die Diebstahlssachbearbeiter der Kriminalpolizei wurden in den Diskussionsprozess eingebunden. In einer für 55 Officers durchgeführten eintägigen Fortbildung wurden diese über Präventions- aber auch Analysemöglichkeiten informiert.

In der anschließenden Analysephase wurden diverse Opfergruppen (incl. San Diego Police Department, Wohneigentümer, Gebäudemanagementgesellschaften, Versicherungen, Mieter etc.) identifiziert. Die Analyse ergab, dass die Kfz-bezogenen Delikte hauptsächlich bei den Wohneigentümern/Mietern und den Gebäudemanagementgesellschaften zu erheblichen Schäden geführt haben, da viele Mieter weggezogen sind.

Abschließend wurde mittels einer gezielten Bevölkerungsbefragung eine Untersuchung von 350 Opfern und ihrer opferspezifischen Verhaltensweisen durchgeführt. Die Ergebnisse zeigten, dass viele Mieter mehr als einmal Opfer wurden und viele von ihnen Diebstähle polizeilich nicht meldeten. Als Konsequenz sah das Police Department die Notwendigkeit präventionsbezogener Mieterfortbildung.

Trotz verschiedener Probleme konnten insgesamt genug Daten zur Tatortanalyse gewonnen werden, so dass die Zahl der Brennpunkte von 24 großen auf nur noch sechs Appartmentkomplexe reduziert werden konnte.

Schließlich wurden diese sechs Komplexe näher untersucht. Dies beinhaltete eine Untersuchung der Komplexe bei Tage und zur Nachtzeit. Dabei wurden Zufahrts- und Fluchtwege, Sicherheitsaspekte der Zufahrten, das Vorhandensein von Identifizierungsprogrammen zur Unterscheidung von Mietern und potentiellen Tätern, Lichtverhältnisse etc. festgestellt.

Bisherige Bekämpfungsstrategien im Bereich Kfz-Diebstahl wurden ebenfalls analysiert. Die Durchführung ungezielter Überwachungsmaßnahmen wurde wegen der geringen Erfolgsträchtigkeit und dem hohen Maß notwendiger Überstunden als nicht geeignet angesehen.

Für die sog. Response-Phase wurde die „Zielhärtung" als wichtigster Aspekt angesehen. Den sechs Gebäudekomplexen wurden Streifenpolizisten zugeordnet, um dort Zusammenarbeitsformen mit den verantwortlichen Managern zu initiieren. In den meisten Komplexen wurden Nachbarschaftshilfeinitiativen zur Verbesserung der informellen Kontrolle gestartet. In allen sechs Komplexen wurden zudem bauliche bzw. gestalterische Maßnahmen zur Veränderung der Tatörtlichkeiten ergriffen, wie z.B. Verbesserung der Beleuchtung, Verringerung der Zahl an Ein- und Ausgängen, Sicherheitstore, Sicherheitspersonal etc.

Zur Aufklärung potentieller Opfer wurden durch die „Retired Senior Volunteer Patrol" (ein freiwilliger Polizeidienst), Schutzpolizisten und Angehörige privater Sicherheitsunternehmen Handzettel in ungesicherten Kraftfahrzeugen abgelegt. Schutzpolizisten führten auch eine verstärkte Bestreifung der sechs Komplexe in den tatrelevanten Zeiten durch.

Im Rahmen der abschließenden Assessment-Phase wurde festgestellt, dass neben vermehrten Festnahmen die Zahl der pro Monat durchschnittlich entwendeten Kraftfahrzeuge von 35, 2% (September 1996 – Januar 1997) auf 15, 8% (Februar 1997 – Juni 1997) gesenkt werden konnte. Binnen vier Monaten betrug der Rückgang folglich über 50%. Im gesamten Polizeibezirk 115 konnte ein Rückgang um 45% erreicht werden.

Verdrängungsmechanismen in benachbarte Gebäudekomplexe wurden nicht festgestellt.

d) Maßnahmen gegen Autodiebstähle in Basingstoke, England

Der Ausgangspunkt für die Studie von *Laycock* und *Austin* war das Anliegen der Hampshire Polizei, das große Ausmaß der Kraftfahrzeugkriminalität in Basingstoke, einer Stadt im Süden Englands mit 130 000 Einwohnern, einzudämmen.[585]

Die Studie erfolgte in fünf Stufen: Datensammlung, Analyse, Ausarbeitung von Präventionsmaßnahmen, Auswertung und Kontrolle.

Die Studie begann mit einer Analyse der registrierten Polizeidaten hinsichtlich der Rate an Fahrzeugdiebstählen im Jahr 1983. Die Daten zeigten, dass 28% aller 1983 registrierten Straftaten Delikte in Verbindung mit Fahrzeugen waren. Von diesen Straftaten waren wiederum 76% Diebstähle von und aus Kraftfahrzeugen sowie Beschädigungen an den Fahrzeugen. Der Rest betraf Fahrräder, Lastwagen usw.[586]

Eine 50% Stichprobe dieser kraftfahrzeugbezogenen Straftaten wurde für eine gesonderte und detaillierte Analyse gewählt. Diese Auswahl erfolgte, um die Natur dieser Straftaten für diese Stadt besser verstehen zu können und um Verbrechensbrennpunkte zu identifizieren und entsprechende Gegenmaßnahmen einleiten zu können.
Es kristallisierten sich fünf Verbrechensbrennpunkte – zwei Parkhäuser und drei Wohnsiedlungen – heraus.[587]

Hinsichtlich der Parkhäuser lag eine Besonderheit vor. In einem fanden hauptsächlich (70%) Diebstähle aus den Fahrzeugen statt. Dagegen wurden in dem anderen Parkhaus weit mehr (68%) die Fahrzeuge selbst entwendet. Die Autoren nehmen an, dass die Gründe für diese Unterschiede im Design und Management dieser Parkmöglichkeiten bestehen. Bei dem ersten handelt es sich um ein in der Innenstadt liegendes Parkhaus, das eine Kapazität von 2000 Fahrzeugen besitzt, von privater Hand geführt wird und in dem insbesondere ein spezielles Schrankensystem installiert wurde. Dagegen handelt es sich bei dem zweiten Parkhaus um einen Autopendlerparkplatz, der 300 Autos fasst, von der Stadt geführt wird und bei dem die Fahrzeuge über einen längeren Zeitraum abgestellt werden.[588]

Als nächstes erfolgte die Ausarbeitung eines Präventionsprogramms. Man entschied sich aus Kostengründen lediglich für den Pendlerparkplatz ein Präventionskonzept zu entwerfen und durchzuführen.

---

585 Vgl. Laycock/Austin, 1992, S. 154 – 160.
586 Vgl. Laycock/Austin, 1992, S. 155, 156.
587 Vgl. Laycock/Austin, 1992, S. 156.
588 Vgl. Laycock/Austin, 1992, S. 156.

So wurden auf diesem Parkplatz Überwachungskameras installiert, ein Sicherheitsschrankensystem eingebaut und zwei Wärter zur Hauptdiebstahlszeit an den Arbeitstagen eingestellt.[589]

Die Durchführung der Maßnahmen brauchte 18 Monate und wurde im Juni 1985 vollendet.

Alle Straftaten vor, während und nach diesem Zeitraum wurden für alle großen Parkmöglichkeiten in der Stadt registriert. Die Ergebnisse dieser Daten zeigen, dass 12 Monate nach Durchführung der Maßnahmen 66% weniger Autodiebstähle zu verzeichnen waren als 12 Monate vor der Durchführung.[590]

Laycock und *Austin* gingen auch einer möglichen örtlichen Deliktsverlagerung auf ähnliche Parkplätze nach. Es konnte jedoch kein Beweis einer örtlichen Verlagerung gefunden werden, so dass die Autoren die Maßnahmen als äußerst erfolgreich ansehen.[591]

6. Bankraub

Die systematische Bekämpfung der Bankraubkriminalität durch technische Prävention ist sehr ausgereift: so gibt es insbesondere die durchschusssichere Abschirmung der Kassierplätze, Alarmanlagen, optische Raumüberwachungsanlagen sowie programmgesteuerte Kassenzahltische mit Zeitverzögerung. Über die positiven und negativen Einflüsse derartiger Maßnahmen auf die Verbrecheswirklichkeit gibt es mittlerweile mehrere Studien. Nachfolgend sollen solche Untersuchungen dargestellt werden.

a) Bekämpfung des Bankraubs durch technische Prävention, Deutschland

Rudolf Rengier untersuchte 1985 die Wirkungsweise der technischen Prävention anhand des Bankraubs.[592] Er wählte diese Art des Delikts, da zum einen in diesem Kriminalitätsbereich die statistischen Zahlen verhältnismäßig zuverlässig sind und angesichts der Schwere der Straftat und der versicherungsrechtlichen Aspekte die meisten Überfälle der Polizei angezeigt werden. Zum anderen haben die technischen Präventionsmaßnahmen in fast allen Banken einen sehr hohen Standard erreicht.[593]

---

[589] Vgl. Laycock/Austin, 1992, S. 156, 157.
[590] Vgl. Laycock/Austin, 1992, S. 157.
[591] Vgl. Laycock/Austin, 1992, S. 157.
[592] Vgl. Rengier, 1985, S. 104 – 116.
[593] Vgl. Rengier, 1985, S. 104, 105.

Rengier unterscheidet in seiner Studie sechs kriminologische Effekte, die von der technischen Prävention auf die Verbrechenswirklichkeit ausstrahlen. Die Entwicklung der Bankraubkriminalität und die Einflüsse der Präventionsmaßnahmen hat er mit Hilfe der polizeilich gemeldeten Straftaten von 1964 bis 1983 beurteilt.

(1) Rückgang der bekämpften Kriminalität (Unterdrückungseffekt)

Das Hauptziel jeder, und so auch der technischen Prävention besteht darin, die Kriminalität zu mindern.
Anhaltspunkte für derartige Präventionserfolge liegen nicht nur vor, wenn die kriminalstatistischen Zahlen im Zusammenhang mit Vorbeugungsmaßnahmen zurückgehen, sondern auch wenn die Vermutung begründet ist, dass die präventiven Anstrengungen noch höhere Anstiegsraten verhindert haben.

Die Polizeiliche Kriminalstatistik liefert hinsichtlich der Entwicklung der Bankraubkriminalität ein unheitliches Bild, da die Rate durch ein ständiges Auf und Ab gekennzeichnet ist.[594]

Rengier stellt fest, das sich diese Daten deutlich von der übrigen Raubkriminalität abheben, die sich kontinuierlich gesteigert hat. Hieraus wird gefolgert, dass vorangegangene Sicherheitsmaßnahmen gegriffen haben.[595]

Jedoch muss festgestellt werden, dass bei einem Vergleich der langfristigen Entwicklung der Bankraubkriminalität diese mit einer Steigerungsrate von 42,2% stärker als die gesamte Raubkriminalität gewachsen ist, wobei die mit dem Bankraub verwandten Deliktsformen der Raubüberfälle auf sonstige Zahlstellen und Geschäfte sowie der Rauüberfälle auf Geld- und Werttransporte hierbei überproportional gewachsen sind.

(2) Steckenbleiben der Tat im Versuchsstadium (Versuchs- und Rückrittseffekt)

Mechanische Sicherheitseinrichtungen sollen, wenn sie den Täter schon nicht gänzlich von der Tat abschrecken, zumindest die Durchführung der Tat erschweren und den Täter möglichst zur Tataufgabe im Versuchsstadium zwingen.[596]

Im Ergebnis der Studie von *Rengier* konnte kein Anstieg des Anteils an unvollendeten Taten nachgewiesen werden. Die Versuchsanteile lagen trotz des gesteigerten Sicherheitsniveaus eher unter dem langjährigen Durchschnitt. Durchschnittli-

---

[594] Vgl. Rengier, 1985, S. 106.
[595] Vgl. Rengier, 1985, S. 106; Kube, 1981, S. 73.
[596] Vgl. hierzu Westphal, 1980, S. 161 ff.; Vöhringer, 1983, S. 64.

cher Versuchsanteil von 1979 bis 1983: 1979: 31,9%; 1980: 30,7%; 1981: 33,4%; 1982: 29,7%; 1983: 28,5%.[597]

(3) Täteranpassung durch örtliches Ausweichen ohne Änderung des modus operandi (Ausweicheffekt)

Da potentielle Bankräuber kaum noch ungesicherte Bankfilialen finden, konnte eine örtliche Deliktsverlagerung nicht festgestellt werden.

(4) Täteranpassung durch „schlichten" Wechsel des modus operandi (Umstellungseffekt)

Rengier konnte diese „einfachen" Umstellungseffekte feststellen. So ist der typische Bankraub heute kein Raub nach § 249 StGB mehr, sondern vielmehr eine räuberische Erpressung gemäß §§ 253, 255 StGB. Auch maskieren sich die Täter häufiger aufgrund der optischen Raumüberwachungsanlagen.[598]

(5) Täteranpassung durch „qualifizierten" Wechsel des modus operandi (Eskalationseffekt) = Methodenänderung

Zunächst konnte die Erwartung, dass die Täter häufiger zu Schusswaffen griffen, im Rahmen der langfristigen Analyse der statistischen Daten nicht bestätigt werden.[599] Nach der PKS bewegt sich der Anteil der Fälle, in denen der Täter mit Schusswaffen droht, seit 1971 zwischen dem Tiefstwert von 61,7% (1975) und den Höchstwerten von 69,0% (1977 und 1979) bzw. 69,9% (1983). Was die Fälle anbelangt, in denen tatsächlich geschossen wurde, so gibt es ebenfalls kaum Anhaltspunkte für steigende Tendenzen.[600]

Dagegen nehmen Geiselnahmen (§§ 239a, 239b StGB) erheblich zu. Während Geiselnahmen anlässlich eines Bankraubs in den 60er Jahren noch die seltene Ausnahme darstellten, gehören sie heute zum gewohnten Erscheinungsbild, und es ist unbestritten, dass für diese Eskalation die immer perfektere Abschirmung der Kassierplätze ursächlich ist.[601]

Nach den Daten der Polizeilichen Kriminalstatistik werden bei Banküberfällen in jedem 4. bis 9. Fall Dritte bedroht und damit zumindest psychisch gefährdet.[602]

---

[597] Vgl. Rengier, 1985, S. 107.
[598] Vgl. Rengier, 1985, S. 107, 108.
[599] Vgl. Rengier, 1985, S. 108.
[600] Vgl. zu den statistischen Werten Rengier, 1985, S. 109.
[601] Vgl. Schneider, 1975, S. 176; Kube, 1980a, S. 156.
[602] Vgl. Rengier, 1985, S. 109.

Dabei geschehen heutzutage meistens neben spontanen Geiselnahmen von Angestellten oder Kunden hauptsächlich Geiselnahmen von sog. Schlüsselträgern und deren Angehörigen im Privatbereich.[603]

Allerdings stellte *Rengier* fest, dass keine zunehmende Brutalisierung besteht, also keine Anhaltspunkte für gestiegene körperliche Gewalt dieser Tätergruppe erkennbar ist.[604]

Zusammenfassend lässt sich folglich feststellen, dass sich die technische Bankensicherung negativ auf der Ebene der Geiselnahmen ausgewirkt hat, jedoch die Opferschäden mehr auf der psychischen als auf der physischen Seite liegen.

(6) Täteranpassung durch Wechsel auf andere Deliktsformen (Verdrängungs- oder Verlagerungseffekt)

Dieser Effekt liegt dann vor, wenn die Täterenergien in neue kriminologische Tatbereiche mit anderer Qualität gelenkt werden. Bei Bankräubern kommen dabei vor allem die Ausweichung auf zwei andere Raubarten in Betracht, nämlich auf Raubüberfälle auf sonstige Zahlstellen und Geschäfte sowie auf Geld- und Werttransporte (insbesondere auf Geld- und Kassenboten).

Während der Anteil der Banküberfälle an allen Raubtaten verhältnismäßig konstant zwischen 1,4% und 3,0% liegt, ist derjenige der beiden genannten „verwandten" Gruppen seit 1975 von 4,8% auf 10,9% (1983) angestiegen.[605]

Problematisch ist hierbei zusätzlich, dass diese Arten von Raubtaten ein größeres Risiko für die Opfer bedeuten, da hier mehr Gebrauch von Schusswaffen gemacht wird.[606]

Folglich lässt sich festhalten, dass es durch das technische Präventionskonzept zu einem Eskalations- und Verlagerungseffekt bei Raubverbrechen kommt.

b) Bekämpfung des Bankraubs durch technische Prävention, Schweiz

Die Studie von *Grandjean* betrifft eine Überprüfung der Wirkungsweise von technischen Schutzvorrichtungen in Banken in der Schweiz.[607]

---

603 Vgl. hierzu Rengier, 1985, S. 110 (Fn. 36).
604 Vgl. Rengier, 1985, S. 110, 111.
605 Vgl. Rengier, 1985, S. 112.
606 Vgl. zu den Daten über die Schußwaffenanwendung bei Raubüberfällen Rengier, 1985, S.113.
607 Vgl. Grandjean, 1990, S. 155 – 159.

Es soll überprüft werden, ob bestimmte Vorbeugungsmaßnahmen (kugelsichere Kassierplätze und gesicherte Angestellteneingänge) in der Lage sind, eine abschreckende Wirkung auf potentielle Bankräuber zu entfalten. Gleichzeitig wird untersucht, ob die Sicherheitsverbesserungen zu einem Umstellungs-, einem Eskalations- oder sogar zu einem Verlagerungseffekt führen.

Die Studie basiert auf einer Analyse der Raubüberfälle in der Schweiz in dem Zeitraum von 1979 bis 1985. Unterstützt wurde die Untersuchung von der „Swiss Bankers Association".[608]

Es wurden Fragebögen erstellt, die an eine Vielzahl von Banken gesandt wurden. Darin sollten Fragen beantwortet werden, ob die Bank bereits schon einmal überfallen wurde und welche Schutzvorrichtungen in der Bank bestehen.

Die Rücklauf der beantworteten Bögen war sehr hoch (85%). Dabei wurden die meisten Frageformulare von den Sicherheitsleuten in der jeweiligen Bank ausgefüllt. Die Stichhaltigkeit bzw. Richtigkeit der Angaben konnte durch die Statistiken der Swiss Bankers Association überprüft werden.

Letztendlich konnte eine Auswahl von 152 Banken, die bereits einmal überfallen wurden, einer Vergleichsgruppe von weiteren 152 Banken gegenübergestellt werden, die bisher noch nicht Objekt eines Banküberfalls waren.[609]

Die Ergebnisse der Studie zeigen zunächst, dass kugelsichere Scheiben um den Kassierplatz in der Bank das Risiko eines Überfalls schmälern. Jedoch wurde auch festgestellt, dass diese Sicherheitsmaßnahme hauptsächlich Wirkung auf potentielle Straftäter zeigt, die alleine agieren und nicht auf eine Gruppe von Straftätern.[610]
Des weiteren stellt sich überraschenderweise heraus, dass die perfekte Abschirmung der Kassierplätze in den meisten Fällen nicht zu einer Eskalation während des Überfalls führte.[611]

Grandjean untersuchte auch einen Verlagerungseffekt auf Postämter, auf Kassen in Bahnhöfen und auf Geld- und Werttransporte. Auch hier konnte kein klarer und eindeutiger Beweis für eine Zielobjektsverlagerung gefunden werden. *Grandjean* vermutet, dass dieses Ergebnis darauf zurückzuführen ist, dass Raubtäter möglichst rasch eine hohe Bargeldbeute anstreben und dass Postämter und Kassen in Bahnhöfen einen lohnenden Bargeldraub nur in begrenztem Maße ermöglichen.[612]

---

[608] Vgl. Grandjean, 1990, S. 156.
[609] Vgl. Grandjean, 1990, S. 156.
[610] Vgl. Grandjean, 1990, S. 156.
[611] Vgl. Grandjean, 1990, S. 156.
[612] Vgl. Grandjean, 1990, S. 158.

Letztlich konnte jedoch aber eine Verlagerung innerhalb des Banksektors registriert werden. Es wurden vermehrt Banken überfallen, die geringere Schutzmaßnahmen getroffen hatten.[613]

c) Bekämpfung des Bankraubs durch technische Prävention, Australien

In einer weiteren, sehr aufschlussreichen Studie von *Clarke*, *Field* und *McGrath* aus dem Jahre 1991 wurden ebenfalls die Frequenz von Banküberfällen über eine Dekade bei zunehmend verstärkten Objektsicherungsmaßnahmen mit den Daten über Raubüberfälle auf weniger oder gar nicht gesicherte Banken verglichen.[614]

Die Untersuchung stützte sich auf Ergebnisse, die von der Bankenvereinigung Australiens sowie des Dezernats für Eigentumsdelikte des Bundesstaates Victoria über die Jahre 1979 – 89 zur Verfügung gestellt wurden.[615]
Die Autoren beschreiben eindrucksvoll, wie Australische Banken in den 50er und 60er Jahren durch Maßnahmen des Management für ihre Kunden attraktiver gemacht werden sollten. Die Bankschalter wurden erniedrigt, Glasscheiben und Gitter entfernt, um mehr Kundennähe zu demonstrieren. Um den Kunden ein Gefühl von Sicherheit zu vermitteln, wurde dem Personal der Besitz von Waffen untersagt und zunehmend weibliche Arbeitskräfte beschäftigt. Inwieweit die in dem selben Zeitraum erheblich an Zahl zunehmenden Banküberfälle durch diese Maßnahmen provoziert wurden, ist nicht näher untersucht worden. Doch mussten die Banken auf die steigende Frequenz dieser Überfälle reagieren. Ab Mitte der 70er Jahre haben die Banken wieder systematisch ihre Sicherheitsmaßnahmen verbessert und gesteigert. Überwachungskameras, moderne Alarmsysteme, Personalschulung für den konkreten Ernstfall, Zeitschlösser, Farbstoffbomben, Panzerglas sowie Wachpersonal wurden eingeführt.[616] Wenig exakte Daten existieren über den tatsächlichen Wert dieser Maßnahmen, welche für die Banken teilweise einen erheblichen Kostenaufwand darstellten. Zweifelsfrei sollte sein, dass die Zahl von Personenverletzungen und eine Reduzierung der materiellen Verluste durch Banküberfälle die entstandenen Kosten aufzuwiegen vermochten. In 90% der Fälle schlug das Alarmsystem an, wodurch sich die Zeitdauer des Aufenthaltes des Bankräubers am Tatort erheblich verkürzen und damit zumeist eine Reduktion der geraubten Geldmenge erzielen ließ. In einem Viertel der Fälle trugen die Überwachungskameras zur Identifikation des Täters und somit zur Verbrechensaufklärung bei. Täterbefragungen ergaben, dass bewaffnete Wächter die wirksamste Abschreckung für Täter dieser Art seien. Ob nun tatsächlich die Anzahl der Bank-

---

613 Vgl. Grandjean, 1990, S. 158.
614 Vgl. Clarke/Field/McGrath, 1991, S. 84 – 90.
615 Vgl. Clarke/Field/McGrath, 1991, S. 86.
616 Vgl. Clarke/Field/McGrath, 1991, S. 85. Ebenso wurden in Australiens Wettstuben Sicherheitsvorkehrungen in Form von Personalschulungen, Bargeldreduzierungen und Einbau von Safes durchgeführt, die letztlich zu einer Reduktion von Raubüberfällen beigetragen haben, Clarke/McGrath, 1990, S. 162.

überfälle durch die gesteigerten Sicherheitsmaßnahmen zurückging, lässt sich nur schwer erfassen. Zum einen stieg die Anzahl der Bankfilialen enorm, zum anderen wurden viele Mehrfachtäter festgenommen und damit aus dem Verkehr gezogen. Auffallend jedoch war, wie eine Studie in Kanada[617] die Fakten in Australien bestätigte, dass überfallene Banken selten über weniger Sicherheit verfügten als andere. Die wesentliche Determinante für Banküberfälle oder der noch zu prüfenden Ausweichung auf andere Zielobjekte stellt der Täterkreis dar. Die australische Polizei geht davon aus, dass zwei Hauptgruppen für solche Taten in Betracht kommen:

Zum einen die Drogenabhängigen – zumeist Einzeltäter -, die nur der schnellen Mark und der Drogenzwänge wegen jedes Risiko auf sich nehmen und zum anderen die Profis, die in Abwägung der zu erwartenden Risiken mehr zur Verlagerung ihrer kriminellen Handlung in Richtung Tankstellen- oder Lohnbüroüberfall neigten.[618]

Clarke et al. untersuchten die vorliegenden Daten nach einer Deliktsverlagerung als Folge der gestiegenen Sicherheitsvorkehrungen durch die Banken. Dabei stellten sie die Anzahl der Banküberfälle derjenigen an bewaffneten Raubüberfällen auf alternative Zielobjekte gegenüber.[619] Ebenfalls verglichen sie die Häufigkeit der Banküberfälle in Victoria mit der Anzahl an Überfällen in dem benachbarten Bundesstaat Neu-Südwales sowie allen anderen Bundesstaaten.[620] Im Ergebnis wurde ein Rückgang von Banküberfällen in den Jahren 1988 und 1989 in allen Bundesstaaten, festgestellt.

Auch ließ sich kein erwarteter Anstieg bewaffneter Raubüberfälle auf Firmen, Lohntransporte, Tankstellen oder ähnlich lohnende Ziele erkennen. Die Autoren weisen jedoch darauf hin, dass trotz dieser positiven Resultate eine Verlagerung nicht gänzlich ausgeschlossen werden kann, da in der Studie Verlagerungseffekte auf weniger geschützte Banken oder andere lohnende Ziele ohne eindeutige Täterbefragungen nicht eindeutig zu ermitteln sind.[621]

---

617 Vgl. Gabor, 1989.
618 Vgl. Clarke/Field/McGrath, 1991, S. 85.
619 Vgl. insbesondere die Tabelle 1 bei Clarke/Field/McGrath, 1991, S. 87.
620 Vgl. Tabelle 3 bei Clarke/Field/McGrath, 1991, S. 87.
621 Vgl. Clarke/Field/McGrath, 1991, S. 88.

7. Drogenkriminalität: Das Jersey City Drug Market – Experiment, USA

Das National Institute of Justice initiierte 1990 ein „Drug Market Analysis Program". Mit diesem Projekt sollte nicht nur eine erfolgreiche Strategie gegen den Drogenhandel durchgeführt und entwickelt werden, sondern es sollten vor allem Fortschritte und neue Erkenntnisse bei der geographischen Kriminalitätsanalyse erzielt werden.

Fünf Städte nahmen an diesem Programm teil, doch nur in einer Stadt, nämlich Jersey City, wurden 1993 die Ergebnisse ausgewertet.[622]

Zunächst wurden bei der Evaluation 56 Verbrechensbrennpunkte in Jersey City anhand von Kriterien wie Festnahmezahlen wegen Drogenhandels und Notrufen mit Drogenbezug festgelegt. Diese Verbrechensbrennpunkte stellten lediglich 4,4% aller Straßen und Kreuzungen der Stadt dar. Auf diesen Gebieten der Stadt wurden jedoch 86% aller Festnahmen wegen Drogenhandels und 84% aller Notrufe mit Drogenbezug registriert.

Man entschloss sich, in 28 Verbrechensbrennpunkten die herkömmliche Polizeiarbeit zu belassen (Nullgebiete), um diese als Vergleichsgebiete bei der Auswertung heranziehen zu können. Die andere Hälfte der Verbrechensbrennpunkte sollten die Anwendungsgebiete sein. Hier wurde ein problemorientierter Ansatz seitens der Polizei durchgeführt: In der Planungsphase wurden Informationen über den illegalen Drogenhandel beschafft, Fallakten zu Tatverdächtigen angelegt und Treffen mit Geschäftsinhabern und Anwohnern dieser Gebiete organisiert. Danach folgte die Aktionsphase, bei der die Polizeibeamten durch gezielte und koordinierte Aktionen gegen die Drogenaktivitäten vorgegangen sind. Insbesondere erfolgten viele Festnahmen sowie intensive Überwachungsmaßnahmen durch Fußstreifen und erhöhte Polizeipräsenz.

Im Ergebnis konnte bei der Auswertung festgestellt werden, dass der unterschiedliche Grad an polizeilichen Aktionen besonderen Einfluss auf die Anzahl der Notrufe hinsichtlich Ruhestörungen genommen hat. Während des siebenmonatigen Untersuchungszeitraumes wurde ein genereller Anstieg der Notrufe in den Verbrechensbrennpunkten registriert. In den Anwendungsgebieten nahm die Anzahl der Anrufe um 256, in den Nullgebieten sogar um 700 Notrufe zu. Dies führten die Autoren auf die starke Sensibilisierung und Förderung des Informationsverhaltens der Bewohner zurück.

Bei der Auswertung des Programms wurde der problemorientierte polizeiliche Ansatz insbesondere auf mögliche Deliktsverlagerungseffekte untersucht. Dies er-

[622] Vgl. Weisburd/Green, 1995b, S. 711 – 735.

folgte anhand der deliktsbezogenen Notrufe vor und nach Durchführung des Experiments, die aus der angrenzenden Peripherie der experimentellen Anwendungsgebiete getätigt wurden. Zunächst konnten in zwei Notrufkategorien (Notrufe mit Drogenbezug und solche wegen Störung der „public moral", wie z.B. Prostitution, öffentlicher Alkoholkonsum etc.) gewisse positive Diffusionseffekte beobachtet werden. Auch wenn in den angrenzenden Plätzen an die Nullgebiete mit traditioneller Polizeiarbeit die Anzahl der Notrufe wegen Verletzung der „public moral" geringfügig zunahm (+ 19 Anrufe), so reduzierte sich die Anzahl der Notrufe in den angrenzenden Bezirken mit der problemlösungsorientierten Polizeistrategie um 300 Anrufe. Bei den Notrufen mit Drogenbezug fiel das Ergebnis hinsichtlich der Feststellung von zielübergreifenden Gewinnen noch deutlicher aus: 150 weniger Anrufe in den angrenzenden Gebieten (- 12%) im Vergleich zu einer Zunahme von 500 Anrufen in den Vergleichsgebieten (+ 74%).[623]

Allerdings mußte auch eine örtliche Verlagerung der Brennpunkte konstatiert werden. *Weisburd* und *Green* untersuchten mittels der Computeranalyse, ob aufgrund der durchgeführten Präventionsmaßnahmen neue Verbrechensbrennpunkte entstanden sind. Sie mussten feststellen, dass insgesamt 19 neue Verbrechensbrennpunkte in der Peripherie der Anwendungsgebiete entstanden sind und sogar 36 neue Brennpunkte in der Peripherie der Nullgebiete.[624]

Im Ergebnis lässt sich sagen, dass sich mit spezifischen problemlösungsorientierten Polizeistrategien gewisse Erfolge erzielen lassen, jedoch eine Verlagerung bei bestimmten Arten von Delikten wahrscheinlich ist.

8. Präventionsprojekte gegen verschiedene Straftaten

a) Präventionsmaßnahmen gegen Wohnungseinbrüche, Diebstähle und Vandalismus, USA

Die 1991 von Terance D. Miethe publizierte Studie ist eine sehr bedeutende, die sich dem Problem einer Deliktsverlagerung nach Präventionsmaßnahmen angenommen hat.[625] Die Studie von Miethe, der am Virginia Polytechnic Institut Soziologie lehrte, wendet sich vorrangig der Frage der Deliktsverlagerung zu, da stets in früheren Betrachtungen von der Prämisse ausgegangen wurde, dass, wie auch immer geartete Bemühungen zur Kriminalprävention, die kriminellen Handlungen auf andere gefährdete Orte oder Personenkreise umlenkte.

---

[623] Vgl. Weisburd/Green, 1995b, S. 727 ff.
[624] Vgl. Weisburd/Green, 1995b, S. 730.
[625] Vgl. Miethe, 1991, S. 419 – 439.

Daten dieser Studie sind Teil einer Gesamtbetrachtung der Kriminalität in der Stadt Seattle in den letzten drei Jahrzehnten. Dabei wurden insgesamt 5 302 Einwohner aus 600 städtischen Wohnblöcken aus 100 von 121 Wohnbezirken Seattles befragt. Diese 100 Wohnbezirke stellten dabei ein „random sample"[626] derjenigen Wohnbezirke dar, die seit 1960 ihre geographischen Grenzen nicht geändert hatten. Von Bedeutung bei der Auswahl der befragten Haushalte war die Tatsache, dass pro Wohnbezirk drei Wohnblöcke ausgesucht wurden, in welchem zumindest in einem in den zwei zurückliegenden Jahren ein Wohnungseinbruch registriert worden war. Insgesamt wurden 9 250 Haushalte angerufen und um Antwort auf einem Fragebogen gebeten. Nur 5 302 vollständig ausgefüllte Bögen gelangten zur Auswertung. Darin wurde nach persönlichen Sicherheitsvorrichtungen zur Verhütung von Wohnungseinbruch, nach Haustürabschließen über Sicherheitsschlösser, Alarm- und Beleuchtungsanlagen, Hunde- bis hin zu Waffenbesitz gefragt. Auch war die Erkundigung nach der Aufmerksamkeit der Nachbarn bedeutungsvoll. Unterschieden wurde nach Wohnungsaufbruch, Diebstahl und Vandalismus.[627]

Zunächst untersuchte *Miethe*, inwieweit die Präventionsmaßnahmen individuelle Risiken als auch die Gesamtviktimisierungsrate beeinflussen. In der Auswertung der Daten wurde offenkundig, dass je mehr Sicherheitsmaßnahmen pro Wohneinheit ergriffen wurden, die Gefahr eines Wohnungseinbruchs stark eingedämmt wurde. Die Zahl der Eigentumsdelikte sank nur verhältnismäßig wenig, Vandalismus blieb von den Sicherungsmaßnahmen völlig unberührt.
Miethe erklärt sich dies damit, dass Vandalismus das Produkt von Protest oder Frustration ist und zumeist von Jugendlichen verübt wird, die auch aus Nervenkitzel heraus zu diesem Mittel greifen, wegen oder aus Trotzhandlung gegenüber den angetroffenen Sicherheitsmaßnahmen.[628]

Auch die Gesamtviktimierungsrate blieb unbeeinflusst.[629]

Weiterhin setzte sich der Autor mit der Frage einer Deliktsverlagerung oder dem Partizipieren der Nachbarschaft an den Sicherheitsvorkehrungen („diffusion of benefits") auseinander. Die Studie von *Miethe* umfasste hierbei allerdings lediglich die Überprüfung einer räumlichen Deliktsverlagerung.

Miethe findet in seiner Studie wenig Beweise für eine Deliktsverlagerung oder für zielübergreifende Gewinne.[630] Er sieht die Erklärung darin, dass in dieser Studie

[626] "Random-sample "ist die Bezeichnung für dasjenige Auswahlverfahren, welches jedem Individuum bzw. jeder Einheit in der Gesamtheit die gleiche Chance gibt, gewählt zu werden. Die Auswahl gilt dann als „zufällig" getroffen; vgl. Parten, 1972, S. 181.
[627] Vgl. Miethe, 1991, S. 424 – 427.
[628] Vgl. Miethe, 1991, S. 434.
[629] Vgl. Miethe, 1991, S. 426, 432.
[630] Vgl. Miethe, 1991, S. 432.

eben nur die räumliche Deliktsverlagerung zur Betrachtung gelangte, und dies zumeist nur bei unmittelbaren Nachbarn oder allenfalls in den Nachbar – Wohnblöcken. Weder weiter wegliegende Ersatzobjekte fanden Berücksichtigung noch eine wesentliche Zeitverschiebung der Tat, z.B. von Nacht auf Tag konnte wegen fehlender Täterbefragungen geklärt werden. Das Postulat, Kriminalprävention – in diesem Fall persönliche Sicherheitsmaßnahmen zur Verhinderung von Wohnungseinbruch – setze unmittelbar eine Verlagerung des Deliktes auf einen anderen Ort oder eine andere Person in Gang, lässt *Miethe* so unmittelbar aufgrund seiner fehlenden Ergebnisse jedoch nicht gelten.[631]

b) Reduktion wiederholter Viktimisierung in Huddersfield, England

Im Rahmen eines Home Office-Programms „Polizeioperationen gegen Kriminalität" wurde 1993 eine sog. „Biting Back"- Initiative zur Reduktion wiederholter Viktimisierung in Auftrag gegeben.[632] Ein auf zwei Jahre befristetes Projekt wurde im Polizeibezirk Huddersfield, der geographisch größten Division der West Yorkshire Police, gestartet. Huddersfield zeichnete sich durch eine hohe Rate wiederholter Einbrüche und Kfz-Kriminalität aus.

Neben der Polizei in Huddersfield waren in die Projektdurchführung u.a. die Home Office Police Research Group, örtliche Behörden, die Opferhilfe, die Universität Huddersfield, Medien und vor allem die Kriminalitätsopfer selber eingebunden.[633]

Die Projektorganisation bestand aus einer Lenkungsgruppe, einem Management Team, einem Projektmanager sowie einzelnen Arbeitsgruppen (Task Groups).

Der Projektstart erfolgte im September 1993 mit einer Erhebungs- bzw. Forschungsphase. Ab Oktober 1994 schloss die Entwicklung von Kontrollansätzen an, die dann ab Dezember 1994 implementiert wurden.[634]

Mit dem Huddersfield-Projekt wollte die „Police Research Group" für andere Polizeien das Ziel, Informationen zur Prävention wiederholter häuslicher Einbruchsdiebstähle und der Kfz-Kriminalität (Diebstähle von und aus Kraftfahrzeugen) in einem großen Polizeibezirk gewinnen.

---

631 Vgl. Miethe, 1991, S. 433 f.
632 Vgl. Anderson/Pease, 1997, S. 200 – 208.
633 Vgl. Anderson/Pease, 1997, S. 201, 202.
634 Vgl. Anderson/Pease, 1997, S. 202.

Zusammenfassend wurde das Projekt folgendermaßen durchgeführt:
Die Arbeit der Task Groups beschränkte sich auf die Bereiche „Identifizierung wiederholter Viktimisierung", „Reduzierung der Opfereignung", „Stärkung fähiger Wächterschaft" (u.a. im Sinne nachbarschaftlicher Kontrolle) und „Demotivierung von Tätern".

Ein dreistufiges System (Gold, Silber, Bronze) von (Opferhilfe) Maßnahmen wurde eingeführt und nachfolgend bearbeitet, wobei die Maßnahmeintensität mit der Zahl erlittener Straftaten anstieg: Bronze bei erstmaliger Opferwerdung, Silber bei der zweiten und Gold bei der dritten.[635]

Im einzelnen sahen die Bronze-Maßnahmen bei häuslichem Einbruch vor:[636]

- Brief an die Opfer, UV-Markierungsstift und Ratschläge zur Kriminalprävention,
- Kontrolle möglicher Verbrechensbrennpunkte,
- Überprüfung von Informationen,
- gezieltes Vorgehen gegen Einbrecher,
- zeitweise Zurverfügungstellung von Alarmanlagen sowie Gutscheine zur Erleichterung des Kaufs von Sicherheitsequipment,
- umgehendes Instandsetzen von Einbruchsschäden,
- zügige Verbesserung des Sicherheitsstandards des viktimisierten Objektes sowie
- Fahrzeugüberwachung und „cocoon watch".

Eine Silber-Kategorisierung führte:

- zu Besuchen des für Kriminalprävention zuständigen Beamten (Crime Prevention Officer / CPO),
- zu einem System von Personenausschreibungen (u.a. bestimmte Wiederholungstäter),
- zum Einsatz von Einbruchmeldeanlagen, die bei außerpolizeilichen zentralen Stellen auf einem Monitor auflaufen und auch die Möglichkeiten des Sprachkontakts eröffnen,
- zu zweimal wöchentlicher Bestreifung des Gebietes durch Polizeikräfte, insbesondere von Parkplätzen.

Eine Gold-Kategorisierung führte:[637]

- ebenfalls zu Besuchen des CPO,

---

635 Vgl. Anderson/Pease, 1997, S. 202, 203.
636 Vgl. Anderson/Chenery/Pease, 1994, S. 31, 32.
637 Vgl. Anderson/Chenery/Pease, 1994, S. 34, 35.

- priorisierter Überprüfung gesicherter Fingerabdrücke mittels automatisierter Systeme,
- Installation von High-Tech-Equipment wie verdeckten Kameras/Alarmanlagen, verdecktem Detektionsgerät (Tracker) oder Farbstoffmarkierungen zur Täteridentifizierung,
- Tägliche Bestreifung der Opferörtlichkeit.

Problematisch .... im Rahmen des Projektes die Identifizierung wiederholter Taten. Der erste, mit der Aufnahme der Straftat beauftragte Beamte, wurde daher gebeten, nach Viktimisierungen zu fragen, die innerhalb der letzten zwölf Monate erlitten wurden. Diese Information diente dem Ziel, die Entscheidungsfindung hinsichtlich zu ergreifender Maßnahmen zu verbessern.

Das Projekt wird seitens des Home Office als wichtiger Meilenstein im Rahmen des Forschungs- und Entwicklungsprogramms im Bereich wiederholter Viktimisierung gesehen.

Folgende Erfolge konnten nach Durchführung des Projektes in Huddersfield festgestellt werden:[638]

- häuslicher Einbruch konnte um 30% und Diebstahl von/aus Kraftfahrzeugen um 20 % zurückgeführt werden,
- Verringerungen wiederholter Viktimisierungen im Bereich häuslicher Einbruch,
- Verbesserungen in der polizeilichen Opferbehandlung,
- Keine Anzeichen für eine Deliktsverlagerung wurden registriert.

c) Präventionsmaßnahmen gegen Kriminalität und Kriminalitätsfurcht in Nachkriegs – Hochhaus – Wohnblöcken, Holland

Auch die Holländischen Städte plagen sich mit den üblichen Problemen in zweitklassigen Hochhaussiedlungen. Gebäudeverwalter und Anwohner klagen über den extremen Verfall und vor allem über die bestehende vielfältige Kriminalität.

Das Projekt in Delft, Holland, sah vor, solch eine Wohnhaussiedlung zu einer friedvollen Wohngegend umzugestalten. Die übliche Kriminalität – wie Diebstähle, Vandalismus, Wohnungseinbrüche und Gewalttaten – sollte reduziert und die bestehende Kriminalitätsfurcht der Anwohner gesenkt werden.[639]

---

[638] Vgl. Anderson/Pease, 1997, 203 f.
[639] Vgl. Willemse, 1994, S. 38.

Eingeführt wurde eine Vielzahl von situationsbezogenen Maßnahmen - mit der Einbeziehung der Anwohner in den Entscheidungsprozess über diese Maßnahmen -, darunter:

Sicherung von Zielobjekten, speziell durch Sicherung der Eingänge, Türen und Fenster, Schaffung natürlicher Überwachung und Verbesserungen außerhalb der Gebäude, wie z.B. eine Verbesserung der Außenbeleuchtung;
Einstellung von Hausmeistern zur Gebäudeüberwachung, Reinigung und mit der Erteilung einer Erlaubnis, Verwarnungen auszusprechen;
Schaffung neuer Freizeiteinrichtungen für Kinder und Jugendliche.[640]

Das Projekt begann 1985, und die vollständige Durchführung der Maßnahmen, insbesondere die gestalterischen Maßnahmen, dauerte ein Jahr.

Im Ergebnis konnte festgestellt werden, dass die Maßnahmen hauptsächlich dazu beigetragen haben, dass kein Abfall herumlag, sich Vandalismus, Rowdytum und Diebstähle aus Briefkästen reduzierten. Es wurde auch beobachtet, dass die Anwohner mit der Sicherheit im Wohnviertel zufrieden waren.

Die Ergebnisse der Evaluation zeigten jedoch weiterhin, dass es keinen Nachweis für eine Auswirkung dieser Maßnahmen auf schwere Straftaten, wie z.B. Wohnungseinbrüche und Gewalttaten, gab. Zudem wurden verschiedene Deliktsverlagerungseffekte festgestellt. So resümiert ein *Elsinga* und *Wassenberg*: „Vandals wait until the caretakers is out of sight, burglars commit their crimes when (a resident) is not at home ... Locking the central entrance displaced burglary to the cellarages (or vice versa), and when they were locked two offenders shifted their attention to the nearby parking lots."[641]

Es konnte somit eine zeitliche und eine Zielobjektsverlagerung nachgewiesen werden. Das Projekt kann deshalb nur als bedingt erfolgreich angesehen werden.

V.
Täterforschung

Grundlage der Täterforschung stellt die Überlegung dar, dass nicht nur objektive Sachverhalte wie Sicherheitseinrichtungen, sondern auch deren Berücksichtigung in entsprechenden subjektiven Kosten-Nutzen-Abwägungen und Risikoabschätzungen der Täter eine entscheidende Rolle bei der Planung und Durchführung von Straftaten spielen.

---

[640] Vgl. Willemse, 1994, S. 38, 39.
[641] Elsinga/Wassenberg, 1991, S. 126, 127.

Becker bemerkte 1963: „Very few (studies) tell us in detail what a juvenile delinquent (or criminal) does in his daily round of activity and what he thinks about himself, society and his activities."[642]

Das Bemühen, vom Täter selbst Anhaltspunkte für die präventive Deliktsbekämpfung zu erlangen, ist mittlerweile als kriminalistische Methode altbekannt.[643]

Die ersten Versuche einer systematischen Täterbefragung stammen aus dem angelsächsischen Raum und betrafen zuerst ausschließlich den Wohnungseinbruch. Die Anfänge reichen zurück bis in die frühen siebziger Jahre; zu nennen sind hier vor allem die nordamerikanischen Arbeiten von *Reppetto*[644] und *Waller/ Okihiro*[645]. Mit einem Bericht über eine entsprechende Untersuchung, die *Bennett* und *Wright* Anfang der achtziger Jahre in England durchgeführt hatte[646], machten *Schwind* und *Steinhilper*[647] diesen Forschungsansatz Mitte 1984 auch in der Bundesrepublik Deutschland einer breiten Fachöffentlichkeit bekannt.

Angeregt durch *Bennett* und *Wright*, begann man im Bundeskriminalamt 1982, sich mit der Methode der Täterbefragung im Hinblick auf die präventive Verbrechensbekämpfung systematisch auseinanderzusetzen.[648]

So führte die erste vom Bundeskriminalamt vergebene Studie im Herbst 1984 Ingrid M. Deusinger hinsichtlich Wohnungseinbrüchen durch.[649] Auf diese Studie möchte ich in meiner Arbeit jedoch nicht eingehen, sondern mich vielmehr der Folgestudie widmen, die vom Bundeskriminalamt vergeben und von Martin Irle, Jürgen Rehm und Wolfgang Servay übernommen wurde.

Zunächst will ich jedoch die Studie von *Bennett* und *Wright* vorstellen.

1. Studie von Bennett und Wright, England

Die beiden Autoren untersuchten die Motive für einen Einbruchsdiebstahl, die Entscheidungskriterien für ein bestimmtes Objekt, die Einschätzung des Entdeckungsrisikos durch die Täter und ihre Reaktionen bei auftretenden Hindernissen.

642 Becker, 1963, S. 166.
643 Vgl. Störzer, 1988, S. XV.
644 Reppetto, 1974.
645 Waller/Okihiro,1979.
646 Bennett/Wright, 1983, S. 18 – 20; dies., 1984.
647 Schwind/Steinhilper, 1984, S. 317 - 319.
648 Vgl. hierzu Büchler/Leineweber, 1984, S. 47.
649 Vgl. hierzu Deusinger, 1985, S. 391 - 393.

Bennett und *Wright* hatten dabei folgendes Experiment unternommen:[650]

Gefilmt worden war von einem Kraftfahrzeug aus, das im Schritttempo so nahe wie möglich am Gehsteig entlang fuhr. Dem Betrachter sollte auf diese Weise die Sicht gewährt werden, die er haben würde, wenn er selbst durch die Straße ginge. Der Film zeigte Häuser, die ganz oder teilweise freistanden, sowie Reihenhäuser. Die Probanden sollten nun angeben, welche Häuser sie für den Einbruch auswählen würden, wenn sie selbst eine solche Straftat planen würden. Ihren Kommentaren war zu entnehmen, dass die Auswahl primär von drei Hauptgruppen abhängt:

- vom Risiko, entdeckt zu werden,
- vom Wert der erwarteten Beute und
- von der Art der Sicherung (des Beuteobjekts), die die Tatausführung erschwert. Sie nahmen 36 Häuser auf Video auf und führten den Film 128 Straftätern vor, die eine Jugend – oder Freiheitsstrafe wegen Einbruchs verbüßten. Zusätzlich wurden den Straftätern von fünf Häusern jeweils zwischen 26 und 36 Farbfotos gezeigt, die die Häuser aus verschiedenen Blickwinkeln zeigten.

In diesen Interviews stellten *Bennett* und *Wright* fest, dass ungefähr ein Drittel der Befragten meinte, dass sie bei Anwesenheit spezifischer Sicherheitsschlösser von einem Einbruch absehen würden.[651]
Für eine Entscheidung gegen ein bestimmtes Objekt genügte den Tätern zumeist bereits ein negativer Faktor (insbesondere die Anwesenheit eines Bewohners), während für einen Einbruch regelmäßig mehrere „anziehende" Faktoren gegeben sein mussten.[652]

Auch gingen *Bennett* und *Wright* der Frage nach, ob die Einbruchstäter aufgrund der gesicherten Zielobjekte auf andere ausgewichen sind oder wie eine mögliche Deliktsverlagerung ausgesehen hat.

Ungefähr 43% der Befragten gaben an, dass sie aufgrund der vorgenommenen Sicherheitsmaßnahmen ihre Einbrüche an anderen Orten ausgeführt haben.[653] Des weiteren gab ein Großteil der Täter an, zu einem anderen Zeitpunkt das gleiche Zielobjekt nochmals aufgesucht zu haben.[654] Folglich konnten *Bennett* und *Wright* in ihren Interviews feststellen, dass mindestens 40% der befragten Täter zu einer örtlichen oder zeitlichen Deliktsverlagerung gegriffen haben.

---

650 Zusammenfassung nach Schwind, 1993, S. 283; vgl. auch Schwind/Steinhilper, 1984, S. 317; aber vor allem Bennett/Wright, 1984a, S. 58, 59; dies., 1984b, S. 192, 193.
651 Vgl. Bennett/Wright, 1984b, S. 195.
652 Vgl. Bennett/Wright, 1984b, S. 195.
653 Vgl. Bennett/Wright, 1984a, S. 50.
654 Vgl. Bennett/Wright, 1984a, S. 52.

2. Untersuchung von Servay und Rehm, Deutschland

Ziel der Studie von *Servay* und *Rehm* war die Rekonstruktion täterleitender Faktoren bei Raubüberfällen auf Geldinstitute.[655]
Da deren Zahl erheblich angestiegen war, stellte sich die Frage nach neueren Strategien der Prävention von Banküberfällen.

Insgesamt wurden in verschiedenen Untersuchungsphasen 259 wegen Raubüberfällen auf Geldinstitute rechtskräftig Verurteilte befragt.
In der Untersuchungsphase I standen Planung, Durchführung und Flucht von und nach Banküberfällen im Mittelpunkt.[656]

Die Ergebnisse der Interviews bildeten die Grundlage von Untersuchungsphase II, an der 107 rechtskräftig verurteilte Bankräuber teilnahmen. In diesem Abschnitt der Studie stand die Überprüfung von Hypothesen über Täterwissen im Mittelpunkt. Inhaltlich bezog sich das Experiment auf die Objektwahl und auf die Auswirkungen neuer Sicherheitseinrichtungen auf die Tatentscheidung zum klassischen Bankraub.[657]

Wie bereits oben schon dargelegt,[658] unterscheiden sich Profis und Amateure bei der Objektwahl.

Bei der Frage, welche Rolle Sicherheitseinrichtungen bei der Planung des Banküberfalls spielen, hat sich ergeben, dass diese nur eine untergeordnete Bedeutung für die Täter hatten. So gaben 34.9 % der Täter an, die Sicherheitseinrichtungen in der überfallenen Bank nicht gekannt zu haben. Das Gros der Täter antwortete nur allgemein; Antworten wie „Kamera erwartet" oder „übliche Sicherheitseinrichtungen" dominierten. Lediglich 17,4 % der Täter kannten spezifische Auslösemechanismen, z.B. den Alarmknopf. Erstaunlicherweise hatte auch 52 % der Täter die Bank vor dem Überfall nie betreten und ausspioniert.[659]
Die Wichtigkeit von Sicherheitseinrichtungen in der Planung betonten lediglich 35,8 % der Täter. Für ein reichliches Drittel war die Frage nach deren Bedeutung irrelevant, weil diese Bankräuber keine Sicherheitseinrichtungen kannten, und 30,3 % beurteilten ihre Kenntnisse darüber als nur gering.

---

655 Vgl. Rehm/Servay/Irle, 1986, S. 581; Servay/Rehm, 1986.
656 Vgl. Rehm/Servay/Irle, 1986, S. 581.
657 Vgl. Rehm/Servay/Irle, 1986, S. 581. Als wichtigstes Kennzeichen des klassischen Bankraubes kann die Durchführung in den Kassenräumen eines Geldinstitutes während der Öffnungszeiten angesehen werden. Dabei kann es im Verlauf des Überfalls zu Geiselnahmen kommen, um die Beute zu erlangen oder zu flüchten. Vgl. Rehm/Servay/Irle, 1986, S. 584.
658 Vgl. oben S. 74.
659 Vgl. Rehm/Servay/Irle, 1986, S. 582.

Die Ergebnisse der Studie haben ergeben, dass sich zur Abschreckung für Amateure neue Sicherheitseinrichtungen (wie z.B. der automatische Kassentresor) nicht den gewünschten Erfolg zeigen.[660] Profis schätzten dagegen die Banken mit neuen Sicherheitssystemen für einen Überfall wesentlich schlechter ein. Es ist jedoch anzumerken, dass Amateure insgesamt die Mehrheit der Bankräuber stellen.[661] Aus diesem Grund folgerten *Rehm* und *Servay* aus ihrer vorgenommenen Studie, dass sowohl mit keinem nennenswerten Rückgang der Überfälle auf Geldinstitute zu rechnen ist als auch Änderungen des Modus operandi sowie Deliktsverlagerungen zu erwarten sind; gerade wenn weitere Sicherheitseinrichtungen eingeführt werden.[662]

Änderungen des Modus operandi sollen vor allem die Zunahme von Geiselnahmen, besonders von höheren Bankangestellten und ihren Angehörigen außerhalb der Geschäftsstellen betreffen. Diese Form würde vor allem von Profis gewählt werden. Auch beim klassischen Bankraub stünde zu erwarten, dass Geiselnahmen und andere Gewalthandlungen verstärkt auftreten werden. Nach *Rehm* und *Servay* würden die Täter auf neuartige Sicherheitseinrichtungen mit einer Zunahme von anderen Raubtypen antworten, d.h. mit Deliktsverlagerungen. So haben den Autoren die einsitzenden Bankräuber auf die Frage „Welche anderen Straftaten werden Ihrer Meinung nach zunehmen, wenn das Risiko für Banküberfälle zu hoch wird?“ relativ übereinstimmende Antworten gegeben: Über 60 % aller Nennungen entfielen auf Raubüberfälle, wobei Überfälle auf Supermärkte und Kaufhäuser den größten Anteil stellten (37,5 % der Täter gaben diese Prognose ab), gefolgt von Überfällen auf Geldboten, auf Passanten sowie auf Geschäfte des gehobenen Bedarfs.[663]

Gemeinsam ist allen diesen Delikten, dass sie - wie der Bankraub - keine speziellen Fertigkeiten und Fähigkeiten erfordern.

3. Studie von Gabor et al. (1987), USA

In der Studie von *Gabor*, die in Quebec durchgeführt wurde, wurden inhaftierte Raubtäter interviewt. Dabei wurden zunächst vier verschiedene Raubtätertypen unterschieden: Chronische, Professionelle, Intensiv- und Gelegenheitsräuber.[664]

Ursprüngliches Ziel dieser Täterbefragung waren Tat- und Tatortbeschreibungen durch diesen unterschiedlichen Täterkreis. Deren Aussagen konnten jedoch auch hinsichtlich einer Deliktsverlagerung verwendet werden, wenn eine situative Prä-

---

660 Vgl. Rehm/Servay/Irle, 1986, S. 583.
661 Vgl. Rehm/Servay/Irle, 1986, S. 583.
662 Vgl. Rehm/Servay/Irle, 1986, S. 583.
663 Vgl. Servay/Rehm, 1986, S. 161, 162.
664 Vgl. Gabor, 1990, S. 44.

vention am Tatort angetroffen wurde. So gaben die überwiegende Mehrheit der befragten Raubtäter an, daß gerade in Fällen von bewaffneten Überfällen diese sich häufig abschrecken ließen und sich weniger gewaltsamen oder gefährlicheren Formen von Raubkriminalität zuwandten, selbst wenn dies weit weniger profitabel erschien. Der Gelegenheitsräuber sah jede Form von Betrug als ideale Wahlmöglichkeit an. Der chronische Raubtäter favorisierte den Drogenhandel mit Begleitszene. Nahezu einheitlich erklärten die unterschiedlichen Tätertypen, welche sich ursprünglich bewaffneten Raubüberfällen zugewandt hatten, daß sie sich auf weit harmlosere Formen von Kriminaldelikten konzentriert hätten.[665]
Offenkundig war, daß gerade Berufsverbrecher bei ihnen zu riskant erscheinenden Tatorten generell von ihren Tatvorhaben abrückten und häufig Wochen, sogar Monate kriminell abstinent waren. Deren Aussagen belegen eindeutig, daß einem bewaffneten Raubüberfall eine zumeist exakte Inspektion des unmittelbaren Tatortes und der Umgebung vorausging.[666]

Den Aussagen der meisten professionellen Kriminaltäter war auch zu entnehmen, daß es eine Art Ehrenkodex gibt. Eine Verlagerung von einem gut gesicherten Großobjekt wie Kaufhaus oder Bank auf ein kleines Geschäft oder dessen Besitzer, welche als mehr oder weniger ihresgleichen angesehen wurden, lehnten diese zumeist aus "moralischen" Gründen kategorisch ab.

4, Studie von Cromwell et. al (1991), Holland

Cromwell wies in einer Studie[667] aus dem Jahre 1991 nach, daß Kriminalprävention gegen eine bestimmte Form von Verbrechen nicht gleichbedeutend mit einem Verlagerungseffekt sein muß. So führte er eine Täterbefragung von insgesamt 30 Heroinabhängigen durch, die infolge ihrer Sucht zur Beschaffungskriminalität gezwungen waren. In weit größerem Maße als bisher angenommen, hatten sich diese kriminellen Suchtabhängigen noch unter Kontrolle und waren in der Lage, situationsabhängig von ihrem Deliktsvorhaben Abstand zu nehmen. Mehr als die Hälfte der Befragten gab an, dass das unerwartete Auftauchen eines Nachbarn oder die Anwesenheit eines Hundes oder einer Alarmanlage diese von einem geplanten Raubüberfall abhielt. Nur selten sahen sich diese genötigt, ein anderes, vergleichbares Zielobjekt für ihr kriminelles Vorhaben zu wählen. Weit überwiegend wurde gänzlich von dem Raub Abstand genommen, und statt dessen lieh sich der potentielle Täter Geld, beging einen Ladendiebstahl oder kaufte sich etwas legal Erhältliches als Ersatzdroge.[668]

---

665 Vgl. Gabor/Baril et al., 1987, S. 73, 74.
666 Vgl. Gabor, 1990, S. 58.
667 Vgl. Cromwell/Olson et al., 1991, S. 310 ff.
668 Vgl. die Zusammenfassung der Ergebnisse dieser Studie bei Hesseling, 1994, S. 216.

E.
Gesamtwürdigung: Bilanz und Perspektiven

I.
Zusammenfassung

Zunächst seien die Hauptergebnisse der untersuchten Forschungsstudien zusammengestellt.
Die nachfolgende Tabelle 10 bietet eine Zusammenfassung der Ergebnisse der dargestellten Publikationen in Bezug auf eine Deliktsverlagerung.
In 15 Studien wurde keine Deliktsverlagerung festgestellt; ein hoher Anteil dieser Studien widmete sich einer konkreten Präventionsmaßnahme oder einer Reihe von Maßnahmen.

Zusätzlich zu diesem unerwartet positiven Ergebnis stellte sich heraus, dass manche Präventionsmaßnahmen einen vorteilhaften Effekt auf angrenzende Kontrollgebiete oder auf andere Ziele hatten. Solche zielübergreifende Gewinne („diffusion of benefits") wurden in 6 der 42 Studien aufgedeckt.

Die Täterbefragungen ergaben, dass einige Straftäter immer wieder nach alternativen Zielen suchen, andere sich von verbesserten Sicherheitsvorkehrungen abschrecken lassen.

In den meisten Fällen trat eine Deliktsverlagerung in Form einer Änderung der Taktik, des Zieles, der Tatzeit oder des Ortes zutage; meistens bleiben die Straftäter jedoch beim bewährten Stil ihrer Straftat. So verlagern Autodiebe allenfalls ihre Diebstähle auf Autos ohne Lenkradschlösser, oder Bankräuber suchen sich Banken mit geringeren Sicherheitsvorkehrungen aus.

Tabelle 21:
Zusammenfassung der Effekte von einzelnen oder mehreren gleichzeitig durchgeführten Präventionsmaßnahmen

	I. Keine DV + dob	II. keine DV	III. D
Maßnahmen, die den Aufwand für die Strafverfahren erhöhen			
Sicherheitsverbesserungen			3
Zugangskontrolle			2
Kontrolle möglicher Tatfahrzeuge		4	1
Maßnahmen, die das Risiko für die Straftat erhöhen			
Ein- und Ausgangsüberprüfung			1
Förmliche Überwachung			2
Überwachung durch Mitarbeiter	1		3
Natürliche Überwachung			1
Maßnahmen, die die Belohnung aus der Straftat reduzieren			
Markierung von Eigentum		1	1
Kombination von mehreren Maßnahmen			
Straßenprostitution		1	2
Vandalismus	1		
Diebstahl von Einkaufstaschen	1		
Autodiebstahl	1	2	2
Wohnungseinbruch	1		1
Bankraub		1	2
Drogen			1
verschiedene Delikte	1	1	1
Straftäterforschung			4
Total	6	10	26

Tabelle 22:

Anzahl der entdeckten Deliktsverlagerungsarten

	entdeckte Effekte
zeitliche Deliktsv.	3
örtliche Deliktsv.	21
Zielobjektsv.	8
taktische V.	3
funktionelle V.	4

In vielen Studien wurden verschiedene Formen einer Deliktsverlagerung gleichzeitig untersucht.

II.
Erfolgreiche Präventionsmaßnahmen

Im Ergebnis können folgende einzelne sowie die Kombination von bestimmten Präventionsmaßnahmen als erfolgsversprechend angesehen werden:

- für Geschäfte und Verkaufsläden erhöhter Personaleinsatz, Änderung des Designs der Auslagen, Überwachungskameras sowie helle Beleuchtung;

- für Flughäfen Metalldetektoren und Sicherheitspersonal;

- für öffentliche Plätze und öffentliche Einrichtungen das Schließen von Straßen für den allgemeinen Zugang sowie Überwachungskameras;

- für Parkplätze und Parkhäuser die Installation von Überwachungskameras und Wachpersonal;

- Objektsicherung durch technische Vorrichtungen.

Daraus wird deutlich, daß es Maßnahmen gibt - insbesondere Überwachungskameras - die gegen eine Fülle von Straftaten präventiv wirken, andere dagegen lediglich für eine ganz spezielle Deliktsart präventiven Erfolg versprechen.[669]

[669] Die Ergebnisse decken sich mit einer Studie von Poyner, der 122 Studien auf die Effektivität einzelner Maßnahmen überprüft hat, siehe hierzu Poyner, 1993, S. 7.

III.
Würdigung der Ergebnisse

1. Allgemeines

In Würdigung dieser Befunde kann generell festgestellt werden: Erstens: Soweit Untersuchungsergebnisse vorliegen, widerlegen sie die These, dass eine Deliktsverlagerung notwendige Konsequenz von Präventionsmaßnahmen ist. Die Analyse hat ergeben, daß eine Deliktsverlagerung möglich ist, aber nicht unvermeidbar. Zu diesem Ergebnis sind auch andere Studien gelangt.[670] Somit kann die Ansicht von *Reppetto*, der eine Deliktsverlagerung als unvermeidbar ansieht, da nach seiner Ansicht alle Straftäter und potentiellen Straftäter sehr flexibel und in der Lage sind, eine große Bandbreite von Straftaten zu begehen, nur partiell akzeptiert werden.[671] Der Forschungsstand spricht sogar für die Annahme gegenläufiger Effekte, die durch die Präventionsmaßnahmen selbst nicht angegangen wurden.

Zweitens: Die Existenz aussagekräftiger Untersuchungsergebnisse zeigt, dass die Annahme einer Deliktsverlagerung grundsätzlich einer empirischen Prüfung zugänglich ist.

2. Kritische Reflexion und Bewertung der untersuchten Studien

Als Ergebnis muss man indes feststellen, dass es für das in dieser Analyse gewonnene Ergebnis keinen endgültigen Beweis gibt. Zwar belegen einige Studien die Effektivität von situativen Präventionsmaßnahmen, viele andere aber wiederum nicht. Es fehlt letztlich an fundierten und überzeugenden Ergebnissen aus Studien, die das Problem der Deliktsverlagerung ausschließlich und umfassend untersucht haben. Eine solche Studie könnte beispielsweise den Versuch machen, jeder der sechs in der Literatur identifizierten Verlagerungsformen nachzugehen oder könnte ein „Nachspüren" der Straftäter beinhalten, um Tatmuster einzelner Straftäter im Anschluss an die Prävention aufzuzeigen.[672]

Es stellt sich aber die Frage, ob eine Forschungsstudie - gleichgültig wie anspruchsvoll und hochentwickelt sie auch ist - überhaupt alle Möglichkeiten einer Deliktsverlagerung hinreichend abdecken und erfassen kann. Auch wenn es tech-

---

670 So hat Hesseling bei einer vergleichenden Betrachtung von 55 Studien, in denen unterschiedliche Präventionsmaßnahmen untersucht wurden, festgestellt, daß in 33 Studien in gewissem Umfang eine Verdrängung vorlag, 22 Untersuchungen zeigten dagegen keinerlei Verdrängungseffekt, vgl. Hesseling, 1994, S. 197 - 227; mit anderen Ergebnissen vgl. Bannister, 1991; Eck, 1993; Gabor, 1990; Lab, 1988; Sherman, 1990.

671 Vgl. hierzu Reppetto, 1976, S. 170.

672 Vgl. Eck, 1993, S. 539; Weisburd, 1997, S. 15.

nisch möglich sein würde, solch eine umfassende Studie durchzuführen, so bliebe es methodisch äußerst schwierig zu entscheiden, ob es zu einer Deliktsverlagerung gekommen ist oder nicht und wie letzlich die Form der Verlagerung ausgestaltet war.[673]

Pease hat sich zu diesem Problem folgendermaßen geäußert:

„Even if money (for evaluation) were unlimited but displacement were to diverse offences and places, the effect would disappear into the normal variation in crime rates. Thus if some burglars turn to robberies close to home, some to cheque fraud, some to drug dealing and so on, even total displacement would be undetectable."[674]

Das Unvermögen der Forschung, den Eintritt einer Verlagerung nach Präventionsmaßnahmen festzustellen, bedeutet nicht, dass eine Deliktsverschiebung nicht stattfindet, da sich ihre Formen hinsichtlich Tatzeit, Tatbereich oder Tatart verwischen können.[675]

So ist es denkbar, dass eine Studie keine Verlagerung festgestellt, obwohl eine solche stattgefunden hat, dieser Art der Verlagerung aber nicht nachgegangen wurde.[676] Auf der anderen Seite kann möglicherweise ein Anstieg anderer Straftaten außerhalb einer Deliktsverlagerung als Resultat durchgeführter Präventionsmaßnahmen gewertet worden sein, obwohl der Anstieg dieser Straftaten nicht auf die durchgeführten Präventionsmaßnahmen zurückzuführen ist, sondern lediglich auf dem „natural cycle of crime" basiert.[677]

Auch können mehrere Verlagerungseffekte bei ein und demselben Täter auftreten. So z.B. wenn ein Raubtäter seine Aktivitäten in ein anderes Gebiet verlegt und zugleich die Tat methodisch und zeitlich verändert begeht.

Während sich eine Verlagerung am besten bei einer kurzfristigen Veränderung der Tatmuster feststellen lässt, besteht die Möglichkeit, dass Veränderungen der situativen Gegegenheiten auch zu langfristigen Veränderungen der kriminellen Verhaltensweisen führen können.[678]

Des weiteren fehlen überzeugende Beweise dafür, dass situative Präventionsmaßnahmen nicht nur für begrenzte, kleine individuelle Ziele erfolgreich sind, sondern auch Einfluss auf die Kriminalitätsrate einer ganzen Region, Stadt oder sogar

---

[673] So Graham/Bennett, 1997, S. 79; Pease, 1990, S. 293.
[674] Pease, 1993, S. 675.
[675] Vgl. Gabor, 1990, S. 48; Barnes, 1995, S. 100; Graham/Bennett, 1997, S. 79.
[676] Vgl. Clarke, 1997, S. 28.
[677] Gabor, 1990, S. 50; vgl. auch Clarke, 1997, S. 29.
[678] Vgl. Graham/Bennett, 1997, S. 79.

eines Landes haben. Denn trotz einer generellen Verstärkung an Präventionsprogrammen sind die internationalen Kriminalitätsraten angestiegen. So besteht durchaus die Möglichkeit, dass der Unterschied zwischen der Wirksamkeit des situationsbezogenen Ansatzes auf Zielniveau einerseits und auf dem gesamten Stadtniveau andererseits durch eine Deliktsverlagerung zu erklären ist.

Weiterhin ist hervorzuheben, dass die zitierten Studien lediglich zwei Wege des Aufzeigens einer Deliktsverlagerung erfassen: zum einen durch die Analyse der Änderung von Kriminalitätsraten nach der Durchführung von Präventivmaßnahmen, zum anderen durch die Auswertung von Täterbefragungen. Beide Methoden sind zwar unerlässlich, um ein besseres Verständnis über das Phänomen der Deliktsverlagerung zu gewinnen, decken aber nicht das gesamte Problemfeld ab. Zukünftig sollten breiter angelegte Strategien entwickelt werden, um zu erforschen, warum Straftäter bestimmte Arten von Delikten begehen, was manche Straftaten "reizvoller" macht als andere, wie es zur Deliktsbegehung kommt und wie diese ausgeführt werden.[679] Auch sollte überprüft werden, unter welchen Bedingungen eine Deliktsverlagerung oder zielübergreifende Gewinne zu erwarten sind.

Künftig sollten bei der Erforschung von Verdrängungseffekten externe Faktoren, wie die Veränderung der Täterpopulation oder der allgemeine Trend in der Kriminalitätsentwicklung, nicht außer Acht gelassen werden.[680]

Der Effekt einer Deliktsverlagerung erweckt den Eindruck, dass Sicherheitsvorkehrungen und andere Präventionsmaßnahmen die einzigen Faktoren sind, die die Straftaten von einem Ort zum nächsten ablenken. Es gibt jedoch eine Vielzahl von sozialen, psychologischen und auch umgebungsbedingten Umständen, die diesen Prozess beeinflussen können. Andere Ziele werden z.B. nicht nur deshalb gesucht, weil sie weniger bewacht sind. Ein weniger bewachtes Tatziel, das jedoch einen höheren Aufwand an Zeit, Energie und Anstrengung verlangt, würde generell gemieden werden. Die Tatsache, dass der Schutzgrad nur einer von vielen Faktoren ist, der die Entscheidung über die Auswahl eines Verbrechenzieles beeinflusst, ist möglicherweise der Grund, warum die Gesamtviktimisierungsrate in einem großen Gebiet unter verstärkten Sicherheitsmaßnahmen im wesentlichen unberührt bleibt.

Ein weiteres Dilemma betrifft die Aussagekraft der dargestellten Untersuchungen, insbesondere der Täterbefragungen. Die Studien stützen sich auf die Aussagen von Mehrfachtätern, d.h. von bereits inhaftierten Einbrechern, Räubern und kriminellen Drogensüchtigen. Es bleibt in allen Untersuchungen die Frage offen, ob die

---

679 Vgl. Trasler, 1986, S. 22; Cornish/Clarke, 1989, S. 115; Eine Analyse zum Straftatbegehungsprozess wurde z.B. von Cornish entwickelt und durchgeführt, vgl. hierzu Cornish, 1994, S. 151 ff.

680 Vgl. Barnes, 1995, S. 100 ff.

erzielten Ergebnisse, nämlich daß etwa die Hälfte bis 2/3 aller Straftäter sich zu einer veränderten Ausführung der von ihnen verübten Strafdelikte entschließen, repräsentativ für alle Straftäter sein können.

Eine Deliktsverlagerung wird am wahrscheinlichsten dann eintreten, wenn ein potentieller Straftäter stark motiviert ist, eine Straftat zu begehen und zusätzlich auch potentielle Ziele vorhanden sind. Wenn ein derartiger Straftäter jedoch lediglich ein vorübergehendes Interesse an einer Deliktsbegehung hat und die kriminelle „Lust" bloß als Antwort auf günstige situative Gegebenheiten anzusehen ist, so ist ein Zielaustausch eher unwahrscheinlich.[681] Mit anderen Worten wird die situative Verbrechensprävention in erster Linie den Gelegenheitstäter erreichen. Weit weniger wird sie den Berufstäter oder Plantäter von der Begehung strafbarer Handlungen abhalten können.[682] Da Intensiv- oder Vielfachtäter (auch persistente oder chronische genannt) für einen weit überproportionalen Anteil der Straftaten verantwortlich sind,[683] gilt es zukünftig herauszufinden, welche Maßnahmen gerade diesen "Typ" Straftäter abschreckt, wie groß dessen Risikobereitschaft ist usw.[684] Je weiter die "Karriere in abweichendem Verhalten" dieser ständig rückfälligen Verbrecher fortschreitet, desto schwerer wird es sein, mit sozialen oder situativen präventiven Maßnahmen eine Fortsetzung zu verhindern.[685]

Barnes weist mit Recht darauf hin, daß die meisten Täterbefragungen die Gefahr in sich bergen, daß die befragten Täter aus keiner zufälligen Selektion stammen, sondern aus einer subjektiven Einschätzung rekrutiert werden und somit möglicherweise nicht den Durchschnittstäter widerspiegeln.[686]

Ebenfalls sollte eine einheitliche Definition von Verlagerung gefunden werden, die bei künftigen Untersuchungen angesetzt wird. Denn z.B. die Studie von *Bennett* und *Wright* mußte gerade deshalb kritisiert werden, weil eine Verlagerung nur dann angenommen wurde, wenn der Straftäter am gleichen Tag von einem Delikt abgehalten wurde und sich sogleich einem anderen Ziel zuwandte. Solch eine zeitliche Limitierung ist viel zu kurz bemessen.[687]

Nicht nur die Unterscheidung von Plan- und Spontantätern, sondern auch von jugendlichen Straftätern und Erwachsenen spielt bei der Bewertung einer Straftatenverdrängung eine erhebliche Rolle. Denn Kriminaldelikte werden hauptsächlich

---

[681] Vgl. Bannister, 1991, S. 73.
[682] Vgl. Büchler/Leineweber, 1986, S. 47; Kube, 1984, S. 135 (137).
[683] Vgl. Bock, 2000, S. 123; ebenso BKA, 1998, S. 24; andere Ansicht Gabor, 1990, S. 56, der davon ausgeht, dass die meisten Straftaten durch Gelegenheitstäter begangen werden.
[684] Vgl. Bellamy, 1996, S. 50.
[685] Vgl. BKA, 1998, S. 25.
[686] Vgl. Barnes, 1995, S. 99; ebenso Hough, 1987, S. 356.
[687] Vgl. Gabor, 1990, S. 49, 63.

dann verlagert, wenn die Täter die notwendige Flexibilität besitzen, Zeit, Ort oder Ziel des Deliktes zu verändern.[688]
Studien über die Mobilität von Straftätern zeigen, daß für Eigentumsdelikte eine größere örtliche Flexibilität aufgewendet wird als für Gewaltverbrechen (außer Vergewaltigung).[689] So stellte *Reppetto* in einer Untersuchung fest, bei der er Interviews mit erwachsenen Einbrechern in Boston durchführte, daß ein Viertel dieser Befragten dazu bereit waren, mehr als 24 Stunden zu fahren, um ihr Ziel zu erreichen.[690]

Die Studien über das Bewegungsfeld von Straftätern demonstrieren jedoch auch, daß der Durchschnitt der jugendlichen Straftäter ihren "kriminellen Wirkungskreis" nicht so weit ziehen wie die älteren Straftäter.[691] Ein Jugendlicher bewegt sich zwischen seinem Elternhaus, der Schule und seinen Freizeitaktivitäten. In der Nähe dieser Orte wird er am wahrscheinlichsten Delikte begehen und nicht in Gebieten, die ihm fremd sind und die weit entfernt liegen. Bei Jugendlichen wird folglich eine örtliche Verlagerung nur zu Gebieten erfolgen, die ihnen auch vertraut sind.[692]

Aus den bisherigen Erkenntnissen folgt, daß bei der Effektivität der Prävention noch erhebliche Defizite bestehen.

So fehlt bislang insbesondere eine Koordination und Kooperation der mit Präventionsaufgaben befaßten Einrichtungen und Organisationen.[693]

Auch überwiegen eher diffuse Programme für unbestimmte Adressatenkreise.[694]
Umfassende Untersuchungen hinsichtlich des gesamten Bereiches der Verdrängung von Kriminalität fehlen weitgehend, und damit werden unerwünschte Wechsel- und Nebenwirkungen nicht ohne weiteres erkannt und berücksichtigt. Auch fehlt es an Möglichkeiten zur Kontrolle der Effektivität von Präventionsansätzen und damit zu ihrer Evaluierung.[695]

Zu fordern sind deshalb tiefergehende Untersuchungen von Verdrängungseffekten und zielübergreifenden Gewinnen. Auch die noch unterschiedlichen Interventionsformen mit dem Ziel der Identifizierung von wirksamen Maßnahmen müssen evaluiert werden. Dabei sollten diese Effektivitätsuntersuchungen auch Kostengesichtspunkte nicht außer Acht lassen.

---

688 Vgl. Bannister, 1991, S. 73.
689 Vgl. Gabor, 1990, S. 43.
690 Vgl. Gabor, 1990, S. 44.
691 Vgl. Gabor, 1990, S. 45.
692 Vgl. Eck, 1993, S. 537.
693 Vgl. Grabosky, 1996, S. 43.
694 Vgl. Kube/Koch, 1992, S. 19.
695 Vgl. Grabosky, 1996, S. 43; Kube/Koch, 1992, S. 19.

Aufgrund aller dieser Kritikpunkte sowie des aufgezeigten "Forschungsdilemmas" muss empfohlen werden, den Effekt einer eventuellen Deliktsverlagerung bei der Durchführung von situativen Präventionsmaßnahmen niemals zu ignorieren, sondern vielmehr die Möglichkeit einer Verlagerung bei der Ausgestaltung von Kriminalpräventionsprogrammen zu berücksichtigen um auch dieser vorzubeugen.[696]

In diesem Sinne hat es in jüngster Zeit auch schon Vorschläge zur Lösung der Verlagerungsproblematik als regelmäßiger Bestandteil von Kriminalpräventionsaktivitäten gegeben, wonach voraussichtliche Verlagerungsgebiete in einem Präventionskonzept berücksichtigt werden sollten.[697]

In der Diskussion hatte z.B. *Reppetto* vorgeschlagen, dass Verwalter von Verbrechenskontrollprogrammen angeregt werden sollten, die möglichen "Auswirkungen auf die Kriminalität in der Umgebung" ihrer Programme anzugeben, um Richtungen vorhersagen zu können, die eine Verlagerung unter Umständen einschlagen könnte.[698]

Ebenso weist *Eck* darauf hin, daß die Gefahr einer Verlagerung minimiert werden kann, wenn ein Präventionsprogramm vorsieht, dass "potentielle Ausweichobjekte" ebenso gesichert werden.[699] So sollte z.B. eine Wohnsiedlung, die in ihrem Design mit der zu sichernden vergleichbar ist, durch ein Präventionskonzept ebenfalls geschützt werden. Dies zu erreichen und vergleichbare Objekte zu identifizieren, setzt vor Durchführung der Präventionsmaßnahmen eine sorgfältige Analyse des Deliktsproblems in dem zu sichernden Gebiet voraus.[700] Täterbefragungen und "Crime Mapping" oder auch ein "geographisches Profiling" können hierbei nützliche Quellen für eine solche Informationsgewinnung sein.[701]

Bei der Auswertung von Untersuchungen sollten gleichzeitig immer Täterbefragungen durchgeführt werden. Denn verschiedene Autoren weisen zu Recht darauf hin,[702]dass die Idee einer Deliktsverlagerung in den Entscheidungen und Motivationen der einzelnen Straftäter verwurzelt ist. So bemerkt *Bennett* treffend:"... to determine whether a person is deterred or displaced we need to know what he or she was thinking about at the time of the offence."[703]

Gerade dann, wenn man Straftäter als rationale Entscheidungsträger ansieht, spielt der Denkprozeß vor einer Tat eine entscheidende Rolle. Ein Täter kann sich umorientieren und ein geschütztes Objekt nicht angreifen, sondern ein nicht gesi-

---

696 So Graham/Bennett, 1997, S. 79.
697 Vgl. Eck, 1993, S. 539.
698 Vgl. Reppetto, 1976, S. 175 - 177.
699 Vgl. Eck, 1993, S. 539.
700 Vgl. Eck, 1993, S. 539.
701 Vgl. Tien/Cahn, 1986, S. 240.
702 Vgl. z.B. Eck, 1993, S. 528; Barnes, 1995, S. 101.
703 Bennett, 1986, S. 49.

chertes, nicht aufgrund des geringeren Risikos, sondern, weil dieses sich als lukrativer darstellt. Diese Deliktsbegehung als eine Verlagerung anzusehen wäre falsch.[704] Das Beispiel verdeutlicht, daß ohne Kenntnis der Motive des Straftäters die Tat als solche falsch gewertet und eingeordnet werden würde.

IV.
Beurteilung der ökonomischen Kriminalitätstheorien

1. Allgemeines

Des weiteren stellt sich die Frage nach der empirischen Gültigkeit der dargestellten Kriminalitätstheorien und neueren Ansätze. Stellen die traditionellen Theorien eine soziologische "Überinterpretation" der Realität dar, weil sie zentrale ökonomische Determinanten der Kriminalität außer Acht lassen? Oder leben die gängigen Kriminalitätstheorien aufgrund der Feststellung des Deliktsverlagerungsphänomens wieder auf?

Wenn ein Präventionsprogramm erfolgreich ist, ohne dass es zu einer Deliktsverlagerung gekommen ist, haben die Vertreter der "alten" Kriminalitätstheorien Schwierigkeiten, diesen Erfolg zu erklären. In diesem Fall sind nur die Verfechter der rationalen Betrachtungsweise von Kriminalität in der Lage, das Ergebnis einer solchen Studie zutreffend zu analysieren.[705]

Die Theorien der ökonomischen Betrachtungsweise von Kriminalität können jedoch eine Deliktsverlagerung bei bestimmten Deliktsarten kaum erklären. So mag diese Betrachtungsweise bei bestimmten Straftaten - wie Raub, Diebstahl usw. - greifen und weiterhelfen, nicht jedoch bei den sog. expressiven Delikten, also emotionsabhängigen, abweichenden Verhaltensformen, wie Selbstmord, Vergewaltigung und pathologischen Delikten.[706]

Bock führt folgendes Beispiel zur Verdeutlichung der fehlenden logischen Stringenz der ökonomischen Erklärungsansicht von Kriminalität an:[707] Ein Drogensüchtiger benötigt ein bestimmtes Zieleinkommen, um sich das erforderliche Quantum an Drogen zu beschaffen, was durch legale Handlungen nicht möglich ist, so daß aus ökonomischer Sicht die Verminderung des Nutzens illegaler Handlungen durch Verstärkung von Abschreckungsmaßnahmen sogar zu einer Erhöhung der Straftaten führt.

---

[704] Vgl. Barnes, 1995, S. 102.
[705] Vgl. Gabor, 1990, S. 48.
[706] Vgl. Trasler, 1986, S. 22; Cornish/Clarke, 1986, S. 6.
[707] Vgl. Bock, 2000, S. 89.

Diese Kritik verdeutlicht, dass die Wirkung von Abschreckungsmaßnahmen auch aus ökonomischer Sicht differenzierter betrachtet werden muß, als es die Grundannahmen der Modelle nahelegen. Nach der ökonomischen Betrachtung von Kriminalität geht die Motivation des Täters in einem schlichten Reiz-Reaktions-Muster auf, tatsächlich ist die Motivation des Täters aber Teil eines hochkomplizierten Handlungs- und Entscheidungsprozesses auf der Grundlage vorbefindlicher Gelegenheiten, Situationen und Beziehungen. Die Entscheidung für eine Straftat darf niemals monokausal betrachtet werden, sondern weitere zusätzliche Bedingungen und Variablen müssen Berücksichtigung finden.

2. *"The Opportunity Structure for Crime"*

In jüngster Vergangenheit wurde deshalb ein Versuch unternommen, die situativen Aspekte der ökonomischen Betrachtungsweise von Kriminalität und die dispositionalen Ansichten der traditionellen Kriminalitätstheorien in einem rationalen Gerüst zu vereinigen.[708]

Der geographische Kriminalitätsansatz sowie die Routinehandlungs- und Lebensstiltheorie haben auf verschiedene Weise geholfen, die situative Verbrechensprävention voranzutreiben. *Clarke* ist jedoch der Auffassung, daß eine Synthese aus allen verschiedenen theoretischen Ansätzen unausweichlich und auch wünschenswert ist, um der Kriminalität am effektivsten entgegenzuwirken.[709]

Sein Modell der "Opportunity Structure for Crime" stellt den Versuch eines solchen integrativen Erklärungsrahmen aller Ansätze dar.

Die nachfolgende Tabelle illustriert *Clarkes* Modell:

[708] Vgl. Morongiu/Newman, 1995, S. 117.
[709] Vgl. Clarke, 1997, S. 12.

Abbildung 3:
THE OPPORTUNITY STRUCTURE FOR CRIME[710]

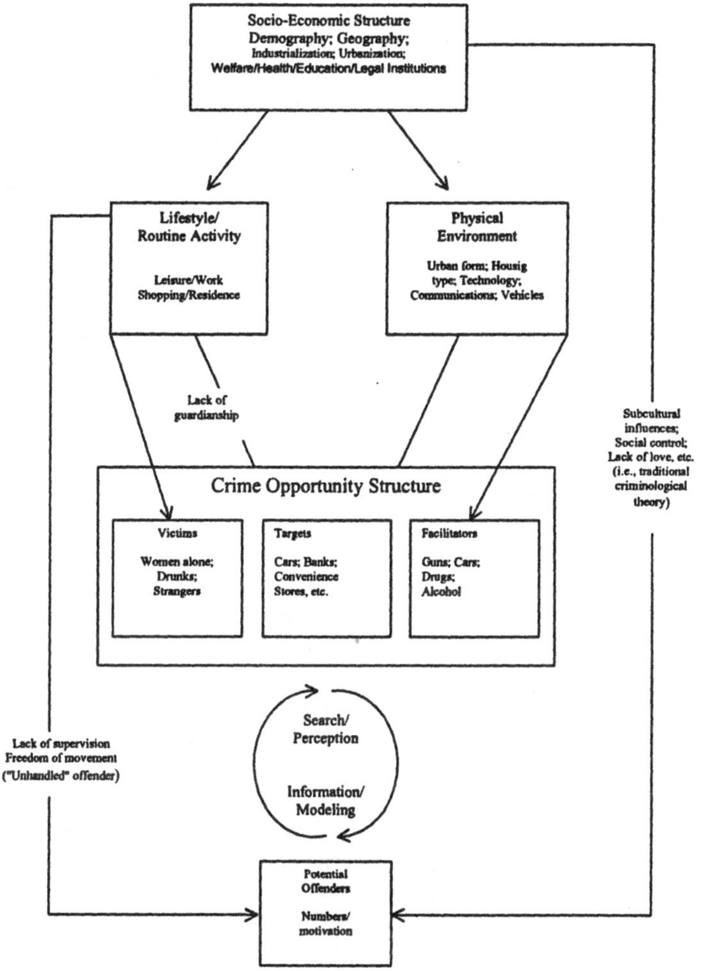

710 Clarke, 1997, S. 13; ders. , 1995, S. 11 - 17.

In diesem Modell, das die dispositionalen Variablen der traditionellen Kriminalitätstheorien ebenso beinhaltet wie die situativen Aspekte der neueren Ansätze, gibt es drei wesentliche Komponenten der kriminellen "opportunity structure": Opfer (Betrunkene, Fremde), Ziele (Autos, Geschäfte) und unterstützende Faktoren (Waffen, Autos).[711] Das Vorhandensein von geeigneten Zielen ergibt sich dabei zum einen aus der physischen Umgebung als auch aus den Lebensgewohnheiten und Routineaktivitäten der Bevölkerung. Die physische Umgebung bestimmt auch die Anzahl der Begleitumstände, während sich die Lebensgewohnheiten und Alltagsaktivitäten wiederum entscheidend bei der Bereitstellung von Opfern auswirken. Physische Umgebung, die Lebensstile und die Alltagsaktivitäten werden selbst wiederum maßgeblich determiniert durch die weitgefaßte sozioökonomische Struktur einer Gesellschaft; darin inbegriffen die Demographie, Geographie, Verstädterung, Industrialisierung, Gesundheits- und Bildungspolitik usw. *Clarke* stellt fest, daß die Anzahl der möglichen Täter aus der sozioökonomischen Struktur der Gesellschaft resultiert. Damit erkennt er viele Mechanismen an, die durch die traditionellen Kriminalitätstheorien bestimmt wurden, wie Subkultureinfluss, Vernachlässigung der Erziehung durch die Eltern usw.

Insgesamt stellt die "Opportunity Structure for Crime" ein komplexes Zusammenspiel verschiedener Variablen dar, die Ausmass und Art der Gelegenheit für das Zustandekommen von Verbrechen bestimmen.

Bei solch einer Gesamtbetrachtung bleiben jedoch Fragen nach Reichweite und dem Ausmaß der situativen Kriminalprävention offen. So fragt man sich, ob es nicht sinnvoller erscheint, bereits an der sozioökonomischen Struktur anzusetzen, wenn sich hieraus Tatgelegenheiten für Verbrechen ergeben. Könnte nicht eine größere Reduzierung der Kriminalität erreicht werden, wenn z.B. das Wohlfahrtssystem verbessert und Bildungsprogramme durchgeführt werden? Wäre eine Beeinflussung der sozioökonomischen Struktur nicht effektiver als die Durchführung einer Vielzahl von Präventionsmaßnahmen, die allein an das situative Moment anknüpfen? *Clarke* et. al. beantworten diese Frage damit, daß sowohl eine soziale als auch eine situationsbezogene Prävention durchgeführt werden muß.[712] Eine bessere Wohlfahrt und Bildung mag wünschenswert sein, doch verlangt dies Ressourcen, die die Gesellschaft nicht aufbringen kann. So stellte man auch in Schweden fest, daß der Ausbau des dortigen Wohlfahrtstaates zu keiner Verminderung der Kriminalität geführt hat. Es mußte sogar ein Anstieg an kriminellen Aktivitäten konstatiert werden.[713]

Eine zweite Frage betrifft die mögliche Abschreckung von Tätern. Ist es nicht einfacher und kostengünstiger, höhere Strafen anzudrohen und zu verhängen, als zu

---

711 Vgl. Clarke, 1997, S. 12.
712 Vgl. Clarke, 1997, S. 14.
713 Vgl. Clarke, 1997, S. 14.

versuchen, die Möglichkeitsstruktur von Verbrechen zu beeinflussen? Interviews mit Tätern ergaben jedoch, daß diese ihre Tatbegehung in erster Linie darauf ausrichten, nicht unmittelbar gefaßt zu werden. Lediglich sekundär beeinflusst diese das zu erwartende Strafmaß.[714] Auch dies belegt, daß es effektiver ist, das Entdeckungsrisiko für potentielle Täter zu erhöhen.

Der letzte Fragenkatalog betrifft das Zusammenspiel zwischen der objektiven Realität der "Opportunity Structure" und der Art und Weise, wie diese von potentiellen Tätern wahrgenommen wird. Wie erfahren Täter von günstigen Gelegenheiten? Welche Faktoren spielen eine Rolle bei der Auswahl eines kriminellen Zielobjektes? Gibt es einfach zu viele Tatgelegenheiten für Straftaten? Dies hätte ernsthafte Auswirkungen auf eine mögliche Präventionsstrategie. Denn welchen Wert hätte dann noch die Reduktion nur einzelner Straftaten?
Jedes von potentiellen Tätern zur Deliktsbegehung auserkorene Objekt, sei es eine lokale Örtlichkeit, ein Automobil usw. bietet nicht nur einen Ansatz zur Tatbegehung, sondern langfristig betrachtet eine Vielfalt von Tatgelegenheiten. So muß im Vorfeld einer Verbrechensbekämpfung entschieden werden, ob eine sicherheitstechnische Präventionsmaßnahme sinnvoll oder überhaupt nutzbringend umsetzbar ist.

Einig ist man sich, selbstverständlich außerhalb der Täterkreise, über Sinn und Notwendigkeit vorbeugender Verbrechensbekämpfung. Einhelliger Tenor aller mir vorliegender Studien war die uneingeschränkte Akzeptanz und Begrüßung der sicherheitstechnischen Maßnahmen durch die breite oder örtlich betroffene Öffentlichkeit, da das Sicherheitsbedürfnis aller nach Verbrechensverhütung verlangt. Um die Effizienz der zu planenden Maßnahmen zu steigern, müßte eine zentrale Datenverwaltung dieser Programme analog von Fingerabdruckkarteien oder genetischer Codespeicherung geschaffen werden. Im Zeitalter digitaler Vernetzung sollte es möglich sein, die aus den aufgelegten Programmen gewonnenen Erkenntnisse zu dokumentieren, zu aktualisieren und den einschlägig damit Befaßten umgehend zur Verfügung zu stellen. Es darf einfach nicht sein, daß diese Daten nur äußerst mühselig, mit viel Zeitaufwand, zugänglich sind.

---
[714] Vgl. Clarke, 1997, S. 14.

V.
Resumée

Da Kriminalität ein konkretes soziales Problem ist, muss sich die Kriminologie ihm mit allen erfolgversprechenden Methoden stellen und deshalb auch die Kriminalprävention zu einem ihrer künftigen Interessen - und Forschungsschwerpunkte machen.

In der heutigen Gesellschaft funktioniert die Verhaltenssteuerung nicht mehr über ein allgemein gültiges Wertesystem (gerade nicht bei der jüngeren Generation). Eine ausschließlich primäre Prävention würde somit „ins Leere laufen", so dass die angemessene und sozusagen oberflächliche Verhaltensausrichtung durch eine gezielte und umfassende Veränderung der komplexen Tatgelegenheitsstruktur ein notwendiger Ansatz ist. Ein solches Präventionskonzept würde zudem die formelle strafrechtliche Kontrolle bei ihrer reaktiv repressiven Tätigkeit entlasten.[715]

Kriminalitätsverhütung lässt sich dabei jedoch nicht durch kurzfristige Initiativen auf Projektbasis testen. Notwendig ist vielmehr ein langfristiger Ansatz auf der Basis von konkreten Programmen. Kriminalitätsverhütung ist Daueraufgabe.[716] Gerade Maßnahmen, die an den Ursachen der Kriminalität ansetzen, können nur langfristig Wirkung zeigen. Es erscheint daher notwendig, Präventionsaktivitäten zu bündeln und auf Bundes-, Landes- und Gemeindeebene zu institutionalisieren, um interdisziplinär delikts-, personen- und gesellschaftsbezogene Präventionsprogramme entwickeln und durchführen zu können.[717] Solche Institutionen können staatlich "angebunden" sein, wenn Prävention überwiegend als Staatsaufgabe angesehen wird. Alternativ könnte durch ihre Ansiedlung im nicht-staatlichen Bereich die Verantwortung für Prävention in einem gewissen Teil in die Gesellschaft verlagert werden. Im letzteren Falle müsste eine umfangreiche Unterstützung durch staatliche Stellen erfolgen, z.B. durch Bereitstellung und kontrollierte Vergabe entsprechender Mittel.

Auch die Wirtschaft trägt eine große eigene Verantwortung dafür, Angriffen auf ihr System oder ihre Erzeugnisse vorzubeugen.[718] Es sollte selbstverständlich sein, dass derjenige, der ein bestimmtes Produkt herstellt oder eine Dienstleistung anbietet und vermarktet oder auf andere Weise dafür verantwortlich ist, auch einen wesentlichen Teil der Verantwortung dafür trägt, Kriminalität in seinem Umfeld zu vermeiden. So ergab z.B. eine Studie, dass Frauen gewisse Kaufhäuser in den USA gemieden haben, da sie diese als „dingy and unsafe" empfanden.[719] Darauf-

715 Vgl. Kube/Koch, 1992, S. 80.
716 So Kube, 1988, S. 56.
717 Vgl. Matussek, 1978, S. 537.
718 Vgl. Felson/Clarke, 1997a, S. 10.
719 Levy/Weitz, 1995, S. 109.

hin wurden kurzerhand die Verkaufsräume umgestaltet.[720] Dies soll als Beispiel dafür gelten, dass das Wissen um die Effektivität von vorbeugenden Maßnahmen in letzter Zeit zugenommen hat und in Teilen der Wirtschaft bereits umfangreiche präventive Maßnahmen erfolgen. Das Wissen um die Bedeutung der Wirtschaft und bestimmter Teile des öffentlichen Sektors für die Gelegenheitsstrukturen von Verbrechen muss jedoch weiter verbessert werden. So sollte z.B. selbstverständlich sein, dass:[721]

- Wohnungsgesellschaften und andere Wohnungseigentümer dem Risiko für Einbruch, Diebstahl und Sachbeschädigung in Wohnungen, Garagen, Kellern usw. durch eine Kombination von technischen Maßnahmen, Kontrollen und erhöhter Aufmerksamkeit entgegenwirken,

- Gaststätten und die Vergnügungsindustrie u.a. durch erhöhte und flexiblere Aufrechterhaltung von "law und order" das Risiko für Gewalt und Störungen der öffentlichen Ordnung im Zusammenhang mit verschiedenen Freizeit- und Vergnügungsangeboten senken,

- Autohersteller durch zusätzliche technische Maßnahmen das Risiko für Entwendungen von Autos, Diebstählen von und aus Autos, Alkohol am Steuer und andere schwere Verkehrsdelikte mindern,

- Der Groß- und Einzelhandel den Anreiz für Diebstahl und Ladendiebstahl durch eine Vermeidung ungeeigneter Ausstellung bestimmter Warenarten senken,

- Die Versicherungsgesellschaften durch bestimmte Prämiensysteme die Versicherungsnehmer dahin beeinflussen, dass sie sich selbst besser gegen Straftaten schützen.

Die Auswertung der referierten Studien zeigt, dass Maßnahmen dann besonders erfolgreich sind, wenn sie situations- und deliktsbezogen in kleinem lokalen Rahmen ansetzen und sich daneben vor allem auch der sozialen Situation junger Menschen widmen. Als erfolgversprechendes Konzept bieten sich damit die in anderen Staaten besonders positiv bewerteten Mischstrategien von „social" und „situational crime prevention" – oder nach hiesiger Ausdrucksweise – von primärer und sekundärer Prävention an.[722] Dies gilt insbesondere für den Städtebau, bei dem sich primäre Präventionsmaßnahmen (Errichtung von Kinderspielplätzen) mit sekundärer Verbrechensverhütung einer kriminalitätsabwehrenden Architektur i.S. intensivierter, durch Baumaßnahmen und wohnungsbelegungspolitisch geförderter

---

[720] Vgl. Challinger, 1997, S. 46.
[721] Vgl. hierzu BKA, 1998, S. 34.
[722] Vgl. Clarke, 1995b, S. 63. Gilling weist jedoch auch auf praktische Schwierigkeiten dieser Mischstrategien hin, vgl. hierzu Gilling, 1994, S. 243.

informeller sozialer Kontrolle sowie im Sinne baulicher/technischer Zugangsbarrieren gegenüber potentiellen Tätern funktional verknüpfen lassen. So ist es wünschenswert, dass man getrennte Wohn- und Arbeitsviertel vermeidet und statt dessen bemüht ist, verschiedene Wohnformen und Arbeitsbereiche zu kombinieren, die zu einer abwechslungsreichen sozialen Zusammensetzung der Bewohner führt.[723] Man sollte versuchen, vielseitige Bereiche zu schaffen, indem man Wohnungen, Arbeitsplätze, Geschäfte und andere Dienstleistungen kombiniert, so dass zu verschiedenen Tages- und Nachtzeiten Aktivität herrscht.

Schließlich muss Kriminalitätsbekämpfung und dabei insbesondere auch die Prävention als gesamtgesellschaftliche Aufgabe angesehen werden, an der sich alle gesellschaftlichen Bereiche nach ihren Möglichkeiten beteiligen müssen. Gerade die Bevölkerung muß sich des Umfangs und der Erscheinungsformen von Alltagskriminalität bewusst werden und so zur Verantwortung zum Selbstschutz angehalten werden.

[723] So BKA, 1998, S. 37.

Anhang I:
Informationen über die ausgewerteten 42 empirischen Publikationen

<u>Land der Publikation:</u>	
England	17
USA	10
Niederlande	4
Australien	2
Kanada	3
Deutschland	4
Schweden	1
Schweiz	1
<u>Jahr der Publikation:</u>	
1976 - 1980	4
1981 - 1989	12
1990 - 1995	21
1995 - 2000	5
<u>Überprüfte Deliktsarten:</u>	
Verschiedene Delikte	19
Wohnungseinbruch	10
Raub	8
Diebstahl von oder aus Autos	8
Straßenprostitution	3
Selbstmord	2
Vandalismus	2
Drogenhandel	2
Fälschung	1
Kleinkriminalität	2
Telefonbelästigungen	1
<u>Art der Deliktsverlagerung:</u>	
Örtliche Verlagerung	21
Zielobjektsverlagerung	8
Funktionelle Verlagerung	4
Taktische Verlagerung	3
Zeitliche Verlagerung	3
<u>Evaluierungsdesign:</u>	
Vorher-Nacher-Untersuchung	29
Sekundäranalyse	2
Quasi-experimentielle Methode	1
<u>Daten:</u>	
Registrierte Polizeidaten	26
Täterbefragungen	5
Umfragen	6
Andere/verschiedene Arten	4

Anhang 2: Überblick über die Art der Deliktsverlagerung bei Technik, Studie, Autor und Delikt

I. Maßnahmen, die den Aufwand für die Straftat erhöhen

Sicherheitsverbesserung		
Ekblom (1988)	Raub	taktische V., Zielobjektsv.
Allat (1984)	Einbruch	Zielobjektsv., örtliche V., funktionelle V.
Mayhew et al. (1980)	Autodiebstahl	Zielobjektsv.
Zugangskontrolle		
Atlas/LeBlanc (1994)	verschiedene Delikte	örtliche V.
Burrows/Heal (1980)	Autodiebstahl	Zeitliche V.
Kontrolle möglicher Tatwerkzeuge		
Clarke/Mayhew (1988)	Selbstmord	keine
Lester	Selbstmord	taktische V.
Clarke (1992)	Telefonbelästigungen	keine
Knutsson/Kuhlhorn (1992)	Scheckfälschung	keine
Mayhew (1991)	Motorraddiebstahl	keine

II. Maßnahmen, durch die die Risiken für Straftäter erhöht werden

Ein- und Ausgangsüberprüfung		
Scherdin (1992)	Diebstahl	diffusion
Förmliche Überwachung		
Barclay (1997)	Diebstahl	örtliche V.
Sherman (1990)	verschiedene Delikte	örtliche V.
Überwachung durch Mitarbeiter		
Sturman (1980)	Vandalismus	Zielobjektsv.
Mayhew et al. (1976)	Diebstahl, Raub	örtliche V.
Masuda (1992)	Diebstahl	diffusion
Brown (1997)	verschiedene Delikte	örtliche V.
Natürliche Überwachung		
Mukherjee/Wilson (1987)	Raub	örtliche V.

III. Maßnahmen, die die Belohnung aus der Straftat verringern

Markierung von Eigentum		
Gabor (1981)	Diebstahl, Einbruch	örtliche V.
Laycock (1986)	Einbruch	keine

IV. Kombination von Maßnahmen

Wohnungseinbruch		
Forrester et al. (1988)	Einbruch	keine
Graham/Bennett (1995)	Einbruch	örtliche V.
Vandalismus		
Poyner (1988)	Vandalismus	diffusion
Diebstahl aus Taschen		
Poyner/Webb (1992)	Diebstahl	diffusion
Prostitution		
Matthews (1990)	Prostitution	diffusion
Matthews (1993)	Prostitution	örtliche V., zeitliche V.
Lowman (1992)	Prostitution	örtliche V.
Autodiebstahl		
Hesseling (1995)	Diebstahl	funktionelle V., örtliche V.
Poyner (1991)	Diebstahl	diffusion
BKA (2000)	Diebstahl	örtliche V., funktionelle V.
Laycock/Austin (1992)	Diebstahl	diffusion
Bankraub		
Rengier (1985)	Raub	Zielobjektsv., taktische V., örtliche v.
Grandjean (1990)	Raub	Zielobjektsv.
Clarke et al. (1991)	Raub	keine
Drogenkriminalität		
Weisburd/Green (1995)	Drogenhandel	örtliche V.

	Verschiedene Verbrechen		
	Andersen/Pease (1997)	Einbruch/Raub	
	Willemse (1994)	Eigentumskriminalität	örtliche V.
	Miethe (1991)	Raub, Diebstahl	örtliche V.
V.	Täterforschung		
	Bennett/Wright (1984)	Einbruch	zeitliche V., örtliche V.
	Servay/Rehm (1986)	Raub	Zielobjektsv., örtliche V.
	Gabor (1987)	Raub	funktionelle V., örtliche V.
	Cromwell et al. (1991)	Einbruch	Zielobjektsv., örtliche V.

Literaturverzeichnis

Adams, J.R. (1973): Review of "defensible space". Man – Environment Systems, 3, 267 – 268

Albrecht, H.-J.; Dünkel, F.; Spieß, G. (1981): Empirische Sanktionsforschung und Begründbarkeit der Kriminalpolitik. Monatsschrift für Kriminologie und Strafrechtsreform, S. 310 - 326

Albrecht, P.-A. (1982): Der Weg in die Sackgasse? Zur Einschätzung von Präventionsprogrammen der amerikanischen Polizei. In: H. Schüler-Springorum (Hrsg.), Mehrfach auffällig. Untersuchungen zur Jugendkriminalität. Juventa Verlag, München

Albrecht, P.-A. (1983): Perspektiven und Grenzen polizeilicher Kriminalprävention (Diversionsmodelle aus den USA in der Sicht deutscher Instanzenvertreter). Ebelsbach

Albrecht, P.A. (1986): Prävention als problematische Zielbestimmung im Kriminaljustizsystem. Kritische Vierteljahresschrift für Gesetzgebung und Rechtswissenschaft, 1, 55 - 82

Alcorn, D.S. (1977): A Social Psychological Perspective of Deterrence: Development and Test of a Causal Model. Phil. Diss. Brigham Young Univ. Ann Arbor

Allatt, P. (1984): Residential Security. Containment and Displacement of Burglary. Howard Journal of Criminal Justice, 23, 99 – 116

Anderson, D.; Chenery, S.; Pease, K. (1994): Tackling Repeat Burglary and car Crime. Crime Detection and Prevention Paper No. 58. London: Home Office

Anderson, D.; Pease, K. (1997): Biting back: Preventing repeat burglary and car crime in Huddersfield. In: R.V. Clarke (ed.), Situational Crime Prevention: Successful Case Studies. Second edition. Albany, NY: Harrow and Heston

Arzt, G. (1976): Kriminalitätsbekämpfung durch vorbeugende Sicherung – Ausweg oder Sackgasse? Kriminalistik 1976, 433 – 435

Atkins, S.; Husain, S.; Storey, A. (1991): The influence of street lighting on crime and fear of crime. Crime Prevention Unit Paper No. 28. London: Home Office

Atlas, R.; LeBlanc, W.G. (1994): The impact on crime of street closures and barricade. Security Journal, 5, 140 – 145

Avio, K.; Clark, L.S. (1976): Property Crime in Canada. An Econometric Study. Toronto

Bannister, J. (1991): The Impact of Environmental design upon the Incidence and Type of Crime, A Literature Review. Edinburgh, UK: Central Research Unit, Scottish Office

Barclay, P.; Buckley, L.; Brantingham, P.J.; Brantingham, P.L. and Whin – Yates, T. (1997): Preventing Auto Theft in Commuter lots: A Bike Patrol in Vancouver. In R.V. Clarke (ed.), Situational Crime Prevention: Successful Case Studies. New York: Harrow and Heston

Barnes, G.C. (1995): Defining and optimizing displacement. In: J.E. Eck, D. Weisburd (eds.), Crime and Place: Crime Prevention Studies. Vol. 4. Monsey, NY: Willow Tree Press

Baron, S.W. (1997): Risky Lifestyles and the link between offending and victimization. Studies on Crime & Crime Prevention, Biannual Review, Vol. 6, No. 1, 53 - 71

Barr, R.; Pease, K. (1990): Crime placement, displacement and deflection. In: M. Tonry, N. Morris (eds.), Crime and justice: A review of research. Vol. 12. Chicago: University of Chicago Press

Beccaria, C. (1905): Über Verbrechen und Strafen, Lausanne 1766 (übersetzt, mit biographischer Einleitung und Anmerkungen versehen von K. Esselborn, Leipzig 1905); zit.: Beccaria, 1905 (1766)

Becker, G.S. (1968): Crime and Punishment: An Economic Approach. Journal of Political Economy, 76, 169 – 217

Becker, G.S. (1982): Der ökonomische Ansatz zur Erklärung menschlichen Verhaltens. Tübingen

Becker, H. (1963): Outsiders. New York: Free Press

Behrens, P. (1986): Die ökonomischen Grundlagen des Rechts: politische Ökonomie als rationale Jurisprudenz. Tübingen

Bellamy, L. (1996): Situational crime prevention and convenience store robbery. Security Journal, 7, 41 – 52

Bennett, T. (1986): Situational crime prevention from the offenders`perspective. In: K. Heal, G. Laycock (eds.), Situational Crime Prevention: From Theory into Practice: H.M. Stationery Office

Bennett, T. H. (1990): Evaluating neighbourhood watch. Aldershot: Gower

Bennett, T.; Wright, R. (1983): Offender`s Perception of Targets. Research Bulletin (Home Office), Nr. 15. London.

Bennett, T.; Wright, R. (1984a): Burglars on burglary: prevention and the offender. Aldershot: Gower

Bennett, T.; Wright, R. (1984b): Constraints to burglary: the offenders`s perspective. In: R.V. Clarke, T. Hope (eds.), Coping with burglary. Boston: Kluwer - Nijhoff

Berckhauer, F. (1980): Ressortübergreifende Verbrechensvorbeugung. Ansätze und Vorschläge: Eine Zusammenfassung. In: H.D. Schwind, F. Berckhauer, G. Steinhilper (Hrsg.), Präventive Kriminalpolitik. Beiträge zur ressortübergreifenden Kriminalprävention aus Forschung, Praxis und Politik. Heidelberg

Block, C.R. (1997): The Geoarchive: An Information Foundation for Community Policing. In: D. Weisburd, I. McEwen (eds.), Crime Mapping and Crime Prevention. Crime Prevention Studies, Vol.8. Criminal Justice Press: Monsey, New York

Block, M.; Lind, R. (1975): Crime and Punishment Reconsidered. Journal of Legal Studies, 241 – 247

Bock, M. (1990): Kriminologie und Spezialprävention – Ein skeptischer Lagebericht. Zeitschrift für die gesamte Strafrechtswissenschaft, 102, 504 – 533

Bock, M. (2000): Kriminologie. 2. Auflage. München

Bottoms, A.E. (1990): Crime Prevention Facing the 90s. Policing and Society, 1, 3 - 22

Bottoms, A.E.; Wiles, A.E. (1997): Environmental Criminology. In: M. Maguire, R. Morgan, R. Reiner (eds.), The Oxford Handbook of Criminology. Second edition, Oxford: Clarendon Press

Bouloukos, A. ; Farrell, G. (1997) : On the displacement of repeat victimization. In: G. Newman, R.V. Clarke, S.G. Shoman (eds.), Rational Choice and Situational Crime Prevention: Theoretical Foundations. Aldershot, UK: Dartmouth Publishing Company

Braga, A.; Clarke, R.V. (1994): Improved radios and more stripped cars in Germany: A Routine activities analysis. Security Journal, 5, 154 – 159

Brandtstädter, J.; Von Eye, A. (Hrsg.) (1982): Psychologische Prävention. Stuttgart

Brantingham, P.L.; Brantingham, P.J. (1981): Notes on the Geometry of Crime. In: P.J. Brantingham, P.L. Brantingham (eds.), Environmental Criminology. Beverly Hills, CA: Sage Publications, Inc

Brantingham, P.J.; Brantingham, P.L. (1993): Environment, routine, and situation: toward a pattern theory of crime. In: R.V. Clarke, M. Felson (eds.), Routine Activity and Rational Choice, Advances in criminological theory, Vol.5. New Brunswick: NJ: Transaction Publishers

Brantingham, P.J.; Jeffery, C.R. (1981): Afterword: Crime, Space and Criminological Theory. In: P.J. Brantingham, P.L. Brantingham (eds.), Environmental Criminology. Beverly Hills, CA: Sage Publications

Brantingham, P.J.; Faust, F.L. (1976): A conceptual model of crime prevention. Crime and Delinquency, Vol. 22/3 (Juli), 284 – 296

Brown, B. (1997): CCTV in Three Town Centers in England. In : R.V. Clarke (ed.), Situational Crime Prevention: Successful Case Studies. Second edition. Albany, NY: Harrow and Heston

Brusten, M.; Hoppe, R. (1986): Greifen unsere Theorien noch? Entwicklung und Struktur der Kriminalität als Folge „betriebswirtschaftlicher Entscheidungen" am Beispiel von Ladendiebstahl und „Schwarzfahren". Kriminologisches Journal, 1. Beiheft 1986, 45 - 73

Büchler, H.; Leineweber, H. (1984): Raubüberfälle auf Geldinstitute und Täterwissen. Kriminalistik, 38, 476 - 477

Büchler, H.; Leineweber, H. (1986): Bankraub und technische Prävention. Wiesbaden: Bundeskriminalamt

Bundeskriminalamt (Hrsg.) (1987): Kriminalitätsbekämpfung als gesamtgesellschaftliche Aufgabe (Arbeitstagung des Bundeskriminalamtes Wiesbaden vom 23. bis 26. November 1987). Band 6. Wiesbaden

Bundeskriminalamt (Hrsg.) (1988): Kriminalitätsbekämpfung als gesamtgesellschaftliche Aufgabe (Arbeitstagung des Bundeskriminalamtes Wiesbaden vom 23. bis 26. November 1987). Band 33. Wiesbaden

Bundeskriminalamt (Hrsg.) (1998): Unser aller Verantwortung: Ein nationales Programm zur Verbrechensprävention in Schweden. Wiesbaden

Bundeskriminalamt (Hrsg.) (2000a): Kriminalprävention: Sammlung ausländischer Präventionsprojekte. Wiesbaden

Bundeskriminalamt (Hrsg) (2000b): Kriminalprävention in Deutschland: Länder - Bund - Projektsammlung. Neuwied

Burghard, W.; Hamacher, H.-W.; Herold, H.; Schreiber, M.; Stümper, A.; Vorbeck, A. (Hrsg.) (1986): Kriminalistik Lexikon. 2. Auflage. Heidelberg

Burt, C. (1925): The young delinquent. London: University of London Press (reprinted 1969)

Caplan, G.M. (1976): Criminology, Criminal Justice, and the War on Crime. Criminology, 1, 3 – 16

Carriere, K.D.; Ericson, R.V. (1989): Crime Stoppers: A Study in the Organization of community Policing. Toronto

Casey, S.; Lund, A. (1993): The effects of mobile roadside speedometers on traffic speeds. Accident Analysis and Prevention, 24, 507 - 520

Catton, W.R.; Dunlap, R.E. (1979): Environmental Sociology. A New Paradigm. In: S.G. McNall (ed.), Theoretical perspectives in sociology. New York: St. Martin`s Press

Challinger, D. (1997): Will crime prevention ever be a business priority? In: M. Felson, R.V. Clarke (eds.), Business and Crime Prevention. Monsey, NY: Criminal Justice Press

Chaiken, J.M. (1978): What is known about deterrent effects of police activities, In: J.A. Cramer (ed.), Preventing Crime. Band 10. Beverly Hills, London

Clarke, R.V. (1980): Situational crime prevention: Theory and practice. British Journal of Criminology, 20, 136 – 147

Clarke, R.V. (1983): Situational Crime Prevention: Its theoretical basis and practical scope. In: M. Tonry, N. Morris (eds.), Crime and Justice: An annual review of research, Vol. 4. Chicago: University of Chicago Press

Clarke, R.V. (1984): Opportunity – based crime rates. British Journal of Criminology, 24, 74 – 83

Clarke, R.V. (1990): Deterring obscene phone callers: Preliminary results of the New Jersey experience. Security Journal, 1, 143 – 148

Clarke, R.V. (1992a): Situational Crime Prevention: Successful Case Studies. Albany, NY: Harrow and Heston

Clarke, R.V. (1992b): Deterring obscene phone callers: The New Jersey experience. In: R.V. Clarke (ed.), Situational Crime Prevention: Successful Case Studies. Albany, NY: Harrow and Heston

Clarke, R.V. (1993): Fare evasion and automatic ticket collection on the London Underground. In: R.V. Clarke (ed.), Crime prevention studies, Vol.1. Monsey, NY: Criminal Justice Press

Clarke, R.V. (1994): Crime Prevention Studies, Vol.2. Monsey, NY: Criminal Justice Press

Clarke, R.V. (1995a): Situational Crime Prevention. In: M. Tonry, D. Farrington (eds.), Building a Safer Society: Strategic Approaches to Crime Prevention, Crime and Justice: A Review of Research. Vol.19. Chicago, IL: University of Chicago Press

Clarke, R.V. (1995b): Opportunity – Reducing Crime Prevention Strategies and the Role of Motivation. In: P.O. Wilkström, R.V. Clarke, J. McCord (eds.), Integrating Crime Prevention Strategies: Propensity and Opportunity. Stockholm: National Council for Crime Prevention

Clarke, R.V. (1997): Situational Crime Prevention: Successful Case Studies. Second edition. Albany, NY: Harrow and Heston

Clarke, R.V.; Cody, R.; Natarajan, M. (1994): Subway slugs: Tracking displacement on the London Underground. British Journal of Criminology, 34, 122 – 138

Clarke, R.V.; Felson, M. (1993): Introduction: Criminology, Routine Activity, and Rational Choice. In: R.V. Clarke, M. Felson (eds.), Routine Activity and Rational Choice. Advances in Criminological Theory, Vol.5. New Brunswick, NJ: Transaction Publishers

Clarke, R.V.; Field, S.; McGrath, G. (1991): Target hardening of banks in Australia and displacement of robberies. Security Journal, 2, 84 – 90

Clarke, R.V.; Harris, P.M. (1992): Autotheft and its prevention. In: M. Tonry (ed.), Crime and Justice: A review of Research, Vol. 16. Chicago, IL: University of Chicago Press

Clarke, R.V.; Homel, R. (1997): A revised classification of situational crime prevention techniques. In: S.P. Lab (ed.), Crime Prevention at a crossroads. Cincinnati, OH: Anderson

Clarke, R.V.; Hough, J.M. (1984): Crime and police effectiveness (Home Office Study No. 79). London: H.M. Stationery Office

Clarke, R.V.; Lester, D. (1989): Suicide: Closing the Exits. New York, NY: Springer - Verlag

Clarke, R.V.; Mayhew, P. (1980): Designing out crime. London: H.M. Stationery Office

Clarke, R.V.; Mayhew, P. (1988): The British gas suicide story and its criminological implications. In: M. Tonry, N. Morris (eds.), Crime and Justice, Vol. 10. Chicago: University of Chicago Press

Clarke, R.V.; McGrath, G. (1990): Cash reduction and robbery prevention in Australian betting shops. Security Journal, 1, 160 – 163

Clarke, R.V.; Weisburd, D. (1994): Diffusion of crime control benefits:observations on the reverse of displacement. In: R.V. Clarke (ed.), Crime Prevention Studies, Vol. 2. Monsey, NY: Criminal Justice Press

Cohen, L.E.; Cantor, D. (1980): The determinants of larcency: An empirical and theoretical study. Journal of Research in Crime and Delinquency 17: 140 - 159

Cohen, L.E.; Felson, M. (1979): Social change and crime rate trends: a routine activities approach. American Sociological Review, 44, 588 – 608

Cohen, L.E.; Felson, M.; Land, K.C. (1980): Property crime rates in the United States: A macrodynamic analysis. 1947 – 1977; with ex ante forecasts for the mid – 1980s. American Journal of Sociology, 86, 90 - 118

Coleman, J.S. (1964): Collective Decisions. Sociological Inquiry 1964,166 – 181

Cornish, D.B. (1993): Theories of Action in Criminology: Learning Theory and Rational Choice Approaches. In: R.V. Clarke, M. Felson (eds.), Routine Activity and Rational Choice, Advances in Criminological Theory, Vol.5. New Brunswick, NJ: Transaction Publishers

Cornish, D.B. (1994): The procedural analysis of offending and its relevance for situational prevention. In: R.V. Clarke (ed.), Crime Prevention Studies, Vol.3. Monsey, NY: Criminal Justice Press

Cornish, D.B.; Clarke, R.V. (1986): Situational prevention, displacement of crime and rational choice theory. In: K. Heal, G. Laycock (ed.), Situational Crime Prevention: From Theory into Practice. London: H.M. Stationery Office

Cornish, D.B.; Clarke, R.V. (1987): Understanding Crime Displacement: An Application of rational choice theory. Criminology, 25, 933 – 947

Cornish, D.B.; Clarke, R.V. (1989): Crime specialisation, crime displacement and rational choice theory. In: H. Wegener, F. Losel, J. Haisch (eds.), Criminal Behaviour and the Justice System. Berlin: Springer – Verlag

Couch, C.A. (1988): Verbrechensvorbeugung durch Zusammenarbeit. Aktuelle Präventionsstrategien im Vereinigten Königreich. In: Bundeskriminalamt (Hrsg.): Kriminalitätsbekämpfung als gesamtgesellschaftliche Aufgabe. BKA - Vortragsreihe, Bd. 33, Wiesbaden

Council of Europe (Hrsg.) (1988): Organisation of crime prevention. Recommendation no. R(87)19 and explanatory memorandum. Strasbourg

Cromwell, P.F.; Olson, J.N.; Avary, D.W.; Marks, A. (1991): How Drugs Affect Decisions by Burglars. International Journal of Offender Therapy and Comparative Criminology, 35, 310 – 321

Crowe, T. (1996): Crime Prevention through Environmental design strategies and applications. In: L.J. Fennelly (ed.), Handbook of loss prevention and crime prevention, Boston: Butterworth - Heinemann

Curran, D.J.; Renzetti, C.M. (1994): Theories of Crime. Boston, London, Toronto, Sydney, Tokio, Singapur

Cusson, M. (1986): L´analyse stratégique et quelques développements récents en criminology. Criminologie, 19, 53 - 72

Cusson, M. (1993): Situational deterrence: fear during the criminal event. In: R.V. Clarke (ed.), Crime Prevention Studies, Vol.1. Monsey, NY: Criminal Justice Press

Dacy, J. (1994): When shoplifters ask for refunds. Nation`s Business, 82 (February), S. 27

Davies, S.G. (1996): The case against: CCTV should not be introduced. International Journal of Risk, Security and Crime Prevention, 1, 327 – 331

Deusinger, J.M. (1985): Auch „auffallend gesicherte" Objekte laden zum Einbruch ein. Kriminalistik, 39, 391 - 393

Dijk, J.J.M. van; Steinmetz, M. (1981): An evaluation of the national campaigns. Den Haag: Forschungs- und Dokumentationszentrum (WODC), Niederländisches Justizministerium

DiLonardo, R.L. (1996): Defining and measuring the economic benefit of electronic article surveillance. Security Journal, 7, 3 – 9

DiLonardo, R.L.; Clarke, R.V. (1996): Reducing the rewards of shoplifting: An evaluation of ink tags. Security Journal, 7, 11 – 14

Dölling, D. (1983): Strafeinschätzung und Delinquenz bei Jugendlichen und Heranwachsenden. In: H.-J. Kerner, H. Kury, K. Sessar (Hrsg.), Deutsche Forschungen zur Kriminalitätsentstehung und Kriminalitätskontrolle. Köln, Berlin, Bonn, München

Dreher, G.; Feltes, T. (1998): Das Modell New York: Kriminalprävention durch Zero Tolerance? 2. Auflage. Holzkirchen

Duffala, D.C. (1976): Convenience stores, armed robbery and physical features. American Behavioral Scientist, 20, 227 – 246

Ebert, U. (1993): Strafrecht, Allgemeiner Teil. 2. Auflage. Heidelberg

Eck, J.E. (1993): The threat of crime displacement. Criminal Justice Abstracts, 25 (3), 527 - 546

Eck, J.E.; Spelman, W. (1987): Who Ya Gonna Call? The police as Problem Busters. Crime and Delinquency, 33 (1), 31 - 52

Eck, J.E.; Spelman, W. (1992): Thefts from vehicles in shipyard parking lots. In: R.V. Clarke (ed.), Situational Crime Prevention: Successful Case Studies. Albany, NY: Harrow and Heston

Eck, J.E.; Weisburd, D. (1995): Crime Places in Crime Theory. In: J.E. Eck, D. Weisburd (eds.), Crime and Place: Crime Prevention Studies, Vol.4. Monsey, NY: Willow Tree Press

Ehrlich, I. (1973): Participation in Illegitimate Activities: A Theoretical and Empirical Investigation. Journal of Political Economy, 1973, 521 – 565

Eide, E. (1994): Economics of Crime: Deterrence and the Rational Offender, Amsterdam

Ekblom, P. (1992): Preventing post office robberies in London: effects and side effects. In: R.V. Clarke (ed.), Situational Crime Prevention: Successful Case Studies. Albany, NY: Harrow and Heston

Ekblom, P. (1994): Proximal Circumstances: A Mechanism-Based Classification of crime Prevention. In: R.V. Clarke (ed.), Crime Prevention Studies, Vol.2. Monsey, NY: Criminal Justice Press

Ellermann, L. (1983): Ökonomische Krisen und Eigentumskriminalität in Großstädten. In: H.-J. Kerner, H. Kury, K. Sessar (Hrsg.), Deutsche Forschungen zur Kriminalitätsentstehung und Kriminalitätskontrolle. Interdisziplinäre Beiträge zur Kriminologischen Forschung, Band 6, 1. Teilband. Köln, Berlin u.a.

Elsing, M.; Wassenberg, F. (1991). Kleine Criminaliteit en Naoorlogse Etagebouw. delft, Neth: Delftse Univeriteits Pers.

Elster, J. (1990): Solomonic Judgements: Studies in the Limitations of Rationality, Second edition. Cambridge

Engstad, P. (1975): Environmental opportunities and the ecology of crime. In: R.A. Silverman, J.J. Teevan, Jr. (eds.), Crime in Canadian Society. Toronto: Butterworth

Esser, H. (1996): Die Definition der Situation. Kölner Zeitschrift für Soziologie und Sozialpsychologie, 48, 11 - 34

Evans, D.J.; Herbert, D.J. (eds.) (1989): The geography of crime. London: Routledge

Felson, M. (1983): The ecology of crime. In: S.H. Kadish (ed.), Encyclopedia of crime and justice. New York: Free Press - Macmillan

Felson, M. (1986): Linking Criminal Choices, Routine Activities, Informal Control, and Criminal Outcomes. In: D.B. Cornish, R.V. Clarke (eds.), The Reasoning Criminal: Rational Choice Perspectives on Offending. New York: Springer – Verlag

Felson, M. (1987): Routine activities and crime prevention in the developing metropolis. Criminology, 25 (4), 911 - 931

Felson, M. (1992): Routine activities and crime prevention: Armchairs concepts and practical action. Studies on Crime and Crime Prevention: Annual Review, 1, 30 – 34

Felson, M. (1994): A crime prevention extension service. In: R.V. Clarke (ed.), Crime Prevention Studies, Vol.3. Monsey, NY: Criminal Justice Press

Felson, M. (1995): Those who discourage crime. In: D.Weisburd, J. Eck (eds.), Crime and Place, Crime Prevention Studies, Vol.4. Monsey, NY: Criminal Justice Press

Felson, M.; Clarke, R.V. (1995): Routine precautions, criminology, and crime prevention. In: H.D. Barlow (ed.), Crime and Public Policy. Boulder, CO: Westview Press

Felson, M.; Clarke, R.V. (1997a): Editor`s Introduction: Business and crime. In: M. Felson, R.V. Clarke (eds.), Business and crime prevention. Monsey, NY: Criminal Justice Press

Felson, M.; Clarke, R.V. (1997b): The ethics of situational crime prevention. In: G. Newman, R.V. Clarke, S.G. Shoman (eds.), Rational Choice and Situational Crime Prevention: Theoretical Foundations. Aldershot, UK: Dartmouth Publishing Company

Felson, M.; Cohen, L.E. (1980): Human Ecology and crime: A Routine Activity Approach. Human Ecology, 1980, 389 – 406

Feltes, T. (1995): Zur Einführung: Kommunale Kriminalprävention und bürgernahe Polizeiarbeit. In: Kommunale Kriminalprävention in Baden-Württemberg. Empirische Polizeiforschung, Bd. 9. Holzkirchen/Obb.

Fennelly, L.J. (1996): Designing security with the architects. In: L.J. Fenelly (ed.), Handbook of loss prevention and crime prevention, Third Edition. Boston: Butterworth – Heinemann

Ferreira, B. (1995): Situational crime prevention and displacement: The implications for business, industrial and private security management. Security Journal, 6, 155 – 162

Fleming, R.; Burrows, J. (1986): Lighting as a means of preventing crime. Home Office Research Bulletin, No. 22

Forrester, D.; Chatterton, M.; Pease, K. (1988): The Kirkholt Burglary Prevention Project, Rochdale. Crime Prevention Unit Paper No. 13. London: Home Office

Forrester, D.; Frenz, S.; O'Connell, M.; Pease, K. (1990): The Kirkholt burglary Prevention Project Phase II. Crime Prevention Unit Paper No. 23. London: Home Office

Fowler, F.J.; Mangione, T.W. (1986): A three pronged effort to reduce crime and fear of crime: The Hartford experiment. In: D. Rosenbaum (ed.), Community Crime Prevention: Does it work? London: Sage

Frehsee, D. (1982): Fördert der moderne Städtebau die Kriminalität? In: H. Kury (Hrsg.), Ist Straffälligkeit vermeidbar? Möglichkeiten der Kriminalprävention. Bochum

Friedrichs, J. (1985): Kriminalität und sozio - ökonomische Struktur von Großstädten. Zeitschrift für Soziologie, 1985, 50 - 63

Gabor, T. (1978): Crime Displacement: The Literature and Strategies for its investigation. Crime and Justice, 6, 100 – 106

Gabor, T. (1981): The crime displacement hypothesis: An empirical examination. Crime and Delinquency, 27, 390 – 404

Gabor, T. (1989): Preventing robbery. In: D. Challinger (ed.), Armed robbery. Canberra: Australian Institute of Criminology

Gabor, T. (1990): Crime displacement and situational prevention: towards the development of some principles. Canadian Journal of Criminology, 32 (1), 41 – 73

Gabor, T.; Baril, M.; Cusson, M.; Elie, E.; Leblanc, M.; Normandeau, A. (1987): Armed Robbery, Cops, Robbers, and victims. Springfield. IL: Charles C. Thomas

Geason, S.; Wilson, P.R. (1990): Preventing car theft and crime in car parks. Canberra: Australian Institute of Criminology

Gilling, D. (1996): Problems with the Problem - Oriented Approach. In: R. Homel (ed.), The Politics and Practice of Situational Crime Prevention. Crime Prevention Studies, Vol. 5. Monsey, New York: Criminal Justice Press

Gottfredson, M.R.; Hirschi, T. (1990): A General Theory of Crime. Stanford, CA: Stanford University Press

Goldstein, H. (1979): Improving policing: A problem-oriented approach. Crime and Delinquency 25, 236 - 258

Goldstein, H. (1987): Toward community - oriented policing: potential, basic requirements, and threshold questions. Crime and Delinquency 33 (1), 6 - 30

Goldstein, H. (1990): Problem-Oriented-Policing. London: McGraw Hill

Gould, L.C. (1969): The Changing Structure of Property Crime in an Affluent Society. Social Forces, 1969/70, 50 – 59

Grabosky, P. (1996): Unintended consequences of crime prevention. In: R. Homel (ed.), Crime Prevention Studies, Vol.5. Monsey, NY: Criminal Justice Press

Graham, J. (1987): Crime prevention in the Federal Republic of Germany. In: J. Graham (ed.), Research bulletin: special European edition. Home office Research and Planning Unit, No. 24. London: HMSO

Graham, J. (1993): Crime prevention policies in Europe. European Journal of criminal Law and Criminal Justice, 1 (2), 126 - 142

Graham, J.; Bennett, T. (1995): Crime Prevention Strategies in Europe and North America. Monsey, NY: Criminal Justice Press

Graham, J.; Bennett, T. (1997): Strategien der Kriminalprävention in Europa und Nordamerika. Bonn (übersetzt von Antonia Grote)

Grandjean, C. (1990): Bank Robberies and Physical Security in Switzerland: A Case Study of the Escalation and Displacement Phenomena. Security Journal, 1 (3), 155 - 159

Greenberg, S.W.; Rohe, W.M.; Williams, J.R. (1985): Informal Citizen Action and Crime Prevention at the Neighborhood Level. Washington, DC: Government Printing Office

Griswold, D.B. (1984): Crime prevention and commercial burglary: A time series analysis. Journal of Criminal Justice, 12, 493 - 501

Griswold, D.B. (1992): Crime prevention and commercial burglary: A time series analysis. In: R.V. Clarke (ed.), Situational Crime Prevention: Successful Case Studies. Second edition. Albany, NY: Harrow and Heston

Gunning, J.P.Jr. (1973): How Profitable is Burglary? In: S. Rottenberg (ed.), The Economics of Crime and Punishment. Washington D.C. (American Enterprise Institute)

Hakim, S.; Gaffney, M.A.; Rengert, G.; Shachmurove, J. (1995): Costs and benefits of alarms to the community: Burglary patterns and security measures in Tredyffrin township, Pennsylvania. Security Journal, 6, 197 – 204

Harries, K.D. (1990): Serious violence: Patterns of homicide and assault in America. Springfield, IL: Charles C. Thomas

Hasenpusch, B. (1982): Der interministerielle Arbeitskreis „Präventive Kriminalpolitik". In: H.-D. Schwind, G. Steinhilper (Hrsg.), Modelle zur Kriminalitätsvorbeugung und Resozialisierung. Heidelberg

Hassemer, W. (1994): Aktuelle Perspektiven der Kriminalpolitik. Strafverteidiger, 14, 333 – 337

Hassemer, W. (1995): Perspektiven einer neuen Kriminalpolitik. Strafverteidiger, 15, 483 – 490

Hauber, A.R. (1981): Jugendstrafrecht und Jugendstrafvollzug am Beispiel der Niederlande - Problem und Tendenzen aus kriminologischer Sicht. In: E. Pies (Hrsg.), Strafvollzug an Jugendlichen: Zum gegenwärtigen Stand der Jugendstraf (vollzugs-) reform, Katholische Akademie Trier

Hauber, A.R. (1982): Kriminalprävention in der Praxis – erläutert an Beispielen aus Holland. In: H. Kury (Hrsg.), Prävention abweichenden Verhaltens – Maßnahmen der Vorbeugung und Nachbetreuung Interdisziplinäre Beiträge zur kriminologischen Forschung, Band 3. Köln, Berlin

Heal, K. (1987): Crime prevention in the United Kingdom: from start to go. In: J. Graham (ed.), Research bulletin: special European edition Home Office Research and Planning Unit, No. 24. London: H.M. Stationery Office

Heiland, H.-G. (1987): Gelegenheitsstrukturen und Massenkriminalität. Monatsschrift für Kriminologie und Strafrechtsreform, 1987, 277 - 287

Heller, N.B.; Stenzel, W.W.; Gill, A.D.; Kolc, R.A.; Schimmerman, S.R. (1975): Operation Identification Projects: Assessment of Effectiveness. National Evaluation Program Phase I. Summary Report, Washington D.C.

Hess, A.G.; Brückner, J. (1979): Vorbeugung des Verbrechens. In: R. Sieverts, H.-J. Schneider (Hrsg.), Handwörterbuch der Kriminologie. Berlin

Hesseling, R.B.P. (1994): Displacement: A Review of the empirical literature. In: R.V. Clarke (ed.), Crime Prevention Studies, Vol.3. Monsey, NY: Criminal Justice Press

Hesseling, R.B.P. (1995): Theft from cars: Reduced or displaced? European Journal of Criminal Policy and Research, 3, 79 – 92

Hindelang, M.J.; Gottfredson, M.R.; Garofalo, J. (1978): Victims of Personal Crime: An Empirical Foundation For a Theory of Personal Victimization. Cambridge, Mass

Hirschi, T. (1969): Causes of Delinquency. Berkeley u.a.

Holman, J.E.; Quinn, J.F. (1992): Criminology: Applying Theory. St. Paul, New York, Los Angeles, San Francisco

Honess, T.; Charman, E. (1992): Closed – Circuit Television in Public Places: Its Acceptability and Perceived Effectiveness. Crime Prevention Unit Series Paper 35. London: Home Office

Hope, T. (1985): Implementing crime prevention measures. Home Office Research Study No. 86. London: HMSO

Horne, C.J. (1996): The case for: CCTV should be introduced. International Journal of Risk, Security and Crime Prevention, 1, 317 – 326

Hough, M. (1987): Offenders`Choice of Target: Findings from Victim Surveys. Journal of Quantitative Criminology 1987, 355 – 369
Hough, M.; Clarke, R.V.; Mayhew, P. (1980): Introduction. In: R.V. Clarke, P. Mayhew (eds.), Designing out crime. London: H.M. Stationery Office
Houghton, G. (1992): Car Theft in England & Wales: The Home Office Car Theft Index. Crime Prevention Unit Paper No. 33. London: Home Office
Hughes, G. (1996): Strategies of multi – agency crime prevention and community safety in contemporary Britain. Studies on Crime and crime Prevention, 5, 221 – 244
Hunter, R.D. (1988): The effects of environmental factors upon convenience store robbery in Florida. Tallahassee, FL: Florida Department of Legal Affairs
Hunter, R.D.; Jeffery, C.R. (1992): Preventing convenience store robbery through environmental design. In: R.V. Clarke (ed.), Situational Crime Prevention: Successful Case Studies. New York: Harrow and Heston
Indermaur, D. (1999): Situational Prevention of violent Crime: Theory and Practice in Australia. Studies on crime and crime Prevention: Biannual Review, Vol. 8, No. 1, 71 - 78
Jacobs, J. (1965): The Death and Life of Great American cities. Random House, New York & Penguin Books. Harmondsworth
Jeffery, C.R. (1971): Crime prevention through environmental design. London: Sage
Jeffery, C.R. (1977): Crime prevention through environmental design. London: Sage
Jeffery, C.R.; Zahm, D.L. (1993): Crime Prevention through Environmental Design, Opportunity Theory, and Rational Choice Models. In: R.V. Clarke, M. Felson (eds.), Routine Activity and Rational Choice, Vol. 5. Brunswick, NJ: Transaction Publishers
Jehle, J.-M. (1996): Möglichkeiten und Grenzen der Kriminalprävention. In: J.-M. Jehle (Hrsg.), Kriminalprävention und Strafjustiz, Band 17. Wiesbaden
Johnson, E.; Payne, J. (1986): The decision to commit a crime. In: D.B. Cornish, R.V. Clarke (eds.), The Reasoning Criminal. New York, Berlin, Heidelberg
Kaiser, G. (1989): Kriminologie: Eine Einführung in die Grundlagen, 8. Auflage, Heidelberg
Kaiser, G. (1996): Kriminologie. Ein Lehrbuch. Heidelberg: C.F. Müller Juristischer Verlag
Kaplan, S. (1973): Review of „Defensible Space". Architectural Forum, May, S. 8
Karstedt, S. (1991): Normbindung und Sanktionsforschung, Frankfurt / M. u.a.
Karstedt-Henke, S. (1987): Die Einschätzung der generalpräventiven Faktoren und ihrer Wirksamkeit durch die Bevölkerung – Ergebnisse einer empirischen Untersuchung. Kriminologisches Journal, 1987, 66 - 78
Kelling, G.L.; Coles, C. (1996): Fixing Broken Windows. New York: Free Press

Kelling, G.L.; Pate, M.; Dieckman, D.; Brown, C.E. (1974): The Kansas City Preventive Patrol Experiment. A technical report. Washington D.C.: Police Foundation

Kerner, H.-J. (1973): Verbrechenswirklichkeit und Strafverfolgung, Erwägungen zum Aussagewert der Kriminalstatistik. München

Kerner, H.-J. (1993): Stichwort "Kriminalgeographie". In: G. Kaiser, H.-J. Kerner, F. Sack, H. Schellhoss (Hrsg.), Kleines Kriminologisches Wörterbuch, 3. Auflage, Heidelberg

Kerner, H.J. (1997): Ansätze und Grenzen praktischer Kriminalprävention. Eine strukturelle Analyse. Vortrag anlässlich des 1. deutschen Präventionstages in Lübeck 1995. In: Deutsche Stiftung für Verbrechensverhütung und Straffälligenhilfe. Materialien. Mirbachstraße 2, 53173 Bonn

Kerner, H.-J.; Kury, H.; Sessar, K. (1983): Deutsche Forschungen zur Kriminalitätsentstehung und Kriminalitätskontrolle. Interdisziplinäre Beiträge zur Kriminologischen Forschung, Band 6, 1. Teilband, Köln, Berlin u.a.

Kirchhoff, G.F.; Sessar, K. (Hrsg.) (1979): Das Verbrechensopfer. Bochum

Knutsson, J.; Kuhlhorn, E. (1997): Macro - measures against crime: The example of Check Forgeries. In: R.V. Clarke (ed.), Situational Crime Prevention: Successful Case Studies, Second edition. Albany, NY: Harrow and Heston

Koetzsche, H. (1992): Straftaten verhüten – aber wie? Kriminalistik, 1992, 121 - 124

Koetzsche, H. (1994): Projekte der Kriminalitätsverhütung in Deutschland, Belgien, Dänemark, Frankreich, Großbritannien, Niederlande. Rat für Kriminalitätsverhütung beim Innenmister des Landes Schleswig – Holstein. Dokumentationsreihe Band 4

Kohfeld, C.W.; Sprague, J. (1990): Demography, police behavior, and deterrence. Criminology, 28, 111 – 136

Krainz, K.W. (1988): Prävention von Hauseinbrüchen: Ergebnisse einer Täterbefragung. Sonderband der BKA-Forschungsreihe, Wiesbaden

Krohm, G. (1973): The Pecuniary Incentives of Property Crime. In: Rottenberg, S. (ed.), The Economics of Crime and Punishment. Washington D.C. (American Enterprise Institute)

Kruegle, H. (1996): CCTV Surveillance. In : L.J. Fennelly (ed.), Handbook of loss prevention and crime prevention. Boston: Butterworth – Heinemann

Kube, E. (1980a): Verbrechensopfer und Täter. Kriminalistik, 1980, 152 - 156

Kube, E. (1980b): Ausblick. In: K. Rolinski (Hrsg.). Wohnhausarchitektur und Kriminalität. BKA – Forschungsreihe Band 13. Wiesbaden

Kube, E. (1981): Der Einfluss der Polizeipraxis auf die Kriminalpolitik. Die Polizei, 1981, 72 - 77

Kube, E. (1984): Prävention von Wirtschaftsdelikten, Utopie oder reale Chance? In: Bundeskriminalamt (Hrsg.), Wirtschaftskriminalität, BKA - Vortragsreihe Band 29. Wiesbaden

Kube, E. (1987): Systematische Kriminalprävention. In: Bundeskriminalamt (Hrsg.), Sonderband der BKA – Forschungsreihe. Wiesbaden

Kube, E. (1988): Straftat und Tatgelegenheit: Erzeugung und Beseitigung kriminalitätsfördernder Faktoren. In: Bundeskriminalamt (Hrsg.), Kriminalitätsbekämpfung als gesamtgesellschaftliche Aufgabe (Arbeitstagung des Bundeskriminalamtes Wiesbaden vom 23. bis 26. November 1987), Band 33. Wiesbaden

Kube, E. (1996): Polizeiliche Kriminalprävention. In: J.-M. Jehle (Hrsg.), Kriminalprävention und Strafjustiz. Band 17. Eigenverlag Kriminologische Zentralstelle. Wiesbaden

Kube, E.; Bach, W.; Erhardt, E.; Glaser, U. (1990): Technologische Entwicklung und Kriminalitätsvorbeugung. Zeitschrift für Rechtspolitik, 8, 301 - 305

Kube, E.; Koch, K.-F. (1992): Kriminalprävention. In: W. Burghard, H.-W. Hamacher (Hrsg.), Lehr- und Studienbriefe Kriminologie Nr. 3. Hilden: Verl. Dt. Polizeiliteratur

Kunz, K.-L. (1987): Vorbeugen statt Verfolgen: Polizeiliche Prävention von Kriminalität – ein Konzept mit Zukunft? Bern, Stuttgart

Kury, H. (1982): Ist Straffälligkeit vermeidbar? Möglichkeiten der Kriminalprävention. Bochum: Brockmeyer

Kühlhorn, E.; Svennson, B. (1982): Crime Prevention (Report No. 9). Stockholm: The National Council for Crime Prevention

Lab, S.B. (1988): Crime Prevention: Approaches, Practices and Evaluations. Cincinnati, OH: Anderson

Lamnek, S. (1994): Neue Theorien abweichenden Verhaltens. München

Landes, W.M. (1978): An economic study of U.S. aircraft hijacking, 1961 – 1976. Journal of Law and Economics, 2, 1 – 32

Lavrakas, P.J.; Kushmuk, J. (1986): Evaluating crime prevention through environmental design: The Portland commercial demonstration project. In: D. Rosenbaum (ed.), Community crime prevention: Does it work? London: Sage

Laycock, G.K. (1986): Property marking as a deterrent to domestic burglary. In: K. Heal, G. Laycock (eds.), Situational Crime Prevention: From Theory into Practice. London: H.M. Stationery Office

Laycock, G.K. (1991): Operation identification, or the power of publicity? Security Journal, 2, 67 – 72

Laycock, G.K.; Austin, C. (1992): Crime prevention in parking facilities. Security Journal, 3, 154 – 160

Leather, A.; Matthews, A. (1973): What the architect can do: a series of design guides. In: C. Ward (ed.), Vandalism. London: Architectural Press

Lees, D.; Chiplin, B. (1975): Does Crime Pay. Lloyds Bank Review, 1975, 30 - 39

Lester, D. (1993): Controlling crime facilitators: evidence from research on homicide and suicide. In: R.V. Clarke (ed.), Crime Prevention Studies, Vol.1. New York: Criminal Justice Press

Levy, M.; Weitz, B.A. (1995): Retailing Management. Second Edition. Chicago IL: Irvin

Liska, A.E.; Reed, M.D. (1985): Ties to Conventional Institutions and Delinquency: Estimating Reciprocal Effects. American Sociological Review, 547 - 560

Liszt, F., v. (1905): Der Zweckgedanke im Strafrecht (1882). In: F., v. Liszt (Hrsg.): Strafrechtliche Aufsätze und Vorträge, Band 1, Berlin 1905.

Litton, R.A. (1997): Crime prevention and the insurance industry. In: M. Felson, R.V. Clarke (eds.), Business and Crime Prevention. Criminal Justice Press: Monsey, New York

Lowman, J. (1992): Street prostitution control: Some Canadian reflections on the Finsbury Park experience. British Journal of Criminology, 32, 1 – 17

Lösel, F. (1982): Möglichkeiten und Probleme psychologischer Prävention. In: H. Kury (Hrsg.), Prävention abweichenden Verhaltens – Maßnahmen der Vorbeugung und Nachbetreuung. Köln, Berlin, Bonn, München

Lösel, F. (1983): Prävention. In: W. Seitz (Hrsg.), Kriminal- und Rechtspsychologie. München, Wien, Baltimore

Lösel, F. (1993): Psychologische Kriminalitätstheorien. In: G. Kaiser, H.-J. Kerner, F. Sack, H. Schellhoss (Hrsg.), Kleines kriminologisches Wörterbuch, 3. Auflage, Heidelberg

Lurigio, A.J.; Rosenbaum, D. (1986): Evaluation research in community crime prevention: a critical look at the field. In: D.P. Rosenbaum (ed.), Community crime prevention: Does it work? London: Sage

Maguire, M. (1988): Searchers and Opportunists: Offender Behaviour and Burglary Prevention. Journal of Security Administration, 11, 70 - 76

Mancini, A.N.; Jain, R. (1987): Commuter parking lots – Vandalism and deterrence. Transportation Quarterly, 41, 539 - 553

Marongiu, P.; Newman, G. (1997): Situational Crime Prevention and the Utilitarian Tradition. In: G. Newman, R.V. Clarke, S.G. Shoman (eds.), Rational Choice and Situational Crime Prevention: Theoretical Foundations. Ashgate. Dartmouth

Martinson, R. (1974): What works? Questions and answers about prison reform. The Public Interest (Frühlingsausgabe (Spring)), 1974, 22 – 52

Masuda, B. (1992): Displacement vs. Diffusion of benefits and the reduction of inventory losses in a retail environment. Security Journal, 3, 131 – 136

Matthews, R. (1990): Developing more effective strategies for curbing prostitution. Security Journal, 1, 182 – 187

Matthews, R. (1992): Developing more effective strategies for curbing prostitution. In: R.V. Clarke (ed.), Situational Crime Prevention: Successful Case Studies. Albany, NY: Harrow and Heston

Matthews, R. (1993): Kerb-Crawling, Prostitution and Multi-Agency Policing. London, UK: Home Office Police Department

Matussek, H. (1978): Verbrechensverhütung. Kritische Gesamtschau der gegenwärtigen kriminologischen Ansätze und kriminalistischen Strategien, II. Kriminalistik, 1978, 537 - 541

Mawby, R.I. (1977a): Defensible space: a theoretical and empirical appraisal. Urban Studies, 14, 169 – 179

Mawby, R.I. (1977b): Kiosk vandalism: a Sheffield study. British Journal of Criminolgy, 17, 30 – 46

Mayhew, P. (1981): Crime in Public View: Surveillance and Crime Prevention. In: P.L. Brantingham, P.J. Brantingham (eds.), Environmental Criminology. Beverly Hills, CA: Sage Publications, Inc

Mayhew, P. (1984): Target – hardening: how much of an answer? In: R.V. Clarke, T. Hope (eds.), Coping with burglary. Boston: Kluwer – Nijhoff

Mayhew, P.; Clarke, R.V.; Burrows, J.N.; Hough, J.M.; Winchester, S.W.C. (1979): Crime in public view (Home Office Research Study No. 49). London: H.M. Stationery Office

Mayhew, P.; Clarke, R.V.; Elliott, D. (1989): Motorcycle theft, helmet legislation and displacement. Howard Journal of Criminal Justice, 28, 1 – 8

Mayhew, P.; Clarke, R.V.; Sturman, A.; Hough, J.M. (1976): Crime as opportunity. Home Office Research Study No. 34. London: H.M. Stationery Office

Mayhew, P.; Elliott, D.; Dowds, L. (1989): The 1988 British Crime Survey (Home Office Research Study No. 111). London: H.M. Stationery Office

Mayhew, P.; Maung, A.N.; Mirrless – Black, C. (1993): The 1992 British Crime Survey (Home Office Research Study No. 132). London: H.M. Stationery Office

McPheters, L. (1976): Criminal Behavior and the Gains from Crime. Criminology 1976, 137 - 152

McKenzie, R.B.; Tullock, G. (1984): The New World of Economics. Explorations into the Human Experience Homewood, Illinois, 1978. Wiederabgedruckt und übersetzt in: R.B. McKenzie, G. Tullock (Hrsg.), Homo oeconomicus: Ökonomische Dimensionen des Alltags. Frankfurt a.M.

Merton, R.K. (1976): The Unanticipated Consequences of Social Action. In: R.K. Merton (ed.), Sociological Ambivalence and other Essays, New York

Messner, St.F.; Blau, J.R. (1987): Routine Leisure Activities and Rates of Crime : A Macro – Level Analysis. Social Forces, 1987, 1035 – 1052

Miethe, T.D. (1991): Citizen Based Crime Control Activity and Victimization Risks: An Examination of Displacement and Free – Rider Effects. Criminology, 29, 419 – 440

Miethe, T.; Meier, R.F. (1990): Criminal opportunity and victimization rates: A test of a theoretical model. Journal of Research in Crime and Delinquency, 27 (3), 243 – 266

Miethe, T.D.; Stafford, M.C.; Long, J.S. (1987): Social Differentation in Criminal Victimization: A Test of Routine Activities / Lifestyle Theories. American Sociological Review, 1987, 184 – 194

Moran, R.; Dolphin, C. (1986): The defensible space concept. Environment and Behaviour, 18, 394 – 416

Morongiu; Newman (1995):

Murck, M. (1989): Polizei, Bürger und Politik - zum beruflichen Selbstverständnis in der pluralistischen Demokratie. Schriftenreihe der Polizei - Führungsakademie 4 / 1989

Murray, Ch. (1995): The Physical Environment. In: J.Q. Wilson, J. Petersilia (eds.), Crime. San Francisco, Cal.

Natarajan, M.; Clarke, R.V.; Belanger, M. (1996): Drug dealing and pay phones : The scope for intervention. Security Journal, 7, 245 – 251

National Crime Prevention Institute (1986): Crime Prevention. Boston: Butterworths

Nettler, G. (1974): Explaining Crime. 2. Auflage. New York

Newman, O. (1972): Defensible space. New York: MacMillan

Newman, O. (1973): Defensible space: crime prevention through urban design, New York: MacMillan

Newman, O. (1975): Design Guidelines for Creating Defensible Space. Washington

Newman, O. (1996): Creating Defensible Space. Washington, DC: Office of Policy Development and Research, U.S. Department of Housing and Urban Development

Niesing, J. (1996): Die Bedeutung der Lerntheorien für die Kriminalätiologie, Verbrechensprävention und -sanktionierung. Münster: LIT

Niggli, M.A. (1997): Rational Choice and the Legal Model of the Criminal. In: G. Newman, R.V. Clarke, S.G. Shoman (eds.), Rational Choice and Situational Crime Prevention: Theoretical Foundations. Aldershot, UK: Dartmouth Publishing company

Northoff, R. (Hrsg.) (1997): Handbuch der Kriminalprävention. 1. Auflage. Baden – Baden

O`Keefe, G.J. (1986): The "McGruff" National Media Compaign. Its Public Impact and Future Implications. In: D. Rosenbaum (ed.), Community Crime Prevention: Does it work? Vol. 22. Sage Criminal Justice System Annuals

O`Keefe, J.D.; Mendelsohn, H. (1984): Taking a Bite out of Crime: the impact of a mass media crime prevention campaign. Washington D.C.: National Institute of Justice

O`Malley, P. (1994): Neo-Liberal Crime control: Political Agendas and the Future of crime Prevention in Australia. In: D. Chappell, P. Wilson (eds.), The Australian Criminal Justice System: The Mid - 1990s, Sydney: Butterworths

Olsson, O.; Wikstrom, P.-O. (1982): Effects of the experimental Saturday closing of liquor retail stores in Sweden. Contemporary Drug Problems, 1982, 324 - 353

Olsson, O.; Wikstrom, P.-O. (1984): Effects of the experimental Saturday closing of liquor retail stores in Sweden. Alcoholic Policy: Journal of Nordic Alcohol Research, 1, 95 (English Summary)

Opp, K.-D. (1997): Limited rationality and crime. In: G. Newman, R.V. Clarke, S.G. Shoman (eds.), Rational Choice and Situational Crime Prevention: Theoretical Foundations. Aldershot, UK: Dartmouth Publishing Company

Otto, H.J. (1982): Generalprävention und externe Verhaltenskontrolle. Freiburg

Painter, K. (1988): Lighting and crime prevention: The Edmonton Project. London: Middlese Polytechnic

Parten, M. (1972): Grundformen und Probleme des Samples in der Sozialforschung. In: R. König (Hrsg.), Das Interview. 7. Auflage. Köln

Pate, A.M. (1986): Experimenting with Foot Patrol. The Newark experience. In: Rosenbaum, D. (ed.), Community Crime Prevention: Does it work? Vol. 22. Sage Criminal Justice System Annuals

Paternoster, R.; Saltzman, L.E.; Waldo, G.P. (1985): Assessments of Risk and Behavioral Experience. An Axploratory Study of Change. Criminology, 1985, 417 - 436

Pease, K. (1991): The Kirkholt project: Preventing burglary on a British public housing estate. Security Journal, 2, 73 - 77

Pease, K. (1992): The Kirkholt project: Preventing burglary on a British public housing estate. In: R.V. Clarke (ed.), Situational Crime Prevention: Successful Case Studies. Albany, NY: Harrow and Heston

Pease, K. (1993): Crime Prevention. In: R. Morgan, R. Reiner, M. Maguire (eds.), Oxford Handbook of Criminology. Oxford: Oxford University Press

Pease, K. (1997): Crime Prevention. In: Morgan, R.; Reiner, R.; Maguire, M. (eds.), Oxford Handbook of Criminology. Oxford: Oxford University Press

Peters, K.; Steigleder, E. (1975): Alkohol und Kriminalität. Öffentliches Gesundheitswesen, 37, SH 4, 195 – 200

Poerting, P. (1989): Tatgelegenheit und Prävention bei Wirtschaftsdelikten. Zeitschrift für Betriebswirtschaft, 2 / 1989, 213 - 224

Poyner, B. (1983): Design against crime. Beyond defensible space. Butterworths: London, Boston etc.

Poyner, B. (1992a): Situational crime prevention in two parking facilities. In: R.V. Clarke (ed.), Situational Crime Prevention: Successful Case Studies. Albany, NY: Harrow and Heston

Poyner, B. (1992b): Video Cameras and Bus Vandalism. In: R.V. Clarke (ed.), Situational Crime Prevention: Successful Case Studies. Albany, NY: Harrow and Heston

Poyner, B. (1993): What works in crime prevention: An overview of evaluations. In: R.V. Clarke (ed.), Crime Prevention Studies, Vol.1. Monsey, NY: Criminal Justice Press

Poyner, B.; Webb, B. (1992): Reducing theft from shopping bags in city center markets. In: R.V. Clarke (ed), Situational Crime Prevention: Successful Case Studies. Albany, NY: Harrow and Heston

Quetelet, A. (1921): Soziale Physik oder Abhandlung über die Entwicklung der Fähigkeiten des Menschen. Bd. 2. Jena

Ramsey, M. (1996): The relationship between alcohol and crime. Home Office Research Bulletin, No. 38, 37 - 43

Ramsay, M.; Newton, R. (1991): The Effect of Better Street Lighting on Crime and Fear: A Review. Crime Prevention Unit Paper No. 29. London: Home Office

Reckless, W.C. (1961): Halttheorie. Monatsschrift für Kriminologie und Strafrechtsreform, 1961, 1 - 14

Rehm, J.; Servay, W.; Irle, M. (1986): Wie sucht der Täter "seine" Bank aus? Ergebnisse und praktische Folgerungen einer Täterbefragung. Kriminalistik 1986, 581 – 584

Rengier, R. (1985): Kriminologische Folgen der Bekämpfung des Bankraubs durch technische Prävention. Monatsschrift für Kriminologie und Strafrechtsreform, 68, 104 – 116

Reppetto, T.A. (1974): Residential Crime. Cambridge

Reppetto, T.A. (1976): Crime prevention and the displacement phenomenon. Crime and Delinquency, 22, 166 – 177

Rolf, M.; Cullity, J. (1996): Alarms: Intrusion Detection Systems. In: L.J. Fennelly, (ed.), Handbook of loss prevention and crime prevention. Boston: Butterworth - Heinemann

Rolinski, K. (1980): Wohnhausarchitektur und Kriminalität. BKA – Forschungsreihe Band 13, Wiesbaden

Rosenbaum, D.P. (1986): The Theory and Research Behind Neighbourhood Watch: Is It a Sound Fear and Crime Reduction Strategy? Crime & Delinquency, 33, 103 – 134

Rosenbaum, D. (1988): Community crime prevention: a review and synthesis of the literature. Justice Quarterly, 5, 323 – 395

Rosenbaum, D.P.; Lavrakas, P.J. (1987): Crime Stoppers: A national evaluation programme, operations and effects. Washington

Roxin, C. (1979): Zur jüngsten Diskussion über Schuld, Prävention und Verantwortlichkeit im Strafrecht. In: A. Kaufmann u.a. (Hrsg.), Festschrift für Paul Bockelmann, München

Rubenstein, H.; Muray, C.; Motoyama, T.; Rouse, W.V.; Titus, R.M. (1980): The Link Between Crime and the Built Environment: the current state of knowledge. 1. Washington, D.L.: National Institute of Justice

Russo, G. (1997): Criminology in crisis and the Social Demand for Crime Prevention. In: G. Newman, R.V. Clarke, S.G. Shoman (eds.), Rational Choice and Situational Crime prevention: Theoretical Foundations. Aldershot, UK: Dartmouth Publishing Company

Sack, F. (1972): Definition von Kriminalität als politisches Handeln: der labeling approach. Kriminologisches Journal, Band 4, 3 – 31

Sack, F. (1995): Prävention – ein alter Gedanke in neuem Gewand. In: R. Gössner (Hrsg.), Mythos Sicherheit: Der hilflose Schrei nach dem starken Staat. Baden – Baden

Sampson, R.J.; Wooldredge, J.D. (1987): Linking the Micro- and Macro- Level Dimensions of Lifestyle Routine Activity and Opportunity Models of Predatory Victimization. Journal of Quantitative Criminology, 1987, 371 – 393

Schäfer, K.; Bach, W.; Büchler, H. (1984): Kriminalistisch - kriminologische Forschung im Bundeskriminalamt. In: E. Kube, H.U. Störzer, Brugger (Hrsg.), Wissenschaftliche Kriminalistik. Wiesbaden, BKA - Forschungsreihe, Band 16, Teilband 2

Scherdin, M.J. (1986): The halo effect: psychological deterrence of electronic security systems. Information Technology and Libraries, September, 232 – 235

Scherdin, M.J. (1992): The halo effect: psychological deterrence of electronic security systems. In: R.V. Clarke (ed.), Situational Crime Prevention: Successful Case Studies. Albany, NY: Harrow and Heston

Schneider, H.J. (1975): Viktimologie: Wissenschaft vom Verbrechensopfer. Tübingen

Schneider, H.J. (1987): Kriminologie. Berlin, New York

Schneider, H.J. (1992): Kriminologie. Reihe Prüfe dein Wissen, Band 20/1. 3. Auflage. München

Schneider, H.J. (1998): Kriminalpolitik an der Schwelle zum 21. Jahrhundert. Eine vergleichende Analyse zur Inneren Sicherheit. Walter de Gruyter: Berlin, New York

Schneider, H.; Stock, J. (1995): Kriminalprävention vor Ort. Möglichkeiten und Grenzen einer von Bürgern getragenen regionalen Kriminalprävention unter besonderer Würdigung der Rolle der Polizei. Holzkirchen

Schnelle, J.F.; Kirchner, R.E.; Casey, J.D.; Uselton, P.U.; McNess, M.P. (1977): Patrol Evaluation Research: A Multiple Baseline Analysis of Saturation Police Patrolling During Day and Night Hours. Journal of Applied Behaviour Analysis, Heft 3, 33 - 45

Schöch, H. (1990): Zur Wirksamkeit der Generalprävention. In: Forensia. Interdisziplinäres Jahrbuch für forensische Psychiatrie, Psychologie, Kriminologie und Recht, Band 1, 95 - 111

Schreiber, M. (1980): Gedanken über Möglichkeiten unkonventioneller Prävention. In: H.-D. Schwind, F. Berckhauer, G. Steinhilper (Hrsg.), Präventive Kriminalpolitik. Kriminologische Forschung. Schriftenreihe des Niedersächsischen Ministeriums der Justiz, Band 1, Heidelberg

Schwind, H.D. (1988): Sozialpolitik und Kriminalitätsverhütung, In: Bundeskriminalamt (Hrsg.), Kriminalitätsbekämpfung als gesamtgesellschaftliche Aufgabe, Wiesbaden

Schwind, H.-D. (1993): Kriminologie. Eine praxisorientierte Einführung mit Beispielen. 5. Auflage. Heidelberg

Schwind, H.D.; Ahlborn, W.; Weiß, R. (1978): Empirische Kriminalgeographie. Wiesbaden

Schwind, H.-D.; Baumann, J. (1990): Ursachen, Prävention und Kontrolle von Gewalt: Analysen und Vorschläge der unabhängigen Regierungskommission zur Verhinderung und Bekämpfung von Gewalt (Gewaltkommission)

Schwind, H.-D.; Berckhauer, F.; Steinhilper, G. (Hrsg.) (1980): Präventive Kriminalpolitik. Kriminologische Forschung. Schriftenreihe des Niedersächsischen Ministeriums der Justiz. Band 1. Heidelberg

Schwind, H.-D.; Steinhilper, G. (Hrsg.) (1982): Modelle zur Kriminalitätsvorbeugung und Resozialisierung. Kriminologische Forschung. Schriftenreihe des Niedersächsischen Ministeriums der Justiz. Band 2

Schwind, H.-D.; Steinhilper, G. (1984): Kann Täterwissen zur Kriminalitätsvorbeugung genutzt werden? Kriminalistik, 38, 317 – 319

Schwind, H.-D.; Winter, M. (1990): Die (Anti-) „Gewaltkommission" der Bundesregierung. Neue Zeitschrift für Strafrecht, 1990, 105 - 112

Servay, W.; Rehm, J. (1986): Bankraub aus Sicht der Täter. Täterleitende Faktoren bei Raubüberfällen auf Geldinstitute. Band 19 der Forschungsreihe des Bundeskriminalamtes. Wiesbaden

Sève, R. (1997): Philosophical justifications of situational crime prevention. In: G. Newman, R.V. Clarke, S.G. Shoman (eds.), Rational Choice and Situational Crime Prevention: Theoretical Foundations. Aldershot, UK: Dartmouth Publishing Company

Sherman, L.W. (1990): Police Crackdowns: Initial and Residual deterrence. In: M. Tonry, N. Morris (eds.), Crime and Justice: A review of research, Vol. 12. Chicago, IL: University of Chicago Press

Sherman, L.W. (1995): Hot Spots of Crime and Criminal Careers of Places. In: J.E. Eck, D. Weisburd (eds.), Crime and Place, Crime Prevention Studies, Vol.4. Monsey, NY: Willow Tree Press

Sherman, L.W.; Gartin, P.R.; Buerger, M.E. (1989): Hot spots of predatory crime: routine activities and the criminology of place. Criminology, 27 (1), 27 – 55

Sherman, L.W.; Rogan, D.P. (1995): Effects of Gun Seizures on Gun Violence: "Hot Spots" Patrol in Kansas City. Justice Quarterly, Heft 4, S. 673 - 686

Shinnar, S.; Shinnar, R. (1975): The Effects of the Criminal Justice System on the Control of Crime: A Quantitative Approach. Law and Society Review, 1975, 581 – 611

Shoemaker, D.J. (1990): Theories of Delinquency. 2. Auflage. New York, Oxford

Skogan, W.G. (1988): Disorder, crime and community decline. In: T. Hope, M. Shaw (eds.), Communities and crime reduction. London: H.M. Stationery Office

Skogan, W.G. (1990): Disorder and decline: crime and the spiral of decay in American neighbourhoods. New York: Free Press

Smith, S.J. (1986): Crime, Space and Society. Cambridge (UK) u.a.

Snodgrass, J. (1976): Clifford R. Shaw and Henry D. McKay: Chicago Criminologists. The British Journal of Criminology, 16, 1 - 19

Southall, D.; Ekblom, P. (1985): Designing for car security: towards a crime-free car. Crime Prevention Unit Paper No.4. London: Home Office Crime Prevention Unit

Special Report. Crime Prevention through Environmental Design. Nation's Cities, Dec. 1977

Spelman, W. (1995): Criminal Careers of public Places. In: J.E. Eck, D. Weisburd (eds.), Crime and Place: Crime Prevention Studies, Vol.4. Monsey, NY: Willow Tree Press

Spencer, E. (1992): Car Crime and Young People on a Sunderland Housing Estate, Crime Prevention Unit Paper 40. London: Home Office

Steingrüber, H.-J. (1977): Prävention. In: T. Herrmann, P.R. Hofstätter (Hrsg.), Handbuch psychologischer Grundbegriffe, München

Stoffers, M. (1980): Social Marketing als Methode der Kriminalprävention. In: H.-D. Schwind, F. Berckhauer, G. Steinhilper (Hrsg.), Präventive Kriminalpolitik. Heidelberg

Störzer, H.U. (1988): Einführung. In: K.W. Krainz (Hrsg.), Prävention von Hauseinbrüchen: Ergebnisse einer Täterbefragung. Wiesbaden

Streng, F. (1977): Schußwaffen – Kriminalität – Das Verhältnis des Täters zu seiner Waffe und die Bedeutung der Schußwaffe für Entstehung und Verlauf der Tat. Kriminalistik, 1977, 197 - 204

Stümper, A. (1989): Innere Sicherheit ohne Prävention? Die Polizei, 6 , 155 - 157

Sturman, A. (1980): Damage on buses: the effects of supervision. In: R.V. Clarke, P. Mayhew (eds.), Designing out crime. London: H.M. Stationery Office

Sutton, A. (1996): Taking out the interesting bits? Problem – solving and crime prevention. In: R. Homel (ed.), Crime Prevention Studies, Vol.5. Monsey, NY: Criminal Justice Press

Tien, J.M.; O'Donnell, V.R.; Barnett, A.K.; Mirchandane, P.B. (1979): Street lighting projects. National Evaluation Program, Phase 1., US Department of Justice, Washington D.C.; Government Printing Office

Tien, J.M.; Cahn, M.F. (1986): The Commercial security Field Test Program. A Systematic Evaluation of Security Surveys in Denver, St. Louis, and Long Beach. In: D. Rosenbaum (ed.), Community Crime Prevention: Does it work? Vol. 22, Sage: Criminal Justice System Annuals

Tilley, N. (1993): Understanding Car Parks, Crime and CCTV: Evaluation Lessons from Safer Cities. Crime Prevention Unit Paper No. 42. London: Home Office

Tonry, M.; Farrington, D.P. (1995): Strategic Approaches to Crime Prevention. In: M. Tonry, D. Farrington (eds.), Building a Safer Society: Strategic Approaches to Crime Prevention, Crime and Justice: A Review of Research, Vol. 19. Chicago, IL: University of Chicago Press

Trasler, G. (1993): Conscience, Opportunity, Rational Choice, and Crime. In: R.V. Clarke, M. Felson, (eds.), Routine Activity and Rational Choice. Advances in Criminological Theory, Vol.5. New Brunswick, NJ: Transaction Publishers

Tremblay, R.E.; Craig, W.M. (1995) : Developmental Crime Prevention. In: M. Tonry, D.P. Farrington (eds.), Building a Safer Society: Strategic Approaches to Crime Prevention. Crime and Justice: A Review of Research, Vol. 19. Chicago, IL: University of Chicago Press

Trenczek, T.; Pfeiffer, H. (Hrsg.) (1996): Kommunale Kriminalprävention. Paradigmenwechsel und Wiederentdeckung alter Weisheiten. Schriftenreihe der Deutschen Vereinigung für Jugendgerichte und Jugendgerichtshilfen e.V., Band 25

Trojanowicz, R.C. (1986): Evaluating a neighbourhood foot patrol program: The Flint, Michigan, Project. In: D.P. Rosenbaum (ed.), Community crime prevention: Does it work? London: Sage

Tsutomi, H. (1991): Reformulating Cloward and Ohlin`s differential opportunity theory into rational choice perspective: occupational orientation of Japanese institutionalized delinquents. Paper presented at the ASC meeting in San Francisco

Tuck, M. (1987): Crime prevention: a shift in concept. In: J. Graham (ed.), Research Bulletin: special European edition. Home Office Research and Planning Unit, No. 24. London: H.M. Stationery Office

Van Andel, H. (1989): Crime prevention that works: the care of public transport in the Netherlands. British Journal of Criminology, 29 (1), 47 - 57

Van Dijk, J.J.M.; De Ward, J.J. (1991): A Two-Dimensional Typology of crime Prevention Projects: Within a Bibliograpgy. Criminal Justice Abstracts, 23: 483 - 503

Van Voorhis, P. (1986): Delinquency prevention: towards comprehensive models and a conceptual map. Criminal Justice Review, 11 (1), 15 – 24

Vöhringer, W. (1983): Das Kriminalpolizeiliche Vorbeugungsprogramm und die flankierenden Maßnahmen Baden-Württembergs. Der Kriminalist, 1983, 63 - 71

Waller, I.; Okihiro, N. (1979): Burglary: The Victim and the Public. Toronto: University of Toronto Press

Webb, B. (1994): Steering column locks and motor vehicle theft: evaluations from three countries. In: R.V. Clarke (ed.), Crime Prevention Studies, Vol.2. Monsey, NY: Criminal Justice Press

Webb, B.; Brown, B.; Bennett, K. (1992): Preventing Car Crime in Car Parks. Crime Prevention Unit Paper 34. London: Home Office

Webb, B.; Laycock, G. (1992): Tackling Car Crime: The Nature and Extent of the Problem. Crime Prevention Unit Paper No. 32. London: Home Office

Weidner, R.R. (1996): Target hardening at a New York City subway station: decreased fare evasion – at what price? In: R.V. Clarke (ed.), Preventing Mass Transit Crime, Crime Prevention Studies, Vol.6. Monsey, NY: Criminal Justice Press

Weinberger, R.-P. (1984): Polizeiliche Prävention durch Öffentlichkeitsarbeit. München

Weisburd, D. (1995): Measuring Immediate Spatial Displacement: Methodological Issues and problems. In: J.E. Eck, D. Weisburd (eds.), Crime and Place: Crime Prevention Studies, Vol.4. Monsey, NY: Willow Tree Press

Weisburd, D. (1997): Reorienting Crime Prevention Research and Policy: From the Causes of Criminality to the Context of crime. National Institute of Justice. Research Report, U.S. Department of Justice

Weisburd, D.; Green, L. (1995a): Measuring Immediate Spatial Displacement: Methodological Issues and problems. In: J.E. Eck, Weisburd, D. (eds.), Crime and Place, Crime Prevention Studies, Vol.4. Criminal Justice Press, Monsey, New York

Weisburd, D.; Green, L. (1995b): The Jersey City Drug Market Analysis Experiment. Justice Quarterly, Heft 4, S. 711 - 735

Weisburd, D.; Maher, L.; Sherman, L. (1992): Contrasting Crime General and Crime Specific Theory: The Case of Hot – Spots of Crime. Advances in Criminological Theory, 4, 45 – 70

Westphal, E. (1980): Die Effizienz der vorbeugenden Verbrechensbekämpfung. Die neue Polizei, 6, 161 - 164

Wiatrowski, M.P.; Griswald, D.B.; Roberts, M.R. (1981): Social Control Theory and Delinquency. American Sociological Review, 1981, 525 - 541

Willemse, H.M. (1994): Developments in Dutch Crime Prevention. In: R.V. Clarke (ed.), Crime Prevention Studies, Vol.2. Monsey, NY: Criminal Justice Press

Wilson, H. (1980): Parental supervision: a neglected aspect of delinquency. British Journal of Criminology, 20 (3), 203 – 235

Wilson, J.Q. (1975): Thinking About Crime. New York: Basic Books

Wilson, J.Q.; Kelling, G.L. (1982): Broken Windows: the police and neighbourhood safety. The Atlantic Monthly, March, 29 – 38

Wilson, J.Q.; Kelling, G.L. (1996): Polizei und Nachbarschaftssicherheit: Zerbrochene Fenster. Kriminologisches Jounal, 28. Jg., H. 2, 121 - 137

Wilson, S. (1980): Vandalism and defensible space on London housing estates. In: R.V. Clarke, P. Mayhew (eds.), Designing out crime. London: H.M. Stationery Office

Wittig, P. (1993): Der rationale Verbrecher: Der ökonomische Ansatz zur Erklärung kriminellen Verhaltens. Berlin

Wortley, R. (1996): Guilt, Shame and Situational Crime Prevention. In: R. Homel (ed.), Crime Prevention Studies, Vol.5. Monsey, NY: Criminal Justice Press

Wortley, R. (1997): Reconsidering the Role of opportunity in Situational Crime Prevention. In: G. Newman, R.V. Clarke, S.G. Shoman (eds.), Rational

Choice and Situational Crime Prevention: Theoretical Foundations. Aldershot, UK: Dartmouth Publishing company

Zimbardo, P.G. (1973): A field experiment in auto-shaping. In: C. Ward (ed.), Vandalism. London: Architectural Press

Abbildungs- und Tabellenverzeichnis

I. Abbildungen

II. Tabellen

Peter Lang · Europäischer Verlag der Wissenschaften

Johannes Hofmann

Menschenhandel

Beziehungen zur Organisierten Kriminalität und Versuche der strafrechtlichen Bekämpfung

Frankfurt/M., Berlin, Bern, Bruxelles, New York, Oxford, Wien, 2002.
459 S., 22 Tab. Würzburger Schriften zur Kriminalwissenschaft.
Herausgegeben von Klaus Laubenthal. Bd. 4
ISBN 3-631-39079-3 · br. € 65.40*

Seit Mitte der 80er Jahre rückte das Thema „Menschenhandel" zunehmend in den Blickpunkt des öffentlichen Interesses. Zahlreiche Publikationen und Tagungen beschäftigen sich seither mit dieser Problematik. Die vorliegende Abhandlung erörtert die ökonomischen, sozialen sowie kriminellen Ursachen und Hintergründe des Handels und veranschaulicht das Ausmaß dieses Kriminalitätsphänomens in der Bundesrepublik Deutschland. Einen Schwerpunkt bildet dabei die Darstellung der geschichtlichen Entwicklung des Menschenhandels und die Versuche seiner strafrechtlichen Bekämpfung. Daneben werden die logistisch ausgerichteten Verfahrensabläufe des Handels näher untersucht, die eine Zuordnung dieses Deliktsfeldes zum Bereich der Organisierten Kriminalität rechtfertigen.

Aus dem Inhalt: Definition des Begriffs „Menschenhandel" · Ausmaß und Formen modernen Menschenhandels · Ursachenanalyse · Menschenhandel und Beziehungen zur Organisierten Kriminalität · Geschichte der Bekämpfung des Handels · Kritik, Ausblick und Perspektiven

FSC
www.fsc.org
MIX
Papier | Fördert gute Waldnutzung
FSC® C083411

Kolibri 360 GmbH
Ferdinand-Jühlke-Straße 7
99095 Erfurt, Deutschland
produktsicherheit@kolibri360.de

Druck:
CPI Druckdienstleistungen GmbH
im Auftrag der
Kolibri 360 GmbH
Ferdinand-Jühlke-Str. 7
99095 Erfurt